ACCESO GRATIS *a la Lectura en la Nube*

Para visualizar el libro electrónico en la nube de lectura envíe junto a su nombre y apellidos una fotografía del código de barras situado en la contraportada del libro y otra del ticket de compra a la dirección:

ebooktirant@tirant.com

En un máximo de 72 horas laborables le enviaremos el código de acceso con sus instrucciones.

La visualización del libro en **NUBE DE LECTURA** excluye los usos bibliotecarios y públicos que puedan poner el archivo electrónico a disposición de una comunidad de lectores. Se permite tan solo un uso individual y privado.

DISCAPACIDAD Y DERECHO

Retos normativos del nuevo discurso de la discapacidad intelectual

Procedimiento de selección de originales, ver página web:
www.tirant.net/index.php/editorial/procedimiento-de-seleccion-de-originales

DISCAPACIDAD Y DERECHO

Retos normativos del nuevo discurso de la discapacidad intelectual

Directora
ANA ISABEL HERRÁN ORTIZ

Financiado por Aristos Campus Mundus/ Convocatoria 2022 - Referencia Proyecto ACM2022_12 "Desafíos sociales y jurídicos del nuevo paradigma de la discapacidad intelectual: ¿Un compromiso con los derechos humanos, la inclusión y la igualdad".

tirant lo blanch
Valencia, 2024

En caso de erratas y actualizaciones, la Editorial Tirant lo Blanch publicará la pertinente corrección en la página web www.tirant.com.

La presente obra ha sido sometida a la revisión de pares ciegos según el protocolo de publicación de la editorial a efectos de ofrecer el rigor y calidad correspondiente tanto en su contenido como en su forma, aplicándose los criterios específicos aprobados por la Comisión Nacional E 016 (BOE num. 286, de 26 de noviembre de 2016).

EDITA: TIRANT LO BLANCH
C/ Artes Gráficas, 14 - 46010 - Valencia
TELFS.: 96/361 00 48 - 50
FAX: 96/369 41 51
Email: tlb@tirant.com
www.tirant.com
Librería virtual: www.tirant.es
DEPÓSITO LEGAL: V-3704-2024
ISBN: 978-84-1071-295-9

Si tiene alguna queja o sugerencia, envíenos un mail a: *atencioncliente@tirant.com*. En caso de no ser atendida su sugerencia, por favor, lea en *www.tirant.net/index.php/empresa/politicas-de-empresa* nuestro procedimiento de quejas.

Responsabilidad Social Corporativa: *http://www.tirant.net/Docs/RSCTirant.pdf*

Índice

Capítulo 4

Capítulo 5

Capítulo 9

Prólogo

La presente obra colectiva tiene su origen en el Proyecto de investigación "Desafíos sociales y jurídicos del nuevo paradigma de la discapacidad intelectual: ¿Un compromiso con los derechos humanos, la inclusión y la igualdad", financiado por Aristos Campus Mundus, y en el que ha participado personal investigador de las Universidades de Comillas, Ramon Llull-ESADE y la Universidad de Deusto. Durante el desarrollo del proyecto, en la Universidad de Deusto se organizaron dos encuentros científicos para compartir los estudios y aportaciones de investigación de los miembros del proyecto, esta obra recoge los resultados de dichas investigaciones.

Así las cosas, para poder entender y valorar este trabajo de investigación, es preciso considerar por una parte que en el año 2021 tuvo lugar en nuestro país una importante reforma legislativa en materia de discapacidad en el Código civil mediante la aprobación de la Ley 8/2021, de 2 de junio, por la que se reforma la legislación civil y procesal para el apoyo a las personas con discapacidad en el ejercicio de su capacidad jurídica; y por otra, no puede desconocerse la aprobación por el Estado español de la Convención de Nueva York para los derechos de las personas con discapacidad. Ambos textos marcan el avance legislativo en la proyección de derechos de las personas con discapacidad en España, y determinan una transición en el modelo normativo de la discapacidad, que se proyecta desde entonces como una cuestión de derechos humanos.

En un mundo donde la igualdad de derechos y oportunidades constituye un valor universal, la intersección entre la discapacidad y el Derecho se convierte en un elemento de vital importancia y constante evolución. En esta obra colectiva titulada "Discapacidad y Derecho. Retos normativos del nuevo discurso de la discapacidad intelectual", exploramos las complejas dinámicas legales que afectan a las personas con discapacidad, destacando tanto los desafíos jurídicos como los avances jurisprudenciales en la protección de sus derechos fundamentales.

Esta obra no solo examina el marco legal nacional, sino también aborda cuestiones jurídicas desde una dimensión europea e internacional, analizando con una perspectiva crítica y constructiva los mecanismos jurisdiccionales y legales que garantizan los derechos de las personas con discapacidad. Teniendo como referencia la Convención de las Naciones Unidas sobre los Derechos de las Personas con Discapacidad cada capítulo ofrece una visión detallada de los instrumentos legales, de las decisiones jurisprudenciales y de las Estrategias europeas y nacionales que buscan proteger y promover la plena inclusión de las personas con discapacidad en la sociedad.

Además de examinar el marco legal, este libro también aborda cuestiones emergentes y dilemas actuales relativos a los derechos de las personas con discapacidad. Desde la controversia a propósito del modelo legal de discapacidad, la necesidad de articular mecanismos de apoyo, hasta los debates sobre el ejercicio de la capacidad jurídica y la toma de decisiones apoyada. Cada tema se presenta con profundidad y rigor, con el objetivo de fomentar un diálogo informado y reflexivo sobre el camino hacia una sociedad más inclusiva y justa para todas las personas.

La discapacidad es una cuestión central en la defensa de la igualdad y la justicia social. Y a pesar de que las personas con discapacidad han enfrentado discriminación, marginación y obstáculos para ejercer plenamente sus derechos fundamentales, en las últimas décadas, son significativos los avances normativos para la promoción de la inclusión y la protección de los derechos de las personas con discapacidad.

Los estudios que integran esta obra representan un testimonio de ese avance, pero también significan un recordatorio de los desafíos pendientes. En cada capítulo, se demuestra un compromiso con la investigación rigurosa y el análisis detallado. A través de un estudio exhaustivo y preciso se abordan en cada capítulo cuestiones fundamentales sobre la discapacidad como el ejercicio de la capacidad jurídica, la accesibilidad y la eliminación de discriminación, la transición hacia un nuevo modelo normativo de discapacidad, o aspectos como la responsabilidad penal de la persona con discapacidad; ofreciendo perspectivas multidisciplinares e internacionales que enriquecen el debate y sugieren ámbitos de actuación y estudio para el futuro.

La profesora Estela Brión, aborda la problemática que afecta a la necesidad de apoyo en el acceso a redes sociales por parte de las personas con discapacidad, y analiza si el ordenamiento jurídico dispone de mecanismos suficientes que aseguren una prestación válida del consentimiento, al tiempo que propone medidas de apoyo para la protección de los derechos fundamentales en estos contextos digitales.

Por su parte, desde la perspectiva de los menores emancipados con discapacidad, analiza Nuria Ginés el ejercicio de la capacidad jurídica en el marco del Derecho civil catalán; y así, se examina la realidad jurídica que afecta a los menores emancipados con una discapacidad que reclama, o reclamaría, de medidas de apoyo para el ejercicio de su capacidad jurídica en condiciones de igualdad.

Desde una perspectiva de Derecho penal, la profesora Itziar Casanueva centra su aportación en analizar los efectos que la discapacidad intelectual puede alcanzar en la responsabilidad penal del sujeto, y para ello expondrá cómo se están aplicando las exenciones y atenuantes relacionadas con la imputabilidad en estos supuestos a partir de la actual jurisprudencia del TS.

Por otra parte, la profesora Teresa Duplá profundiza en su trabajo sobre la novedosa regulación de la guarda de hecho de personas con discapacidad como institución esencial en el nuevo modelo de apoyos, con el fin de examinar la reciente doctrina jurisprudencial, y definir cuándo y cómo ha entendido el alto tribunal que debe compatibilizarse con la curatela clásica o con la nueva curatela representativa.

En mi aportación a esta obra abordo: por una parte, un detallado estudio de las estrategias sobre discapacidad en la UE y en España, con especial atención a la incidencia en la evolución normativa española de las políticas sobre derechos de las personas con discapacidad de la UE; y por otra, se profundiza sobre el sentido, el alcance y las implicaciones jurídicas de la reciente reforma de la discapacidad introducida en el art. 49 CE.

Por su parte, Estibaliz Jorge Silva se detiene a reflexionar sobre las implicaciones del nuevo modelo normativo de discapacidad intelectual en la prestación del consentimiento informado en el ámbito sanitario. En este sentido, presenta en su trabajo una interpretación y armonización de la normativa aplicable, a la luz del nuevo sistema de apoyos para las personas con discapacidad, recogiendo especialmente lo dispuesto en el Código civil de Cataluña, a partir de la denominada prestación del consentimiento por sustitución, los ajustes razonables, y la necesaria configuración de los actos de la persona desde el respeto a la voluntad y la autonomía de la persona con discapacidad.

Desde la perspectiva del Derecho del trabajo, Aida Llamosas estudia el desafío que en el siglo XXI enfrenta a las relaciones laborales, relativo a las personas con discapacidad en el nuevo contexto tecnológico; se analizan las dificultades que plantean las nuevas herramientas tecnológicas para los trabajadores más vulnerables, y la necesidad de establecer políticas de inclusión laboral en el marco de las políticas y estrategias nacionales y europeas sobre derechos de las personas con discapacidad.

En su caso, la profesora Silvia Romboli aborda los últimos avances aportados por la jurisprudencia del Tribunal de Justicia de la Unión Europea en el ámbito de la discriminación por motivo de discapacidad en las empresas, y en particular, se describirán los postulados de la sentencia del TJUE de 18 de enero de 2024, y se analizará su valor para la elaboración de unos estándares mínimos de protección de las personas con discapacidad en las empresas de los países miembros de la Unión Europea.

Desde una dimensión internacional, la profesora Isabel Lázaro analiza en su trabajo las respuestas a los problemas que enfrentan las personas adultas vulnerables en las situaciones transfronterizas en la UE y en España, centrándose en las cuestiones más recientes y en el análisis de los textos normativos que inciden sobre los derechos de los adultos vulnerables en situación transfronteriza.

En definitiva, señalar que esta obra ha pretendido, por una parte, ofrecer una visión multidisciplinar y transversal sobre cuestiones de actualidad, y de gran relevancia e interés social vinculadas a la discapacidad; y por otra, ha intentado contribuir y dotar de visibilidad al debate sobre aspectos jurídicos controvertidos relativos a la discapacidad desde una dimensión internacional, europea y nacional.

Para finalizar, expresar mi profundo y sincero agradecimiento a quienes han contribuido al éxito de este proyecto y han hecho posible con su trabajo la publicación de esta obra, personas investigadoras y colaboradoras, que generosamente han compartido su conocimiento, su tiempo y su experiencia para enriquecer esta investigación.

Ana Isabel Herrán
Deusto, 2024.

Capítulo 1

El acceso a redes sociales por personas con discapacidad intelectual: medidas de apoyo para la prestación del consentimiento al tratamiento de datos personales online

ESTELA BRIÓN BERDOTE
Profesora de Derecho civil- Ayudante Doctor
Universidad de Deusto

SUMARIO: 1. Introducción. 2. El éxodo de hábitos diarios al entorno *online* y su impacto sobre el derecho de accesibilidad de personas con discapacidad intelectual. 3. Las personas con discapacidad intelectual como titulares del derecho a la protección de datos personales. 4. Principales riesgos y amenazas derivadas del empleo de redes sociales para personas con discapacidad intelectual. 5. Dificultades que plantea el acceso a redes sociales por personas con discapacidad intelectual de modo autónomo: en busca de las medidas de apoyo idóneas. 5.1. De la necesaria inclusión de salvaguardas para la prestación de un consentimiento informado por personas con discapacidad intelectual en la normativa sobre protección de datos personales. 5.2. Sobre las medidas de apoyo en la prestación del consentimiento al tratamiento de datos personales. 6. A modo de conclusión. 7. Referencias bibliográficas.

1. INTRODUCCIÓN

El transcurso de las dos primeras décadas del siglo XXI se caracteriza por la migración masiva de nuestros hábitos al entorno *online*. En efecto, a la sociedad actual, le resulta complejo imaginar un día a día sin Internet y las múltiples aplicaciones en línea que este espacio ofrece. Este vertiginoso cambio, ya puede considerarse irreversible; es más, los propios Poderes Públicos fomentan su integración en diversos sectores, incluida la Administración Pública dadas las ventajas que apareja. En definitiva, cada vez resulta más complejo no verse en la necesidad de desenvolverse en el ámbito digital.

Entre las múltiples prestaciones que Internet ofrece, destaca un espacio en particular: las redes sociales. Desde su irrupción en 2008[1], su popularidad ha ido en aumento considerablemente hasta convertirse en el principal espacio de interacción entre personas. Ciertamente, en la actualidad la necesidad de socializar se sacia a través de la intercomunicación en redes sociales. Sin embargo, no se debe obviar, que estos espacios no se encuentran siempre al alcance de todas las personas, lo que puede generar una falta de integración social de aquellas que no cuenten con presencia en estas plataformas digitales, pues gran parte del contacto interpersonal, ocurre en estos espacios.

Así las cosas, las personas con discapacidad tienden a emplear con menor frecuencia estos espacios a causa del temor que su manejo genera en las personas responsables de su cuidado.

---

1 Estudio de la AGENCIA ESPAÑOLA DE PROTECCIÓN DE DATOS e INSTITUTO NACIONAL DE LAS TECNOLOGÍAS DE LA COMUNICACIÓN sobre la privacidad de los datos personales y la seguridad de la información en las redes sociales online, febrero de 2009, p. 35.

No obstante, su ausencia en estas plataformas puede incentivar su exclusión social.

Por otra parte, la Ley 8/2021, de de 2 de junio, por la que se reforma la legislación civil y procesal para el apoyo a las personas con discapacidad en el ejercicio de su capacidad jurídica (en adelante, Ley 8/2021, de 2 de junio)[2], ha supuesto un cambio de paradigma en torno al tratamiento jurídico de la discapacidad. Ciertamente, tras su entrada en vigor se deberá fomentar la autonomía de la persona con discapacidad, abogando por sistemas de apoyo no sustitutivos de su voluntad. Ahora, siempre que ello devenga posible, habrá de garantizarse que las decisiones se toman por la propia persona discapacitada. Como es de intuir, este planteamiento genera incertidumbre cuando se trata del mundo en línea, dado que, en lo sucesivo, serán las propias personas con discapacidad quienes deberán ejercitar sus derechos fundamentales relacionados con la privacidad.

Conscientes de esta realidad, el presente trabajo posee un doble objetivo. Por una parte, analizar si el ordenamiento jurídico se encuentra provisto de medidas que aseguren que estas personas prestan un consentimiento al tratamiento de datos personales provisto de garantías suficientes. Por otra parte, proponer aquellas medidas de apoyo que aseguren que las personas con discapacidad acceden y manejan estos espacios de modo seguro para sus derechos de la personalidad, y en concreto para el derecho a la protección de datos personales.

---

2 Ley 8/2021, de 2 de junio, por la que se reforma la legislación civil y procesal para el apoyo a las personas con discapacidad en el ejercicio de su capacidad jurídica, BOE, núm. 13, de 3 de junio de 2021.

2. EL ÉXODO DE HÁBITOS DIARIOS AL ENTORNO *ONLINE* Y SU IMPACTO SOBRE EL DERECHO DE ACCESIBILIDAD DE PERSONAS CON DISCAPACIDAD INTELECTUAL

La migración de nuestros hábitos más cotidianos al entorno digital, se trata de una realidad insoslayable en pleno siglo XXI. En efecto, cada vez con mayor frecuencia, nuestro día a día se encuentra condicionado por el empleo de herramientas digitales para la consecución de todo tipo de tareas[3]. Así, hoy en día no es infrecuente realizar transacciones bancarias a través de la banca *online*, coger cita para asistir al médico a través de una aplicación, programar el aspirador de modo remoto, o, en definitiva, entretenerse a través de las redes sociales, entre otros.

Sin lugar a dudas, Internet y las innumerables aplicaciones digitales han llegado para quedarse entre nosotros, ya que no cabe discutir que contribuyen considerablemente a facilitar nuestra vida. Sin embargo, no debe pasar inadvertido que, aunque nos encontramos en un momento en el que el éxodo al ámbito digital puede tildarse de masivo, esta circunstancia puede predisponer el aislamiento de aquellos que no empleen estas herramientas digitales. Lógicamente, que determinadas actuaciones solamente puedan llevarse a cabo en línea, dificulta ostensiblemente que determinados colectivos, entre los que destacan personas con una discapacidad intelectual o incluso aquellas que se encuentran en la tercera edad, se encuentren con obstáculos o barreras debido a la brecha digital existente[4].

---

3 Con destacado acierto señala LÓPEZ GOROSTIDI, que es difícil imaginar una actividad concreta que no sea posible llevar a cabo a través de las TIC. LÓPEZ GOROSTIDI, J., *Ciberdelincuencia: Proporcionalidad y bienes jurídicos protegidos*, Comares, Granada, 2022, p. XVIII.

4 Sirva como ejemplo que, cada vez más comercios, solamente prevén canales de reclamación en línea.

En ese sentido, entre la infinidad de funcionalidades que el espacio digital ofrece, deseamos detenernos sobre aquellas que recaen en el ámbito de la comunicación y entretenimiento, ya que cada vez con mayor asiduidad, las personas tienden a relacionarse a través de las redes sociales. Ahora bien, esta realidad constituye un peligro para las personas con discapacidad intelectual, pues en la práctica, las personas con discapacidad suelen hacer un menor uso de las herramientas digitales e incluso de Internet, lo que las conduce a un mayor riesgo de exclusión social[5].

Ciertamente, en la actualidad, la necesidad de socializar tiende a saciarse a través de las redes sociales. En tal sentido, un 59,4% de la población mundial es usuario de alguna red social[6]. En cambio, centrándonos en España, el 85% de

---

5 En tal sentido, el Observatorio Estatal de la Discapacidad publicaba en su informe del año 2016 sobre el uso de Internet por personas con discapacidad, que solamente un 39,8% de personas con discapacidad intelectual empleaban esta herramienta. OBSERVATORIO ESTATAL DE LA DISCAPACIDAD, El uso de Internet por personas con discapacidad intelectual», [en línea], (2016), https://www.observatoriodeladiscapacidad.info/el-uso-de-internet-por-las-personas-con-discapacidad-en-el-dia-de-internet/ [consulta: 23/12/2023]. Ahora bien, dichos datos parecen contradictorios con el estudio llevado a cabo por PEGALAJAR PALOMINO, MC., y COLMENERO RUIZ, M.J., Sobre el uso de las redes sociales por jóvenes con discapacidad intelectual de entre 18 y 27 años de edad que afirma que, el 80,6% de las personas encuestadas se conecta a la red cuando creen conveniente PEGALAJAR PALOMINO, MC., y COLMENERO RUIZ, M.J., "Estudio piloto sobre el uso de las redes sociales en jóvenes con discapacidad intelectual, *Revista Electrónica de Tecnología Educativa,* 48, 2014, p. 6.

6 WE ARE SOCIAL, «La guía definitiva para un mundo digital en evolución», [en línea], (2023), https://wearesocial.com/es/blog/2023/01/digital-2023/ [consulta: 23/12/2023].

los internautas entre 16 y 65 años utilizan redes sociales[7]. En consecuencia, la falta de presencia de un individuo en estas plataformas, aumenta exponencialmente el riesgo de sentirse aislado. Así, véase que, más de una cuarta parte de las familias y profesionales a cargo de personas con discapacidad intelectual, manifiesta abiertamente que restringen o incluso prohíben por completo el empleo de estos espacios a causa de los riesgos que puede generar para estas personas[8]. A pesar de lo expuesto, debemos denunciar la falta de estudios actuales disponibles sobre el empleo de las redes sociales que este colectivo realiza. Efectivamente, no se han encontrado estudios recientes significativos, lo que visibiliza una falta de interés sobre la materia[9].

Sin perjuicio de que nos detendremos posteriormente sobre el análisis de los peligros que apareja el manejo de estas plataformas por personas con discapacidad intelectual, la ausencia del mencionado colectivo en estas plataformas sociales, colisiona con el derecho de accesibilidad de las personas con discapacidad en los diversos entornos sociales regulado en múltiples textos internacionales, europeos y nacionales.

---

7 IAB SPAIN, «Informe de redes sociales IAB 2023», [en línea], (2023) https://miquelpellicer.com/2023/06/informe-iab-spain-redes-sociales/ , [consulta: 23/12/2023].

8 MARTÍNEZ CALVO, J., "Discapacidad intelectual y redes sociales: el difícil equilibrio entre accesibilidad y protección", *ADC*, LXXV, 2022, p. 120.

9 Similares manifestaciones proferían GUTIÉRREZ y MARTORELL en el año 2011, cuando afirmaban que las personas con discapacidad intelectual constituyen un grupo de individuos que habitualmente resultan invisibles en las investigaciones sobre comunicación y nuevas tecnologías. GUTIÉRREZ, P., y MARTORELL, A., "Las personas con discapacidad intelectual ante las TIC", *Revista Científica de Educomunicación,* 36, 2011, p. 174.

En primer lugar, la Convención de Nueva York, de 13 de diciembre de 2006, sobre los derechos de las personas con discapacidad (en adelante, Convención de Nueva York de 2006)[10], proclama dicho derecho en su art. 3 f) desarrollándolo en el art. 9. A tal fin, invita a los Estados Partes a adoptar medidas pertinentes que aseguren el acceso de las personas con discapacidad, en igualdad de condiciones con los demás, al entorno físico, el transporte, la información, las comunicaciones, incluidos los sistemas de las tecnologías de la información y las comunicaciones. Puede advertirse que, expresamente, la Convención de Nueva York aboga por garantizar la accesibilidad de este colectivo, también en el espacio digital. Con carácter posterior, la Observación general núm. 1 de la Organización de las Naciones Unidas (en adelante, ONU), incluye medidas relacionadas con el diseño y la accesibilidad universales en su apartado 17[11], lo que, conformes con MARTÍNEZ CALVO apareja necesariamente garantizar la accesibilidad de personas con discapacidad frente a las dificultades de acceso a los servicios de Internet[12].

En el ámbito europeo, por su parte, la Estrategia Europea sobre discapacidad 2010-2020, define la accesibilidad como el acceso de las personas con una discapacidad en las mismas condiciones que la restante población al entorno físico, al transporte, a las tecnologías, a las TIC y a otras instalaciones

---

10 Convención de Nueva York, de 13 de diciembre de 2006, sobre los derechos de las personas con discapacidad. Instrumento de Ratificación de la Convención sobre los derechos de las personas con discapacidad, de 13 de diciembre de 2006, BOE, núm. 96, de 21 de abril de 2008.

11 Observación núm. 1 de la Organización de las Naciones Unidas, sobre los derechos de las personas con discapacidad, de 19 de mayo de 2014.

12 MARTÍNEZ CALVO, J., "Discapacidad intelectual y redes sociales: el difícil equilibrio entre accesibilidad y protección", *op, cit.*, p. 123.

o servicios[13]. Por tanto, los proveedores de redes sociales, deben garantizar la accesibilidad de las personas con discapacidad a sus servicios al amparo de la estrategia recientemente mencionada. En tal sentido, y de manera expresa, la Directiva 882/2019, del Parlamento Europeo y del Consejo, de 17 de abril de 2019, sobre los requisitos de accesibilidad de los productos y servicios, apostilla en su art. 3.1 y Considerandos 3 y 4, que determinados productos y servicios deben garantizar el principio de accesibilidad de las personas con discapacidad intelectual[14].

Por último, en el ámbito nacional, el fundamento constitucional en torno a la accesibilidad descansa sobre los arts. 14 y 49 de la Constitución Española[15]. Si bien es cierto que años atrás el concepto de accesibilidad se encontraba incardinado principalmente al ámbito analógico, en la actualidad, el escenario altamente digitalizado del que somos partícipes nos fuerza hacer extensible dicha accesibilidad a los múltiples servicios prestados en línea. En ese sentido, el Real Decreto 1/2013, de 29 de noviembre, por el que se aprueba el Texto Refundido de la Ley General de derechos de las personas con discapacidad y de su inclusión social, acoge el concepto de accesibilidad universal, que también deberá garantizarse en

---

13 Comunicación de la Comisión al Parlamento Europeo, al Consejo, al Comité Económico y Social Europeo y al Comité de las Regiones, sobre la Estrategia Europea sobre Discapacidad 2010-2020: un compromiso renovado para una europea sin barreras, de 15 de noviembre de 2010, COM (2010) 636 final.

14 Directiva 2019/882, del Parlamento Europeo y del Consejo, de 17 de abril de 2019, sobre los requisitos de accesibilidad de los productos y servicios, Diario Oficial de la Unión Europea, L151/70, de 7 de junio de 2019.

15 Constitución Española de 1978, BOE núm. 311, de 29 de diciembre de 1978.

las TIC, tal y como señala su art. 22.1[16]. Ahora bien, a pesar de esta preceptividad a la hora de garantizar servicios digitales accesibles a las personas con discapacidad, pocos han sido los esfuerzos al momento de lograr su cometido, pues tal y como ha quedado señalado, estas personas no acostumbran a emplear herramientas digitales ante los riesgos que ello supone dada su situación de especial vulnerabilidad.

Todavía en el ámbito nacional debemos señalar- aunque no revista carácter jurídicamente vinculante,- que la Carta de Derechos Digitales aprobada por el Gobierno en julio de 2021, señala en su apartado IX sobre accesibilidad a Internet que "Los poderes públicos podrán impulsar, dentro del orden constitucional de atribución de competencias, políticas dirigidas a garantizar el acceso efectivo de todas las personas a los servicios y oportunidades que ofrecen los entornos digitales en cualquiera de sus dimensiones, garantizarán el derecho a la no exclusión digital y combatirán las brechas digitales en todas sus manifestaciones, atendiendo particularmente a la brecha territorial, así como a las brechas de género, económica, de edad y de discapacidad".

Queda claro así, que se debe garantizar la accesibilidad de personas con discapacidad también al escenario digital, lo que incluye a su vez, que los proveedores de redes sociales, así como los Poderes Públicos, aseguren la misma en estos espacios. Sin embargo, aunque los textos normativos prevean desde hace una década la necesidad de garantizar la accesibilidad también en el entorno *online*, dicho mandato parece quebrar cuando se trata de garantizar dicho acceso a plataformas

---

[16] Real Decreto Legislativo 1/2013, de 29 de noviembre, por el que se aprueba el Texto Refundido de la Ley General de derechos de las personas con discapacidad y de su inclusión social, acoge el concepto de accesibilidad universal, BOE núm. 283, de 3 de diciembre de 2013.

como redes sociales dadas las bajas cifras de empleo por este colectivo especialmente vulnerable.

Comprendemos que el reto resulta mayúsculo, pues los potenciales usuarios de estas plataformas en línea, deben consentir el tratamiento de sus datos personales previo a comenzar con el manejo del servicio, lo que puede generar fricciones más que evidentes cuando el potencial usuario presenta una discapacidad intelectual[17].

3. LAS PERSONAS CON DISCAPACIDAD INTELECTUAL COMO TITULARES DEL DERECHO A LA PROTECCIÓN DE DATOS PERSONALES

Recuerda LASARTE que la capacidad jurídica se identifica con la aptitud necesaria para considerar a una persona titular de derechos y obligaciones y que esta se posee por el simple hecho de nacer, no cabiendo la posibilidad de someter la misma a graduaciones o matizaciones[18]. En consecuencia, resulta claro aseverar, que las personas con discapacidad son titulares

---

17 Así las cosas, un estudio revela que el 65% de las personas con discapacidad intelectual que acceden a redes sociales se ven obligadas a solicitar ayuda para comprender ciertas utilidades de las mismas, como escribir un comentario, publicar una fotografía o crear un perfil. PEGALAJAR PALOMINO, MC., y COLMENERO RUIZ, M.J., "Estudio piloto sobre el uso de las redes sociales en jóvenes con discapacidad intelectual", *op, cit.,* p. 6.
En consecuencia, dudamos que el consentimiento al tratamiento de datos personales que deben emitir las personas con discapacidad para convertirse en usuarios de estos espacios se considere informado ante la dificultad en la comprensión de las políticas de privacidad. Sobre esta cuestión volveremos más adelante.

18 LASARTE ÁLVAREZ, C., *Compendio de derecho de la persona y del patrimonio,* Dykinson, Madrid, 2014.

de derechos y obligaciones. Más en concreto, también cabe afirmar la titularidad de derechos fundamentales por parte de este colectivo, tal y como ha señalado reiteradamente el Tribunal Supremo (en adelante, TS). Ciertamente, el Alto Tribunal sienta en su pronunciamiento 269/2021, de 6 de mayo, que la modificación de la capacidad, al igual que la minoría de edad, no conlleva un cambio sobre la titularidad de derechos fundamentales, aunque sí determina su forma de ejercicio[19].

No obstante, dichas alteraciones en el ejercicio de derechos fundamentales, se llevarán a cabo desde una perspectiva diferente a raíz de la entrada en vigor de la Ley 8/2021, de 2 de junio. Ello se debe a que, en lo sucesivo, al fin de adaptar la legislación civil y procesal española a la Convención de Nueva York de 2006 sobre personas con discapacidad, ya no cabe emplear términos como capacidad de obrar, pues el nuevo sistema sienta que todas las personas poseen capacidad jurídica plena, salvo aquellas que precisen apoyo para el ejercicio de sus derechos con eficacia jurídica[20].

---

19 En tal sentido, véase la Sentencia del Tribunal Supremo (Sala de lo civil) 269/2021, de 6 de mayo, donde se resumen los principios fundamentales en torno a la interpretación que ha de realizarse sobre la normativa de discapacidad al amparo de la Convención de Nueva York de 2006.

20 Efectivamente, quedan obsoletas las afirmaciones entre las que destacan las de CASTÁN TOBEÑAS cuando sienta que "Esta aptitud o capacidad jurídica se desplegaría en dos manifestaciones: aptitud del sujeto para la mera tenencia y goce de los derechos, y aptitud para el ejercicio de los mismos y para concluir actos jurídicos. La primera de ellas se acostumbra designar con la simple denominación de personalidad, capacidad de derecho o capacidad de goce. La segunda, se denomina capacidad de obrar o capacidad de ejercicio". CASTÁN TOBEÑAS, J., *Derecho civil español, común y foral*, Tomo 1, Vol. II, Reus, Madrid, 1987, pp. 161-162.

En efecto, al amparo del artículo 12 de la Convención, las personas con discapacidad tienen capacidad jurídica en igualdad de condiciones con los demás en todos los aspectos de su vida, lo que obliga a los Estados Partes a adoptar las medidas que resulten necesarias para proporcionar a estas personas con discapacidad acceso al apoyo que puedan necesitar en el ejercicio de su capacidad jurídica. Concretamente, la Convención se propone promover, proteger y asegurar el goce pleno y en condiciones de igualdad de todos los derechos humanos y libertades fundamentales por todas las personas con discapacidad (art. 12).

Por tanto, la nueva normativa se compromete con asegurar un sistema en el que se respeten la voluntad y las preferencias de la persona con discapacidad, quien, como norma general será la encargada de tomar sus propias decisiones incluso en relación a los derechos fundamentales de los que es titular. Véase que, la propia disposición transitoria primera de la Ley 8/2021, de 2 de junio, señala que las meras privaciones de derechos de las personas con discapacidad, o de su ejercicio, quedarán sin efecto desde la entrada en vigor de la señalada norma[21]. En definitiva, las personas con discapacidad intelectual, son titulares del derecho fundamental a la protección de datos personales regulado en el art. 18.4 CE y como norma general, tras el nuevo planteamiento legislativo, deberá garantizarse su ejercicio de modo autónomo en la medida de lo posible[22]. Ello supone que la propia persona con discapacidad intelectual,

---

[21] Véase la Disposición transitoria primera de la Ley 8/2021, de 2 de junio.

[22] Sobre este particular, recordemos que el derecho a la protección de datos personales se identifica como un derecho de la personalidad de nueva generación cuya creación se atribuye al Tribunal Constitucional en sus pronunciamientos como la Sentencia del Tribunal Constitucional 290/2000, de 30 de noviembre, Boletín Oficial del Estado, de 4 de enero de 2001, núm. 4, pp. 70 a 93 y la Sentencia

siempre que sea mayor de 14 años[23], deberá contar con la posibilidad de ejercer un control sobre sus datos personales.

Concretamente, esta afirmación se traslada a que la persona con discapacidad deberá otorgar el consentimiento al tratamiento de sus datos personales al proveedor de la red social abogando por mantener la toma de decisiones autónoma en relación a los derechos de su titularidad.

Ahora bien, el manejo de redes sociales alberga no pocos riesgos, amenazas e incertidumbre para los derechos fundamentales relacionados con la privacidad[24]. Por una parte, para los derechos al honor, intimidad personal y familiar y propia imagen (art. 18.1 CE); por otra parte, para el derecho a la protección de datos personales (art. 18.4 CE) en el que nos centraremos en el presente capítulo. En adición, los riesgos se multiplican exponencialmente cuando el usuario de dichos servicios presenta una discapacidad intelectual por diversos motivos. En primer lugar, porque las personas con discapacidad intelectual, son un colectivo vulnerable que precisa de especial protección. En segundo lugar, porque los derechos de este colectivo pueden verse vulnerados sin que estos tomen plena conciencia de los abusos a los que pueden exponerse.

---

del Tribunal Constitucional 292/2000, de 30 de noviembre, Boletín Oficial del Estado, núm. 4, pp. 104-118.

23 Ello se debe a que la normativa sobre el derecho a la protección de datos personales establece la edad de 14 años para la emisión autónoma y válida de un consentimiento al tratamiento, como veremos más adelante.

24 GETE ALONSO y CALERA, M.A., "Los derechos del menor y personas discapacitadas en el entorno digital" en *Internet y los derechos de la personalidad,* Tirant lo Blanch, Valencia, pp. 277-308.

4. PRINCIPALES RIESGOS Y AMENAZAS DERIVADAS DEL EMPLEO DE REDES SOCIALES PARA PERSONAS CON DISCAPACIDAD INTELECTUAL

Las redes sociales *online* se definen como plataformas de comunicación en línea que facilitan a los usuarios de las mismas crear redes en las que comparten intereses comunes[25]. De manera más concreta, la red social se configura como un Servicio de la Sociedad de la Información que pone a disposición de los usuarios una plataforma de comunicación a través del acceso a Internet para que estos generen un perfil con sus datos personales, creen y editen su propio contenido en línea mediante la publicación de fotografías, comentarios, vídeos, etc[26].

En adición, cabe señalar que se pueden encontrar diversos tipos de redes sociales que pueden clasificarse en tres grandes grupos. El primero, lo constituyen las redes sociales de comunicación o también conocidas como redes sociales generalistas o de ocio (Instagram o TikTok, entre otras). En estas plataformas, los usuarios pueden compartir y publicar fotografías, opiniones, ideas de todo tipo propias y de terceras personas, comunicarse en directo mediante mensajería instantánea o chat, etc. El segundo grupo lo conforman las redes sociales especializadas. Cada uno de estos espacios, se centra en un concreto eje temático con la finalidad de fomentar la interacción entre colectivos que compartan intereses comunes (destacan Pinterest o Meetic, entre otras). Por último, el tercer grupo viene presidido por redes sociales profesionales.

---

25 Dictamen 5/2009, del Grupo de Protección de datos del Artículo 29 sobre las redes sociales en línea, de 12 de junio de 2009 WP 163, p.5.

26 Ahora bien, consideramos que, en la actualidad, a dicha definición debe agregarse que, también constituyen un espacio en el que se personaliza la experiencia del usuario a través de la práctica de publicidad, anuncios y mercadotecnia directa.

Estas redes sociales, nacen con el objetivo de facilitar la búsqueda de empleo y practicar el *networking*.

Sin embargo, el presente trabajo centra su estudio en el primer grupo de conformado por redes sociales de comunicación u ocio, pues por una parte, entendemos que pueden ser las más empleadas por las personas con discapacidad intelectual; por otra parte, porque en comparación con las redes sociales perteneciente a otros grupos, estas albergan un mayor nivel de riesgo al fomentar que los usuarios compartan y expongan de manera pública experiencias, vivencias, gustos e incluso ideología, lo que a su vez aumenta los riesgos para privacidad de las personas usuarias.

En ese sentido, si bien las redes sociales pueden poseer un impacto positivo sobre las personas con discapacidad intelectual fomentando su autodeterminación, aprendizaje, entretenimiento y socialización, no se debe ignorar que constituyen un gran riesgo para este colectivo dada su ingenuidad y credulidad social incluso cuando alcanzan la edad adulta[27]. Efectivamente, esta circunstancia convierte a las personas con discapacidad intelectual en un colectivo especialmente vulnerable, porque no poseen la capacidad de comprender la naturaleza de Internet, sus riesgos y las consecuencias que su empleo puede tener para sí mismos, su privacidad, así como para la de terceros.

Con el fin de visibilizar los principales riesgos a los que se pueden enfrentar estos usuarios, comenzaremos por aquellos peligros para su privacidad, pues véase que determinados estudios afirman que el 66% de los familiares y profesionales que

---

27 VARIOS, "Internet y discapacidad intelectual: riesgos y preocupaciones desde la perspectiva de las familias y de los profesionales", *Psicología y educación, presente y futuro,* ACIPE- Asociación Científica de Psicología y Educación, p. 5.

prestan apoyo y asistencia a este colectivo, señalan que les preocupa que pueda emplearse la información personal compartida por estas personas con discapacidad[28].

Así las cosas, las redes sociales predisponen un clima de confianza que genera una falsa sensación de privacidad y control sobre los datos personales compartidos en las mismas. Sin embargo, cuando determinada información se comparte en una red social, desaparece cualquier posibilidad de control por parte del usuario sobre señalada información personal. Efectivamente, los datos personales alcanzan una gran difusión. Huelga señalar, que las personas con discapacidad intelectual, no poseen la capacidad para tomar una real conciencia para comprender que la información compartida queda cautiva y susceptible de ser empleada para fines completamente diferente al previsto.

A esta circunstancia debemos añadir, que dicha difusión que la información puede alcanzar a causa de las capturas de pantalla de los terminales que se pueden practicar, provoca que los datos personales incluso de un perfil privado puedan convertirse en virales en cuestión de minutos. Por supuesto, esta funcionalidad alienta el temor de los familiares cuando afirman que les preocupa que las personas con discapacidad intelectual a su cargo reciban insultos o ser objeto de burla[29].

Por otra parte, también cabe apuntar que el comportamiento de las personas con discapacidad intelectual en línea, puede ser el causante de vulneraciones de derechos de terceras personas, especialmente del derecho al honor, intimidad personal y familiar y propia imagen, así como del derecho a la protección de datos personales. En efecto, los usuarios de redes sociales pueden llevar a cabo tratamientos de datos personales del que

---

28 *Idem,* p. 7.

29 *Ibid.*

se les considera responsables, cuando comparten fotografías, vídeos o contenido sobre terceras personas en la normal dinámica relacional de estas plataformas[30]. Sin embargo, consideramos que la personas con discapacidad intelectual, quizás no comprendan el alcance y las consecuencias de estos comportamientos en la plataforma social.

Por último, en lo concerniente a su privacidad, los nuevos paradigmas de tratamiento de datos personales encabezados por técnicas de *big data* e inteligencia artificial, han visibilizado nuevos riesgos para la privacidad de los usuarios de redes sociales. Los proveedores de estos espacios, han hallado la tecnología que posibilita extraer datos personales a través de inferencias realizadas por potentes algoritmos cada vez con mayor precisión y complejidad[31]. Ciertamente, con el fin de rentabilizar sus negocios, los proveedores de redes sociales han diseñado e implementado herramientas que posibilitan extraer datos personales de contextos supuestamente desestructurados y sin capacidad aparente de identificar a las personas por medio de la elaboración de perfiles de personalidad de todas y cada una de las personas usuarias. El fin principal de dichas inferencias, reside en personalizar la experiencia del usuario en la plataforma, además de practicar publicidad, marketing y anuncios que se adapten a los gustos e intereses de los usuarios[32].

---

30 Es necesario apostillar, que los usuarios de redes sociales pueden convertirse incluso en responsables del tratamiento de datos que practiquen en redes sociales en determinadas circunstancias. Véase en ese sentido el Dictamen 5/2009, del Grupo de Protección de datos del Artículo 29 sobre las redes sociales en línea, de 12 de junio de 2009 citado anteriormente.

31 ROIG, A., "E-privacidad y redes sociales", *Revista de Internet, Derecho y Política,* 9, 2009, p. 47.

32 Tal y como afirma SOTO, pueden encontrarse empresas que se dedican de manera exclusiva a la compraventa o alquiler de datos con la finalidad de conocer mejor a los usuarios y así ofrecer productos

El riesgo de practicar estas técnicas sobre la información personal de personas con discapacidad intelectual resulta evidente. Primeramente, la capacidad de anticiparse a las decisiones de los usuarios por medio de la inferencia de datos, así como la eventual posibilidad de influenciar las mismas ha quedado demostrada. En tal sentido, el propio Comité Europeo de Protección de Datos (en adelante, CEPD), reconoce que las técnicas de análisis ajustadas a parámetros de *big data,* potencian la posible manipulación de los usuarios, pues las técnicas de análisis de macrodatos buscan influenciar el comportamiento y las elecciones de las personas[33]. Como resulta comprensible, las personas con discapacidad intelectual pueden verse afectadas por estas técnicas con mayor facilidad a causa de su inocencia y falta de capacidad para comprender la lógica subyacente de estos tratamientos de datos.

Todavía relacionado con estas técnicas de tratamiento, nos preocupa que su práctica acrecienta la discriminación y exclusión de determinados colectivos, que tienden a ser los más vulnerables, de la oferta de determinados bienes y servicios[34]. Efectivamente, estos tipos de tratamientos de datos pueden discriminar directa o indirectamente a concretos grupos de personas que cumplan criterios específicos, no mostrándoles determinadas ofertas de productos, de trabajo, etc. Consideramos que, esta realidad puede ocurrir con mayor probabilidad a las personas con discapacidad, socavando tanto su derecho a la igualdad y no discriminación consagrado en el art. 14 CE,

---

que se adecuen mejor a sus necesidades y preferencias. SOTO, Y., "Datos masivos con privacidad y no contra privacidad", *Revista Biología y Derecho,* 40, 2017, p. 112.

33 *Guidelines 8/2020 of European Data Protection Board on the targeting of social media users,* Version 2.0, adopted on 2 september 2020, p. 5.

34 EUROPEAN NETWORK AND INFORMATION SECURITY AGENCY, *Security Issues and Recommendations for Online Social Networks,* núm. 1, de octubre 2007, p. 9.

como el derecho a la libertad regulado en el art. 17 CE, pues estos sistemas de recomendación reducen considerablemente la libertad de elección que los individuos poseen en un mercado libre[35].

En último lugar, los últimos años han evidenciado que los peligros a los que se enfrentan los usuarios de redes sociales no recaen exclusivamente sobre su privacidad. Nos referimos así, a que las redes sociales se han convertido en una herramienta cómplice para la comisión de comportamientos abusivos de los que las personas con discapacidad pueden resultar víctimas. Someramente, estas plataformas sociales pueden facilitar que personas con intenciones delictivas consigan un encuentro con la persona con discapacidad, pueden favorecer que se profieran insultos, burlas o la práctica de acoso a este colectivo; de igual modo, puede predisponer que las personas con discapacidad resulten victimas de estafas en línea o[36], en definitiva, terminen resultado víctimas de *sexting*, entre otros.

---

35 Sirva como ejemplo que, la plataforma de contenidos audiovisuales Netflix, no permite al usuario explorar el catálogo completo de sus contenidos, obligando a este a elegir entre las recomendaciones que la aplicación propone. Sin embargo, el usuario cree que, al tratarse de una plataforma bajo demanda, elige entre la serie o película que realmente desea visualizar. Nada más lejos de ello, el usuario no posee la completa libertad de elección, ya que solamente se le muestran una serie de contenidos "personalizados" bajo criterios que desconoce. Para la ampliación de la información véase CASTILLO, C., «La oferta y la demanda del contenido audiovisual en la era de los datos masivos», [en línea], (2018), https://chato.cl/papers/castillo_2018_oferta_disponiblidad_contenido_audiovisual-ES.pdf [consulta: 12/01/2022] .

36 Todos ellos se tratan de riesgos que visibilizan las familias y profesionales. Véase a tal efecto, VARIOS, "Internet y discapacidad intelectual: riesgos y preocupaciones desde la perspectiva de las familias y de los profesionales", *op, cit.*, p. 3-7.

En definitiva, las principales personas encargadas de velar por el bienestar de este colectivo, perciben Internet como un entorno poco seguro para las personas con discapacidad intelectual. Esta sensación de inseguridad, inevitablemente ha provocado que, tal y como se ha señalado anteriormente, se decanten por restringir e incluso prohibir su empleo. Sin embargo, se debe mitigar la brecha digital existente en la actualidad para las personas con discapacidad intelectual en el manejo y empleo de estos servicios. Debemos tomar conciencia de que las herramientas digitales se han convertido en un recurso indispensable en el presente siglo XXI, lo que nos conduce a visibilizar la necesidad de tomar medidas que fomenten la inclusión digital de este colectivo en este espacio.

5. DIFICULTADES QUE PLANTEA EL ACCESO A REDES SOCIALES POR PERSONAS CON DISCAPACIDAD INTELECTUAL DE MODO AUTÓNOMO: EN BUSCA DE LAS MEDIDAS DE APOYO IDÓNEAS

Con el objetivo principal de aumentar la inclusión de las personas con discapacidad en redes sociales al fin de evitar su exclusión social, nos proponemos pues proponer una serie de medidas, tanto legislativas, como dirigidas a familias y organismos judiciales que aseguren un empleo de estos espacios seguro por parte de personas con discapacidad intelectual. El fin reside en que las familias no terminen por prohibir el empleo de estos espacios ante la falta de garantías que arrojen seguridad sobre su manejo.

En ese sentido, el uso de redes sociales viene antecedido por un paso de trascendental importancia para convertirse en usuario de las mismas: la prestación del consentimiento al tratamiento de datos personales[37]. Es por lo que, nos detendremos a dilucidar si la normativa sobre protección de datos personales, configura la prestación de un consentimiento adaptado a personas con discapacidad, pues recordemos que, en la medida de lo posible, será la propia persona con discapacidad quien deberá prestar el consentimiento[38]. Pues, efectivamente, ha quedado superada la consideración de personas con discapacidad como incapaces para actuar autónomamente en todos los actos de la vida civil, quedando al margen de las decisiones que les afectan, siendo estas adoptadas por su representante legal[39].

---

37 En efecto, el consentimiento se configura como una de las bases legales que legitiman el tratamiento de datos personales por parte del titular de la información personal regulado en el art. 4 del Reglamento (UE) 2016/679 del Parlamento Europeo y del Consejo, aprobado el 27 de abril de 2016, relativo a la protección de las personas físicas en lo que respecta al tratamiento de datos personales y a la libre circulación de estos datos y por el que se deroga la Directiva 95/46/CE. DOUE, L 119/1, de 4 de mayo de 2016.

38 Efectivamente, con la nueva regulación sobre discapacidad encabezada por la Ley 8/2021, se defiende un modelo social y de derechos de las personas que presentan alguna discapacidad, donde prime el principio de su autonomía, para el alcance de un pleno desarrollo de su dignidad, personalidad y libertad. ALBA FERRÉ, E., "El ejercicio de la capacidad jurídica de las personas con discapacidad", en *Colección Observatorio de investigación de ESERP,* Bosch, Barcelona, p. 308.

39 Para mayor detalle, véase GUILARTE MARTÍN-CALERO, C., "Algunas consideraciones sobre el consentimiento de las personas con discapacidad mental e intelectual", *Revista Doctrinal Aranzadi Civil-Mercantil,* 11, 2018, p. 2.

5.1. De la necesaria inclusión de salvaguardas para la prestación de un consentimiento informado por personas con discapacidad intelectual en la normativa sobre protección de datos personales

La afirmación recientemente traída a colación, cobra especial relevancia cuando concierne a la prestación de un consentimiento informado en relación a los derechos de la personalidad cuya titularidad recae en personas con discapacidad. Ello se debe a que, en lo concerniente a estos derechos, como norma general, ha de excluirse la representación legal. De este modo, en estos casos, parece más acertada, de conformidad con GUILARTE MARTÍN-CALERO, la valoración del discernimiento caso por caso en torno a la posibilidad de que la persona con discapacidad preste consentimiento informado por sí misma en relación a los derechos fundamentales de su titularidad[40].

Sin embargo, si bien en relación a determinados derechos fundamentales, como por ejemplo, el derecho a la vida e integridad física (art. 15 CE), la normativa regula expresamente la posibilidad de un ejercicio autónomo por parte de las personas con discapacidad de dicho derecho a través de la prestación del consentimiento informado[41]; en otras, el legislador no ha especificado reglas concretas sobre la determinación de la posibilidad de ejercitar de modo autónomo la prestación del consentimiento por parte de personas con discapacidad. Concretamente, nos referimos a que, a pesar de la consideración de derecho fundamental del derecho a la protección de datos personales, la normativa reguladora del

---

40 *Ídem*, p. 9.

41 Véase el art. 9 de la Ley 41/2002, de 14 de noviembre, básica reguladora de la autonomía del paciente y de derechos y obligaciones en materia de información y documentación clínica, BOE núm. 274, de 15 de noviembre de 2002.

mismo no se pronuncia sobre la posibilidad de su ejercicio por personas con discapacidad[42].

En ese sentido, tanto el RGPD, como la Ley Orgánica 3/2018, de 5 de diciembre, de Protección de Datos Personales y garantías de los derechos digitales (en adelante LOPDGDD)[43], no se pronuncian sobre la prestación del consentimiento al tratamiento de datos personales por personas con discapacidad. En este contexto, parece complejo que este colectivo acceda a estos espacios con suficientes garantías, cuando no ha constituido una prioridad del legislador garantizar aquellas salvaguardas que aseguren que su acceso a estos servicios ocurre con garantías. Estimamos que, al igual que en el caso de la prestación del consentimiento informado en el ámbito de la salud la normativa sienta las condiciones para que las personas con discapacidad puedan, en la medida de lo posible, tomar sus propias decisiones, idéntica previsión debería realizarse en la normativa sobre protección de datos personales.

Así, aunque no libre de críticas, tanto el RGPD como la LOPDGDD contemplan la posibilidad de que los menores de edad presten un consentimiento al tratamiento de sus datos personales (arts. 8 y 7 respectivamente). Igualmente, refuerzan las exigencias de transparencia e información dirigidas a dicho colectivo al fin de que se asegure la prestación de un consentimiento libre e informado[44]. Así, convenimos que idénticas

---

42 AYLLÓN GARCÍA, D. J., "La protección de datos y personas con discapacidad", en *La privacidad en el metaverso, la inteligencia artificial y el big data,* Dykinson, Madrid, p. 84.

43 Ley Orgánica 3/2018, de 5 de diciembre, de Protección de Datos Personales y garantía de los derechos digitales, BOE, núm. 294, de 6 de diciembre de 2018.

44 Decimos no libre de críticas, porque a pesar de que la normativa imponga verificar la edad de los usuarios para la prestación de un consentimiento al tratamiento de datos personales, cuando ello ocurre virtualmente, dicha verificación no ocurre. Para mayor

previsiones deben preverse para aquellos potenciales usuarios que presenten una discapacidad intelectual. En efecto, al fin de garantizar la prestación de un consentimiento que cumpla con las previsiones del art. 4.11 RGPD, los proveedores de redes sociales y restantes responsables del tratamiento deberán acometer un esfuerzo a la hora de garantizar que este colectivo presta un consentimiento válido cuando el mismo se configure como una de las bases legales que legitiman el tratamiento (art. 6 RGPD).

En primer lugar, creemos que, debería incluirse un precepto en el que se señalaran las condiciones para la prestación de un consentimiento por parte de personas con discapacidad. Sirva como ejemplo que, el art. 9 en su apartado 7 de la Ley 41/2002, sobre autonomía del paciente, recientemente citada, dispone que si el paciente es una persona con discapacidad, se le ofrecerán las medidas de apoyo pertinentes, incluida la información en formatos adecuados siguiendo las reglas marcadas por el principio de diseño para todos de manera que resulten accesibles y comprensibles a las personas con discapacidad, en orden a favorecer que puedan prestar por sí el consentimiento. Huelga señalar, que creemos necesaria una regla general similar que abogue por garantizar la prestación de un consentimiento informado en torno al tratamiento de datos personales de este colectivo.

Antes bien, en el ámbito de las redes sociales y restantes servicios digitales, donde la prestación del consentimiento ocurre en línea, la configuración de estas salvaguardas constituye un verdadero reto para el ordenamiento jurídico. En este contexto, el consentimiento se presta en el momento en el que el usuario se da de alta en la plataforma. Concretamente, en el

---

profundización, véase GUARDIOLA SALMERÓN, M., "Menores y redes sociales: nuevos desafíos jurídicos", *Revista de Derecho, Empresa y Sociedad,* 8, enero-julio 2016, p. 55.

proceso de registro, cuando cumplimenta los campos sobre su información personal, se advierte al usuario que la aceptación de los términos y condiciones conlleva asimismo la prestación del consentimiento a la política de privacidad del proveedor de la red social. Así, se entiende que el usuario consiente el tratamiento de su información personal, previa lectura de dicha política de privacidad que cumple con el requisito de informar a los usuarios sobre el destino de su información personal[45].

En ese deseo por imponer normativamente a los responsables del tratamiento, en nuestro caso, proveedores de redes sociales, medidas reforzadas para la prestación del consentimiento por este colectivo, se ha de comenzar por prever, al igual que se exige para menores (art. 12 RGPD), un refuerzo real de la transparencia en este ámbito. Ello se debe a que, la redacción de las políticas de privacidad, cuya finalidad principal reside en informar al usuario sobre las vicisitudes del tratamiento al fin de garantizarle un poder de control de sus datos personales, tiende a materializarse de modo poco comprensible incluso para aquellos colectivos que no son vulnerables. Ciertamente, el modo en el que se redactan las políticas de privacidad por los proveedores de redes sociales entorpece la transmisión de información de vital relevancia en orden a emitir un consentimiento que pueda considerarse válido.

---

45 Tal y como señala ARIAS POU, las políticas de privacidad se configuran como un instrumento jurídico cuyo fin reside en garantizar al titular el control sobre su información personal, transmitiendo a este la información sobre quién, cómo, dónde y para qué se tratarán sus datos personales. ARIAS POU, M., "Transparencia e información que deberá facilitarse cuando los datos personas se obtengan del interesado. El derecho a la información desde el diseño (comentario al artículo 13 RGPD y al artículo 11.1 y 2 LOPDGDD)", en *Comentario al Reglamento General de Protección de Datos y a la ley Orgánica de Protección de datos personales y Garantía de los Derechos digitales,* Civitas, Madrid, 2021, p. 1358.

En particular, la transmisión de la información que el art. 13 RGPD impone, ha de llevarse a cabo de manera concisa, transparente y en un lenguaje claro y sencillo al amparo del art. 12 RGPD. Sin embargo, afirmamos que muchas de las políticas de privacidad redactadas por estos responsables del tratamiento, no se redactan de modo conciso. Sirva como ejemplo, que la política de privacidad del Grupo Meta se encuentra provista de 128 páginas[46]. De manera evidente, la extensión del texto disuade por completo al usuario de su lectura, por lo que, prestará un consentimiento sin recibir la información preceptiva al efecto.

En cuanto a la transparencia y lenguaje claro y sencillo demandado por idéntico precepto, es cierto que estos espacios emplean un lenguaje amable y en ocasiones sencillo; ahora bien, a pesar de su aparente sencillez, no aporta claridad sobre las finalidades de tratamiento y verdadero destino de los datos personales del usuario. Efectivamente, los proveedores de redes sociales abusan de términos generalistas e indeterminados que contribuyen a la ambigüedad y falta de claridad[47]. Por otra parte, en otras ocasiones, la política de privacidad abusa de tecnicismos que exceden del conocimiento medio

---

46 Política de privacidad obtenida de la página de registro de la red social Instagram: https://mbasic.facebook.com/privacy/policy/printable/#18.4-LegitimateInterestsWeRely , apartado sobre ¿Cómo usamos tu información?, [consulta: 02/01/2024], p. 17.

47 Baste a modo de ejemplo, que la política de privacidad emplea reiteradamente términos como “colaboradores”, “socios” o “anunciantes”, pero no detalla la identidad de estos a pesar de encontrarse normativamente obligados a ello al amparo del art. 13 RGPD. En ese sentido, los términos son sencillos, pero no aportan claridad sobre el destino de la información personal. Política de privacidad obtenida de la página de registro de la red social Instagram: https://mbasic.facebook.com/privacy/policy/printable/#18.4-LegitimateInterestsWeRely , apartado sobre ¿Cómo usamos tu información?, [consulta: 02/01/2024].

de las personas usuarias. Ciertamente, el lenguaje no debe ser únicamente claro y sencillo, sino que debe configurarse de modo comprensible para un usuario medio.

Sobre este particular, deseamos detenernos, pues la inteligibilidad variará en función del usuario al que se dirige, imponiéndose al amparo del art. 12 RGPD un esfuerzo añadido cuando el destinatario es menor de edad. Sin embargo, estos responsables del tratamiento prevén una idéntica política de privacidad para todos los potenciales usuarios. Así las cosas, a nuestro juicio, debe imponerse a los proveedores de redes sociales un verdadero esfuerzo añadido a la hora de adaptar estos textos, en especial, al público vulnerable (no solo menores de edad, sino también personas con discapacidad intelectual). El reto es mayúsculo, pues las políticas de privacidad difícilmente se comprenden incluso por el público no vulnerable. Consecuentemente, existe una apariencia de consentimiento, pero el incumplimiento del principio de información nos conduce a la ausencia de un consentimiento informado, pues el usuario no puede ejercer un control eficaz de los datos personales de su titularidad[48]. Por todo lo expuesto, exigimos que las políticas de privacidad se redacten de modo claro, transparente y sencillo con el fin de que cumplan su cometido, que tal y como afirma ORTIZ LÓPEZ se corresponde con garantizar al usuario los elementos de control sobre su información personal[49].

---

48 TRONCOSO REIGADA, A., "Las redes sociales a la luz de la propuesta de reglamento general de protección de datos personales. Parte I". *Revista de los Estudios de Derecho y Ciencia de la UOC,* 15, noviembre 2012, p.74.

49 ORTIZ LÓPEZ, P., "Redes sociales: funcionamiento y tratamiento de información personal", en *Derecho y Redes sociales,* Aranzadi-Thomson Reuters, Cizur Menor, 2010, p. 35.

Huelga señalar, que para el caso en el que el potencial usuario revista una discapacidad intelectual, queda mucho camino por recorrer, pues como ha quedado en evidencia, el consentimiento no se puede estimar informado dada su configuración actual por proveedores de redes sociales incluso para aquellos usuarios no vulnerables. Por todo lo expuesto, los proveedores de redes sociales deben cumplir con las exigencias del RGPD y LOPDGDD al fin de configurar un consentimiento a las finalidades de tratamiento válido[50].

Por otra parte, demandamos una mayor visibilización de las personas con discapacidad en la normativa sobre protección de datos personales. Al igual que se ha podido detectar que los menores de edad precisan de mayores garantías a efectos de proteger su información personal ante los tratamientos de datos, conformes con AMMERMAN YEBRA, dichas salvaguardas también deben preverse cuando el potencial usuario es una persona con discapacidad intelectual[51]. En caso contrario, y en contra de lo que señala la Carta de Derechos Digitales aprobada por el Gobierno Español, se dificulta considerablemente su presencia en un entorno altamente presente en el siglo XXI, lo que a su vez fomenta su posible exclusión social.

---

50 En efecto, con acierto señala ARENAS RAMIRO que las redes sociales deben ofrecer una política de privacidad no demasiado extensa, fácilmente accesible provista de un lenguaje claro y sencillo e ineludible para continuar con el servicio. ARENAS RAMIRO, M., "El consentimiento en redes sociales on line, en *Derecho y redes sociales,* Aranzadi-Thomson Reuters, Cizur Menor, 2010, p. 125.

51 AMMERMAN YEBRA, J., "Las personas vulnerables ante el derecho a la protección de datos personales", en *La privacidad en el metaverso, la inteligencia artificial y el big data,* Dykinson, Madrid, 2022, p. 59.

Por otra parte, a pesar de que la normativa guarde silencio sobre las condiciones para el tratamiento de datos de personas con discapacidad, los proveedores de redes sociales deben tomar una mayor conciencia sobre usuarios vulnerables y adaptar, tanto sus políticas de privacidad, como su servicio a los mismos al amparo del principio de responsabilidad proactiva (art. 25 RGPD). Sobre este particular, resulta de gran interés el art. 6 del Real Decreto 1/2013, de 29 de noviembre, por el que se aprueba el Texto Refundido de la Ley General de derechos de las personas con discapacidad y de su inclusión social, recientemente citado que dispone que las personas con discapacidad tienen derecho a la toma libre de sus propias decisiones, imponiendo una información y consentimiento en formatos adecuados y de acuerdo con las circunstancias personales, siguiendo las reglas marcadas por el diseño universal y de manera que les resulten comprensibles y accesibles. En todo caso añade que, se deberán tener en cuenta las circunstancias personales de cada individuo, su capacidad para tomar la decisión en concreto y asegurar la prestación de apoyo para la toma de decisiones-sobre estas últimas afirmaciones nos pronunciaremos más adelante-. En definitiva, queda claro que los proveedores de redes sociales deben conducir el diseño de sus espacios hacia fórmulas que puedan considerarse aptas para todas las personas usuarias de sus servicios.

Por último, creemos que los organismos oficiales cuya labor principal se identifica con interpretar la normativa sobre protección de datos personales, como por ejemplo, el CEPD o la Agencia Española de Protección de Datos (en adelante, AEPD), deberían asumir un papel más activo en la propuesta de aquellas medidas y garantías que aseguren el tratamiento de datos personales de personas con discapacidad respetuoso con la normativa vigente. Sorprende que no se encuentren recomendaciones de los mismos ayudando a aplicar la normativa de protección de datos personales de manera adaptada a personas con discapacidad.

5.2. Sobre las medidas de apoyo en la prestación del consentimiento al tratamiento de datos personales

A pesar de lo expuesto, convenimos que las personas con una discapacidad intelectual que presenten dificultades para querer y comprender, deberían contar con apoyos adicionales cuando se trata de acceder a estos espacios, consentir el tratamiento de datos personales e incluso emplear estos servicios. Ello se debe a que, a pesar de que se lograran explicaciones más claras por parte de los proveedores de redes sociales sobre las vicisitudes del tratamiento, la falta de conciencia de este colectivo sobre la magnitud de los tratamientos de datos que estos espacios practican, puede generar un entorno hostil para sus derechos fundamentales. Además, no se debe pasar por alto que la prestación del consentimiento *online* dificulta considerablemente la posibilidad de tomar en consideración las circunstancias personales de cada individuo y su capacidad para tomar la decisión en concreto tal y como exige el art. 6 del Real Decreto 1/2013, de 29 de noviembre, por el que se aprueba el Texto Refundido de la Ley General de derechos de las personas con discapacidad y de su inclusión social.

Por tanto, deben preverse una serie de apoyos a personas con discapacidad intelectual para que se desenvuelvan en el entorno digital. El fin último reside en no centrarse exclusivamente en reforzar la toma de decisiones principalmente en el mundo analógico, sino incluir paulatinamente apoyos que aseguren su toma de decisiones, también, en el mundo en línea. Sobre este particular, la modificación normativa acaecida en torno a la discapacidad y mencionada anteriormente, sienta un nuevo paradigma en el modo en el que ha de auxiliarse a este colectivo. Efectivamente, este sistema aboga por evitar la sustitución de en la toma de decisiones y fomentar aquellos mecanismos que complementen o asistan a la persona con discapacidad[52].

Así las cosas, la dificultad estriba en determinar los mecanismos de apoyo adecuados en el ámbito de las redes sociales con el fin de evitar que los familiares y responsables de este colectivo sientan el impulso de prohibir su manejo ante los riesgos e incertidumbre que conlleva.

Estimamos que los organismos judiciales deberían tomar una mayor conciencia sobre la esfera digital de la persona con discapacidad para la que se solicitan los apoyos. En efecto, quizás el sistema de apoyos se centre más en el ámbito analógico de este colectivo, olvidando el gran abanico de actuaciones que podría desempeñar en línea. Así, los jueces y juezas deberían pronunciarse sobre esta esfera para aquellos casos en los que prevean que la persona con discapacidad no puede consentir autónomamente el acceso a estos espacios. Por supuesto, también habrá de pronunciarse sobre los apoyos que pueda necesitar durante el empleo de estos espacios; sin embargo, no nos detendremos sobre este particular al no constituir objeto de análisis en el presente capítulo.

Por otra parte, es cierto que otra cuestión controvertida se identifica con determinar, tanto los apoyos idóneos, como la persona o personas que deberán prestar los mismos. Sobre la segunda cuestión, convenimos con MARTÍNEZ CALVO cuando indica que, además de los familiares, personas del círculo de amistades no deberían descartarse debido a la confianza

52 Resultan ilustrativas las palabras de HERRÁN ORTIZ cuando afirma que el apoyo no debe consistir en decidir por estas personas, sino en facilitarles la decisión. HERRÁN ORTIZ, A.I., "Hacia un nuevo modelo jurídico en el tratamiento de la discapacidad intelectual en el Código Civil español: interés vs. voluntad de la persona", en *Cuestiones actuales del derecho de familia: una visión inclusiva e interdisciplinar*, Tirant lo Blanch, Valencia, 2022, p. 318.

que la persona con discapacidad puede tener con las mismas[53]. Respecto a la primera cuestión planteada, habrá de valorarse caso por caso el apoyo o apoyos a determinar, pues las medidas dependerán de las necesidades concretas de cada persona con discapacidad. En efecto, el nuevo sistema, se decanta por superar los regímenes estandarizados y confeccionar un tarje a medida que se adapte a las necesidades de cada persona[54]. Por ello, los organismos judiciales, son el colectivo idóneo para establecer los apoyos a cada individuo.

Consideramos que puede revestir interés como medida de apoyo y siempre que se estime necesaria, pues en caso contrario la decisión podrá adoptarse autónomamente por la persona con discapacidad, establecer la necesidad de que la prestación del consentimiento al tratamiento de datos personales en estos espacios ocurra de modo supervisado por la persona responsable de brindar auxilio a la persona con discapacidad. Ahora bien, insistimos de nuevo en la necesidad de que se imponga a estos proveedores de servicios una redacción clara, sencilla y transparente de sus políticas de privacidad, para su mejor comprensión y posterior asistencia a la persona necesitada de apoyo.

---

53 MARTÍNEZ CALVO, J., "Discapacidad intelectual y redes sociales: el difícil equilibrio entre accesibilidad y protección", *op, cit.*, p. 132.

54 En ese sentido, el Tribunal Supremo acoge el término "traje a medida" empleado por el Ministerio Fiscal para referirse a la necesidad de construir un sistema de protección para cada persona con discapacidad adaptado a las necesidades y realidad de cada persona teniendo presente la red social, familiar, sanitaria, económica etc, con la que cada persona cuente y respetando sus derechos, preferencias e intereses, para de este modo garantizar su bienestar. Para mayor detalle, véase HERRÁN ORTIZ, A.I., "Hacia un nuevo modelo jurídico en el tratamiento de la discapacidad intelectual en el Código Civil español: interés vs. voluntad de la persona", *op, cit.*, p. 313.

Por último, deviene completamente necesaria la formación de la ciudadanía en torno a la gestión de su privacidad y protección de su información personal. Ciertamente, la proliferación de servicios en línea y su empleo masivo, no ha venido acompañado de una mayor conciencia en lo referente a la protección de la información personal. Por tanto, es imprescindible que los Poderes Públicos instauren políticas públicas que fomenten dicha formación en general, y en especial tanto para personas con discapacidad, como aquellas encargadas de prestarles apoyos. En caso contrario, la falta de conocimiento por parte de aquellos responsables de auxiliar a la persona con discapacidad, puede terminar por continuar fomentando el recelo y la prohibición de uso de estos espacios.

6. A MODO DE CONCLUSIÓN

La digitalización de nuestros hábitos y en especial, aquellos relacionados con el ocio constituye una realidad irreversible en plena era de la Sociedad de la Información. En efecto, el espacio digital abarca cada vez más esferas de nuestra vida dadas las facilidades y ventajas que trae consigo. En definitiva, cabe afirmar, que gran parte de la vida de las personas del siglo XXI se desarrolla *online*.

Sin negar las innumerables ventajas que estas herramientas aportan a nuestras vidas, no se debe obviar, que este fenómeno migratorio masivo al escenario digital puede favorecer la exclusión de aquellos colectivos más vulnerables que no acceden a Internet, ni a las redes sociales. Entre estos, destacan las personas con discapacidad intelectual que, debido al temor- no poco fundado de sus familiares por los riesgos que implica- no tienden a desarrollar actividades en línea. Sin embargo, en plena era digital, ha de tomarse una mayor conciencia de esta situación y fomentar la inclusión de este colectivo en lo que al manejo de herramientas digitales se refiere en orden a garantizar su derecho de accesibilidad reconocido en todos los ámbitos: internacional, europeo y nacional.

En primer lugar, ha de lamentarse que la principal normativa cuyo objeto se identifica con fomentar la inclusión de estas personas, el Real Decreto Legislativo 1/2013, de 29 de noviembre, adolece de un corte excesivamente analógico. Por otra parte, el legislador perdió una oportunidad a la hora de aprobar la Ley 8/2021, de 2 de junio, por la que se reformaba la normativa sobre discapacidad de incluir en su articulado medidas que tomaran en consideración el fenómeno señalado. Por otra parte, también denunciamos la falta de visibilidad de las personas con discapacidad intelectual en la normativa sobre protección de datos personales tanto europea como nacional. Si bien el legislador supo anticipar que la información personal concerniente a menores de edad precisa de una especial protección dada su vulnerabilidad y tránsito a la madurez, idéntica preocupación debía advertir en relación a las personas con discapacidad intelectual. La normativa sobre protección de datos personales debe incluir garantías adicionales en relación a la prestación del consentimiento al tratamiento de datos cuando su titular es una persona con discapacidad intelectual, pues desde la nueva regulación en vigor desde 2021, la propia persona con discapacidad ha de prestar el consentimiento en la medida de lo posible. Por último, los proveedores de redes sociales deben acogerse a fórmulas de diseño universal que conviertan sus espacios en accesibles para todos los individuos.

En segundo lugar, si bien la generalidad y flexibilidad con la que la Ley 8/2021, de 2 de junio prevé medidas de apoyo no ha de valorarse negativamente, pues permite un mayor grado de adaptación a las necesidades de cada persona, creemos que la misma debe aprovecharse para que los organismos judiciales prevean medidas relacionadas con los apoyos a prestar en el ámbito digital. Efectivamente, el fin reside en mitigar la brecha digital existente en este colectivo en lo que se refiere al empleo de Internet y redes sociales. Comprendemos que, en ocasiones, la prestación del consentimiento al tratamiento o manejo de estos servicios de modo autónomo puede resultar contraproducente para estas personas, por lo que, reviste interés establecer una suerte de medidas de apoyo que auxilien a la persona con discapacidad intelectual en este ámbito.

Con todo, resulta innegable que el ordenamiento jurídico, en todos sus ámbitos, ha de adaptarse a las necesidades sociales de cada momento. En la actualidad, el espacio digital se trata de un fenómeno ineludible que, aunque constituya un reto para el Derecho, este ha de configurar una respuesta para todos los ámbitos de la esfera personal de los individuos en los que pueda tener influencia.

7. REFERENCIAS BIBLIOGRÁFICAS

Libros y capítulos de libro

ALBA FERRÉ, E., "El ejercicio de la capacidad jurídica de las personas con discapacidad", en *Colección Observatorio de investigación de ESERP,* Boch Editor, Barcelona, pp. 296-316.

AMMERMAN YEBRA, J., "Las personas vulnerables ante el derecho a la protección de datos personales", en *La privacidad en el metaverso, la inteligencia artificial y el big data,* Dykinson, Madrid, pp. 49-63.

ARENAS RAMIRO, M., "El consentimiento en redes sociales on line", en *Derecho y redes sociales,* Aranzadi-Thomson Reuters, Cizur Menor, 2010, pp. 117-144.

ARIAS POU, M., "Transparencia e información que deberá facilitarse cuando los datos personas se obtengan del interesado. El derecho a la información desde el diseño (comentario al artículo 13 RGPD y al artículo 11.1 y 2 LOPDGDD)", en *Comentario al Reglamento General de Protección de Datos y a la ley Orgánica de Protección de datos personales y Garantía de los Derechos digitales,* Civitas, Madrid, 2021, pp. 1357-1379.

AYLLÓN GARCÍA, D. J., "La protección de datos y personas con discapacidad", en *La privacidad en el metaverso, la inteligencia artificial y el big data,* Dykinson, Madrid, pp. 83-96.

CASTÁN TOBEÑAS, J., *Derecho civil español, común y foral,* 1, II, Madrid, Reus, 1987.

VARIOS, "Internet y discapacidad intelectual: riesgos y preocupaciones desde la perspectiva de las familias y de los profesionales", *Psicología y educación, presente y futuro,* ACIPE- Asociación Científica de Psicología y Educación, pp. 1-10.

GETE-ALONSO Y CALERA, M.A., "Los derechos del menor y personas discapacitadas en el entorno digital" en *Internet y los derechos de la personalidad,* Tirant lo Blanch, Valencia, pp. 277-308.

GUARDIOLA SALMERÓN, M., "Menores y redes sociales: nuevos desafíos jurídicos", *Revista de Derecho, Empresa y Sociedad, núm. 8,* enero-julio 2016, pp. 53-67.

GUILARTE MARTÍN-CALERO, C., "Algunas consideraciones sobre el consentimiento de las personas con discapacidad mental e intelectual", *Revista Doctrinal Aranzadi Civil-Mercantil,*11, 2018, pp. 1-21.

GUTIÉRREZ, P., y MARTORELL, A., "Las personas con discapacidad intelectual ante las TIC", *Revista Científica de Educomunicación,* 36, 2011, pp. 173-180.

HERRÁN ORTIZ, A.I., "Hacia un nuevo modelo jurídico en el tratamiento de la discapacidad intelectual en el Código Civil español: interés vs. voluntad de la persona", en *Cuestiones actuales del derecho de familia: una visión inclusiva e interdisciplinar* ,Tirant lo Blanch, Valencia, 2022, pp. 283-361.

LASARTE ÁLVAREZ, C., *Compendio de derecho de la persona y del patrimonio,* Madrid, Dykinson, 2014.

LÓPEZ GOROSTIDI, J., *Ciberdelincuencia: Proporcionalidad y bienes jurídicos protegidos,* Comares, Granada, 2022.

MARTÍNEZ CALVO, J., "Discapacidad intelectual y redes sociales: el difícil equilibrio entre accesibilidad y protección", *ADC,* LXXV, 2022, pp. 115-160.

ORTIZ LÓPEZ, P., "Redes sociales: funcionamiento y tratamiento de información personal", en *Derecho y Redes sociales,* Aranzadi-Thomson Reuters, Cizur Menor, 2010, p. 23-36.

PEGALAJAR PALOMINO, MC., y COLMENERO RUIZ, M.J., "Estudio piloto sobre el uso de las redes sociales en jóvenes con discapacidad intelectual", *Revista Electrónica de Tecnología Educativa,* 48, 2014, pp. 1-14.

ROIG, A., "E-privacidad y redes sociales", *Revista de Internet, Derecho y Política,* 9, 2009, pp. 42-52.

SOTO, Y., "Datos masivos con privacidad y no contra privacidad", *Revista Biología y Derecho,* 40, 2017, pp. 101-114.

TRONCOSO REIGADA, A., "Las redes sociales a la luz de la propuesta de reglamento general de protección de datos personales. Parte una". *Revista de los Estudios de Derecho y Ciencia de la UOC,* 15, noviembre 2012, pp. 61-75.

Documentos organismos oficiales

AGENCIA ESPAÑOLA DE PROTECCIÓN DE DATOS e INSTITUTO NACIONAL DE LAS TECNOLOGÍAS DE LA COMUNICACIÓN sobre la privacidad de los datos personales y la seguridad de la información en las redes sociales online, febrero de 2009.

Comunicación de la Comisión al Parlamento Europeo, al Consejo, al Comité Económico y Social Europeo y al Comité de las Regiones, sobre la Estrategia Europea sobre Discapacidad 2010-2020: un compromiso renovado para una europea sin barreras, de 15 de noviembre de 2010, COM (2010) 636 final.

Dictamen 5/2009, del Grupo de Protección de datos del Artículo 29 sobre las redes sociales en línea, de 12 de junio de 2009 WP 163.

EUROPEAN NETWORK AND INFORMATION SECURITY AGENCY, *Security Issues and Recommendations for Online Social Networks,* núm. 1, de octubre 2007.

Guidelines 8/2020 of European Data Protection Board on the targeting of social media users, Version 2.0, adopted on 2 september 2020.

Observación núm. 1 de la Organización de las Naciones Unidas, sobre los derechos de las personas con discapacidad, de 19 de mayo de 2014.

Documentos difundidos por Internet

CASTILLO, C., «LA oferta y la demanda del contenido audiovisual en la era de los datos masivos», [en línea], (2018), https://chato.cl/papers/castillo_2018_oferta_disponiblidad_contenido_audiovisual-ES.pdf [consulta 12/01/2022].

IAB SPAIN, «Informe de redes sociales IAB 2023», [en línea], (2023) https://miquelpellicer.com/2023/06/informe-iab-spain-redes-sociales/ , [consulta: 23/12/2023].

OBSERVATORIO ESTATAL DE LA DISCAPACIDAD, «El uso de Internet por personas con discapacidad intelectual», [en línea], (2016), https://www.observatoriodeladiscapacidad.info/el-uso-de-internet-por-las-personas-con-discapacidad-en-el-dia-de-internet/ [consulta: 23/12/2023].

Política de privacidad obtenida de la página de registro de la red social Instagram: https://mbasic.facebook.com/privacy/policy/printable/#18.4-LegitimateInterestsWeRely , apartado sobre ¿Cómo usamos tu información?, [consulta: 02/01/2024].

WE ARE SOCIAL, «La guía definitiva para un mundo digital en evolución», [en línea], (2023), https://wearesocial.com/es/blog/2023/01/digital-2023/ [consulta: 23/12/2023].

Capítulo 2

La persona con discapacidad intelectual como sujeto activo del delito en la jurisprudencia

ITZIAR CASANUEVA SANZ
Profesora doctora encargada de Derecho Penal
Facultad de Derecho. Universidad de Deusto

1. INTRODUCCIÓN

En este trabajo, como su título indica, se va a hacer un estudio de las cuestiones más relevantes que plantean los supuestos en los cuales el sujeto activo de un delito es una persona con discapacidad intelectual (en adelante DI), teniendo como hilo conductor la jurisprudencia más reciente del Tribunal Supremo (en adelante TS) al respecto.

El motivo de limitar el análisis a los supuestos en los que estas personas son sujetos activos del delito surge de un estudio previo en el cual se observó que los textos y normas, tanto supranacionales como nacionales, relacionadas con la protección de las personas con DI en su relación con la justicia y, en concreto, con el proceso penal, se han centrado en ellas como víctimas, perjudicadas o, en su caso, testigos[1]. Esta realidad contrasta con el dato incuestionable de que la prevalencia de personas con DI en prisión es mucho más elevada que la prevalencia entre la población general. Se trata, por lo tanto, de un colectivo sobrerrepresentado en este ámbito pero, lo más grave es que un elevado número de estas personas ingresaron en prisión sin que la discapacidad se hubiera detectado a lo largo del procedimiento penal[2].

Para llevar a cabo esta investigación se han seleccionado las sentencias del TS desde 2017 hasta la actualidad en las cuales

---

1 CASANUEVA SANZ, I. y BENITO SÁNCHEZ, D., "La persona con discapacidad intelectual en el derecho penal español a la luz de las exigencias de la Unión Europea", en *Treinta años de la Unión Europea. Una visión desde el derecho,* Tirant lo Blanch, Valencia, 2023, pp. 113-142.

2 Entre la población general se suele señalar que hay un 1% de prevalencia de la DI y algunos estudios señalan que un 9% de las personas que pasan por el sistema penal en calidad de presuntos autores tienen este trastorno. FERNÁNDEZ MOLINA, E., "Hacia una justicia penal inclusiva: una evaluación del paso por el procedimiento penal de las personas con discapacidad intelectual o con problemas de aprendizaje", *Cuadernos de Política Criminal,* n. 132, 2020, p. 142.
En sentido similar, MUYO BUSSAC, P., "La conformidad del acusado con discapacidad intelectual", *InDret,* 1, 2023, p. 160; VARIOS, "El delincuente con discapacidad intelectual: reflexiones psicojurídicas sobre su responsabilidad criminal y las medidas de seguridad", *Psicopatología clínica, legal y forense,* 16, 2016, p. 100.
Véase también el *Manifiesto para un nuevo régimen penal aplicable a las personas con enfermedad mental o discapacidad intelectual* elaborado en 2023 por el Grupo de Estudios de Política Criminal. https://politicacriminal.es/manifiesto-para-un-nuevo-regimen-penal-aplicable-a-las-personas-con-enfermedad-mental-o-con-discapacidad-intelectual.

se plantea la existencia de una DI en el sujeto activo del delito utilizando para su selección tanto la expresión "discapacidad intelectual" como "retraso mental" puesto que, como se verá en las páginas siguientes, nuestro Alto Tribunal todavía la utiliza en ocasiones[3]. No se han tenido en cuenta aquellas en las cuales claramente se descarta que exista dicha discapacidad, salvo que, por algún motivo nos haya parecido que tenga un interés especial.

Comparado con las resoluciones en las que se hace referencia a las personas con DI como víctimas del delito, las que se refieren a ella como sujeto activo son excepcionales lo que refleja, en nuestra opinión, el poco interés que estas situaciones despiertan, en general, en la práctica de los tribunales.

El objetivo no es hacer un estudio profundo y detenido sobre la jurisprudencia, sino ofrecer una panorámica general de las principales cuestiones que se plantean en relación con estas situaciones para que el lector que, hasta ahora, no se ha acercado al fenómeno de la DI en el sistema penal tenga conocimiento de esta realidad.

El trabajo comienza con un apartado en el cual se intentará dar un concepto de DI para, posteriormente, centrarnos en los efectos que esta discapacidad puede tener en la responsabilidad penal del sujeto, en concreto, en su imputabilidad. Para ello veremos cómo se están aplicando las exenciones y atenuaciones relacionadas con la imputabilidad en estos supuestos basándonos en la jurisprudencia del TS más actual. A continuación se hará una referencia a las sanciones penales que suelen imponerse en estos supuestos que, ya lo podemos adelantar, suelen ser

---

3 En VARIOS, "El delincuente con discapacidad intelectual..."", *op. cit.*, pp. 104 y ss. se hace un estudio similar de sentencias del TS desde el año 2006 al 2016.

penas de prisión y terminaremos haciendo referencia a algunas cuestiones procesales que nos parecen de especial relevancia.

2. EL CONCEPTO DE DISCAPACIDAD INTELECTUAL

En este apartado vamos a intentar determinar qué es la DI. Para ellos, en un primer momento, haremos referencia al concepto de discapacidad, poniendo de relieve el cambio de paradigma que se ha producido los últimos años al respecto para, posteriormente, centrarnos en los supuestos de DI.

2.1. El modelo social de discapacidad

En relación con el concepto de discapacidad, se ha pasado de un modelo médico-rehabilitador tradicional a un modelo social y se hace referencia a la Convención de Naciones Unidas sobre los derechos de las personas con discapacidad de 2006 (en adelante, la Convención)[4] como el punto de inflexión de este cambio. El artículo 1 de la Convención entiende que las personas con discapacidad son aquellas que tienen "deficiencias físicas, mentales, intelectuales o sensoriales a largo plazo que, al interactuar con diversas barreras, puedan impedir su participación plena y efectiva en la sociedad, en igualdad de condiciones con las demás".

En el modelo médico o rehabilitador la discapacidad se identificaba con la existencia de ciertas deficiencias físicas, psíquicas o sensoriales que se apartan del estándar considerado normal; se consideraba una anomalía de carácter patológico de modo que el criterio exclusivo para determinar la presencia de discapacidad y su intensidad era el diagnóstico médico.

---

4 Naciones Unidas. Convención sobre los derechos de las personas con discapacidad, aprobada en Nueva York el 13 de diciembre de 2006.

Según este modelo, la causa de las limitaciones o dificultades que sufre la persona con discapacidad para llevar a cabo las actividades de la vida diaria y para conseguir su integración social es, exclusivamente, esa anomalía[5]. Es decir, tradicionalmente, ser una persona con discapacidad se concebía como una disfunción o carencia personal, una patología que residía en la propia persona lo que permitía designar individuos y profesionales que controlaran o incluso suplieran su voluntad puesto que se entendía que eran "objetos de protección" [6].

El nuevo modelo social de discapacidad consagrado en la Convención se refiere, por el contrario, a dos elementos, la existencia de deficiencias y, el más importante, la presencia de barreras que dificulten o impidan la plena participación social de la persona que sufre dichas deficiencias. La discapacidad resulta así de la interacción entre las deficiencias y las barreras debidas a la actitud de terceros y al entorno, siendo estas barreras el principal elemento definitorio del concepto de discapacidad puesto que si no existieran, solo la presencia de una deficiencia no determinaría la existencia de una discapacidad[7].

El concepto de deficiencia debe ser interpretado de manera amplia incluyendo cualquier condición física, mental, intelectual o sensorial. Las barreras, por su parte, pueden ser objetivas -físicas, de comunicación, legales,...- que exigen la

---

5 MARTÍNEZ-PUJALTE, A. L. y FERNÁNDEZ ORRICO, F. J., "El concepto de discapacidad a partir de la Convención de Naciones Unidas", *Anales de Derecho y Discapacidad,* 1, septiembre 2016, p. 10.

6 DELGADO MARTÍN, J., "El acceso a la justicia penal de las personas con discapacidad: reforma 2023 de la Ley de Enjuiciamiento Criminal", *Diario La Ley,* n. 10435, 2024, p. 5; FERNÁNDEZ MOLINA, E., *op. cit.,* p. 138; GARCÍA ARÁN, M., "La esterilización de personas discapacitadas: la radical reforma penal de 2020", *Estudios penales y criminológicos,* 42, 2022, p. 198.

7 MARTÍNEZ-PUJALTE, A. L. y FERNÁNDEZ ORRICO, F. J., *op. cit.,* pp. 10 y ss.

adopción de alguna medida activa para su remoción o subjetivas, motivadas por una actitud hostil o de desprecio hacia las personas con deficientes, cuya corrección requiere solamente un cambio de actitud[8]. Lo esencial, por lo tanto, es la existencia de barreras y obstáculos que impiden la plena participación en la sociedad de las personas con las citadas deficiencias, siendo el propósito principal de la Convención remover dichos obstáculos para asegurar el goce pleno y en condiciones de igualdad de todos los derechos humanos y libertades fundamentales de todas las personas con discapacidad[9].

En este modelo social la persona con discapacidad no es ya un objeto de protección, sino un sujeto de derechos y deberes; es capaz de tomar sus propias decisiones si se le proporcionan los apoyos necesarios. Son los estados los que deben garantizar el ejercicio de sus derechos adoptando las medidas de apoyo que se consideren oportunas[10].

Podemos preguntarnos si en el derecho interno también se ha acogido esta nueva manera de entender la discapacidad. En este sentido, sin ánimo de exhaustividad, podemos citar la Ley General de Derechos de las Personas con Discapacidad y de su inclusión social (LGDPD)[11] que en su art. 2

---

8 MARTÍNEZ-PUJALTE, A. L. y FERNÁNDEZ ORRICO, F. J., *op. cit.*, pp. 10 y ss. DE LUCCHI LÓPEZ-TAPIA, Y., "El servicio de facilitación judicial como pieza clave para la tutela judicial efectiva de las personas con discapacidad", *Actualidad civil, 9*, 2022, pp. 3 y 4 se refiere a barreras estructurales, contextuales, cognitivas, comunicativas, actitudinales, digitales, económicas.

9 MARTÍNEZ-PUJALTE, A. L. y FERNÁNDEZ ORRICO, F. J., *op. cit.*, p. 11.

10 DELGADO MARTÍN, J., "El acceso..", *op. cit.*, p. 5; FERNÁNDEZ MOLINA, E., *op. cit.*, p. 138; GARCÍA ARÁN, M., *op. cit.*, p. 198.

11 Real Decreto Legislativo 1/2013, de 29 de noviembre, por el que se aprueba el Texto Refundido de la Ley General de derechos de las personas con discapacidad y de su inclusión social.

define la discapacidad como "una situación que resulta de la interacción entre las personas con deficiencias previsiblemente permanentes y cualquier tipo de barreras que limiten o impidan su participación plena y efectiva en la sociedad, en igualdad de condiciones con las demás".

Por otro lado, también nos encontramos con la Ley 8/2021 que, tal y como se señala en el propio preámbulo, tiene como referencia la Convención. Esta ley pretende cambiar el sistema de sustitución en la decisión de las personas con discapacidad por otro basado en el respeto a su voluntad y las preferencias de quien, como regla general, será la encargada de tomar sus propias decisiones con el apoyo necesario[12].

En relación con la legislación penal, el art. 25 del CP define la discapacidad "a los efectos de este código" como aquella "situación en la que se encuentra una persona con deficiencias física, mentales, intelectuales o sensoriales de carácter permanente que, al interactuar con diversas barreras, pueden limitar o impedir su participación plena y efectiva en la sociedad, en igualdad de condiciones con las demás".

Vemos cómo esta definición es similar a la de la LGDPD y la Convención de modo que podemos afirmar que nuestra regulación interna también ha acogido el modelo social de discapacidad propuesto por la Convención[13] concepto que, por supuesto, será el que se seguirá en las páginas siguientes.

---

12 GARCÍA ARÁN, M., *op. cit.*, p. 201.

13 La única diferencia es que la Convención se refiere a deficiencias "a largo plazo", la LGDPD a las "previsiblemente permanentes" y el CP a las de "carácter permanente". En relación con los supuestos que estamos analizando en esta investigación esta diferencia no va a ser relevante. Así y todo, consideran más correcto no exigir esta permanencia, entre otros, ITURRI GÁRATE, J., "Concepto jurídico de discapacidad", *Anales de Derecho y Discapacidad*, 6, 2021, p. 50; MARTÍNEZ-PUJALTE, A. L. y FERNÁNDEZ ORRICO, F. J., *op. cit.*, p. 13.

2.2. La discapacidad intelectual

Este trabajo, como ya sabemos, se centra en los supuestos de DI[14]. El CP solo se refiere en dos preceptos a este tipo de discapacidad cuando el que la padece es el sujeto activo del delito, los artículos 25.2 y 48, pero no da ninguna definición de la misma.

Como se ha señalado en otros trabajos, cuando tenemos que manejar conceptos propios de las ciencias de la salud, que exceden del ámbito del jurista, debemos recurrir a dichas ciencias para dotarlos de contenido[15]. En este caso, al tratarse de temas relacionados con trastornos y alteraciones psíquicas, creemos que lo más adecuado es recurrir al DSM-5 (Manual Diagnóstico y Estadístico de las Trastornos Mentales) en su 5ª edición de 2015[16]. Este manual incluye la DI (antiguo retraso

---

14 Las definiciones de discapacidad a las que nos hemos referido diferenciaban entre deficiencias intelectuales y mentales. En este trabajo nos limitamos a analizar las intelectuales aunque, por falta de espacio, no podemos detenernos en la distinción. Para profundizar véase ITURRI GÁRATE, J., *op. cit.*, p. 45.

15 Véase CASANUEVA SANZ, I., "Los trastornos mentales y sus efectos en la responsabilidad penal: el juego patológico" en *El sistema penal y los objetivos de desarrollo sostenible de la Agenda 2030*, Tirant lo Blanch, 2023, pp. 59-105; *La misma*, "Las repercusiones de la psicopatía en la imputabilidad. Un análisis de la jurisprudencia y una propuesta de aplicación en el Derecho Penal español", *Revista CAP Jurídica Central, 8*, 2021, pp. 81 y ss.; *la misma*, "El trastorno antisocial de la personalidad y/o la psicopatía: su repercusión en la imputabilidad. Análisis jurisprudencial y propuesta de aplicación", en *Sistema penal y exclusión social*, Aranzadi, Cizur Menor, 2020, pp. 52 y ss.; *la misma, La incidencia del consumo de drogas en la imputabilidad*. Thomson Reuters Aranzadi, 2019.

16 Asociación Americana de Psiquiatría. *Manual Diagnóstico y estadístico de los trastornos mentales, DSM-5*, Editorial médica panamericana, traducción del *Diagnostic and Statistical Manual of Mental Disorders, Fifth edition*, publicado por la American Psychiatric Association en el año 2013. En adelante, se cita como DSM-5.

mental) dentro de los trastornos del neurodesarrollo[17] junto con los trastornos de la comunicación, del espectro autista, los trastornos por déficit de atención/hiperactividad, trastorno específico del aprendizaje, trastornos motores, trastornos de tics y otros trastornos del neurodesarrollo[18].

En esta investigación vamos a centrarnos en los supuestos de DI, aunque nada impide que la mayoría de las cuestiones que se van a tratar en páginas posteriores sean aplicables al resto de trastornos del neurodesarrollo, siempre que se den los presupuestos y condiciones necesarios[19]. Aunque es frecuente utilizar como sinónimos los términos discapacidad intelectual, deterioro cognitivo, déficit cognitivo, del desarrollo o de aprendizaje, entre otros[20], no se trata exactamente de los mismos fenómenos. En este trabajo utilizaremos el término DI aunque en ocasiones, al hacer referencia a las palabras del TS se utilizará la expresión "retraso mental" puesto que el TS todavía la (mal)utiliza en bastantes ocasiones, a pesar de que se trata de un término ya obsoleto y eliminado del lenguaje de las ciencias de la salud.

---

17 Los trastornos del neurodesarrollo son un grupo de afecciones cuyo inicio se sitúa en el período de desarrollo y que incluyen limitaciones del funcionamiento intelectual como también del comportamiento adaptativo en los dominios conceptual, social y práctico. DSM-5, p. 31.

18 DSM-5, pp. 31 y ss.

19 Incluso, en ocasiones, pueden tener manifestaciones similares algunos trastornos neurocognitivos. DSM-5 pp. 591 y ss.

20 Algunos autores proponen también la utilización del término "diversidad funcional". BUENO OCHOA, L., "Terminología y semántica del derecho de la discapacidad", *Anales de Derecho y Discapacidad,* 7, 2022. Otros opinan que no son sinónimos, puesto que la diversidad funcional solo hace referencia a la deficiencia, no a la existencia de barreras. MARTÍNEZ-PUJALTE, A. L. y FERNÁNDEZ ORRICO, F. J., *op. cit.*, p. 15.

Siguiendo el DSM-5, para el diagnóstico de una DI deben cumplirse los tres criterios siguientes: A. Deficiencias de las funciones intelectuales, como el razonamiento, la resolución de problemas, la planificación, el pensamiento abstracto, el juicio, el aprendizaje académico y el aprendizaje a partir de la experiencia. B. Deficiencias del comportamiento adaptativo que producen fracaso del cumplimiento de los estándares de desarrollo y socioculturales para la autonomía personal y la responsabilidad social. Sin apoyo continuo, las deficiencias adaptativas limitan el funcionamiento en una o más actividades de la vida cotidiana, como la comunicación, participación social, vida independiente en los múltiples entornos. C. Inicio de las deficiencias intelectuales y adaptativas durante el periodo del desarrollo.

En estos criterios diagnósticos del DSM se refleja el cambio de paradigma que se ha dado en relación con el concepto de discapacidad de un modelo médico-rehabilitador a un modelo social, puesto que para diagnosticar una DI no es suficiente con que exista un funcionamiento intelectual significativamente por debajo de la media (confirmado normalmente mediante pruebas de inteligencia estandarizadas que indican el cociente intelectual), sino que además deberá presentar deficiencias en aspectos de las actividades de la vida diaria de modo que no cumpla los estándares del desarrollo y socioculturales para la autonomía personal y la responsabilidad social[21] haciendo referencia a los apoyos que estas personas necesitan para que las deficiencias que padecen no limiten su vida cotidiana[22].

El DSM-5 propone una clasificación del trastorno del desarrollo intelectual en leve, moderado, grave y profundo en

---

21 VARIOS, "El delincuente con discapacidad intelectual...", *op. cit.,* p. 101.

22 La Asociación americana de discapacidades intelectuales y del desarrollo (en adelante, por sus siglas en inglés, AAIDD) recoge en su 11ª edición de 2010 un concepto similar de DI.

función, no solo del cociente intelectual como era tradicional, sino también según el funcionamiento adaptativo, ya que éste es el que determina el nivel de apoyos requerido, por lo que la evaluación no se lleva a cabo exclusivamente con pruebas de CI, siendo necesaria una evaluación mucho más compleja del sujeto[23], poniendo de relieve, de nuevo, este cambio de paradigma.

Es importante no perder de vista que el colectivo de las personas con DI es muy heterogéneo y en él se incluyen necesidades y situaciones muy variadas manifestándose las mismas de distinta manera e incluyéndose situaciones, orígenes y causas diversas[24]. Tomando esta realidad como punto de partida, podemos ofrecer una serie de características más o menos comunes a la mayoría de las personas con DI como son sus limitaciones cognitivas que les hacen más volubles y altamente influenciables a las presiones de los demás, así como el hecho de que en ocasiones son instrumentalizadas por delincuentes de su entorno[25]. Suelen tener dificultades para el juicio social,

---

23 Sobre la evaluación véase DUJO LÓPEZ, V. y HORCAJO GIL, P. J., "Informe pericial psicológico: discapacidad intelectual y capacidad de consentimiento". *Psicopatología clínica, jurídica y forense,* 17, 2017.

24 DE LA MATA BARRANCO, N., "La víctima en Derecho penal y su pertenencia a distintos colectivos como elemento agravatorio de la responsabilidad penal: especial vulnerabilidad o situación diferencial". *Revista Penal,* 50, 2022, p. 65; DUJO LÓPEZ, V. y HORCAJO GIL, P. J., *op. cit.,* p. 109; FERNÁNDEZ MOLINA, E., *op. cit.,* p. 142; SANCHO GARGALLO, I. y ALÍA ROBLES, A., "Guía para la entrevista judicial a una persona con discapacidad", *Actualidad Civil,* 2, 2023, p. 5; TAPIA BALLESTEROS, P., *op. cit.,* p. 2.
Señala MUYO que en el concepto de DI tienen cabida situaciones tan heterogéneas como el síndrome de Down, la demencia senil o secuelas irreversibles derivadas de un ictus. MUYO BUSSAC, P., *op. cit.,* p. 157.

25 BATTLÓ DUXÓ-DULCE, L., "Tratamiento penal de las personas discapacitadas. Aspectos prácticos". *Diario La Ley,* 10070, 2022, p. 5.

la toma de decisiones, la reflexión, la evaluación de riesgos, la autogestión del comportamiento, las emociones, las relaciones interpersonales o la motivación. La falta de habilidades para la comunicación puede predisponer a comportamientos disruptivos y agresivos y, en muchas ocasiones, existen dificultades para percibir e interpretar de forma precisa las señales sociales de sus iguales. La credulidad, en ocasiones, es un rasgo que incluye la ingenuidad en las situaciones sociales y la tendencia a ser fácilmente manipulado por otros, lo que puede llevar a verse implicado en delitos e incluso a realizar confesiones falsas[26].

A esto hay que añadir que en la mayoría de las ocasiones nos encontramos con casos de comorbilidad o patología dual, es decir, casos en los que la DI concurre con otros trastornos relacionados con el consumo de alcohol u otras drogas, trastornos de la personalidad, del aprendizaje, trastorno por déficit de atención o hiperactividad, los trastornos depresivos y bipolar, de ansiedad, trastornos del espectro autista, trastornos de movimientos estereotipados y/o trastornos del control de los impulsos[27]. Circunstancias todas ellas que, en palabras de BATLLÓ, abocan a la "tormenta perfecta, para provocar la ausencia de reflexión", característica habitual de sus actuaciones[28].

Todo ello, unido al hecho de que una minoría importante presenta un comportamiento inadaptado que causa problemas sociales y que suelen ser personas con escaso apoyo social explica el hecho de que puedan llevar a cabo conductas con relevancia en el ámbito penal[29].

---

26 DSM-5, p. 38; FERNÁNDEZ MOLINA, E., *op. cit.*, p, 143.

27 DSM-5, p. 37; VARIOS, *op. cit.*, p. 101.

28 BATTLÓ DUXÓ-DULCE, L., *op. cit.*, p. 5.

29 BATTLÓ DUXÓ-DULCE, L., p. 5: DSM-5, p. 37.

Los pocos estudios que existen al respecto reflejan que cuanto más grave es la discapacidad, menos probabilidades hay de cometer actos delictivos, debido a las limitaciones físicas y/o psíquicas que padece el sujeto, de modo que, como ha confirmado el análisis de las sentencias trabajadas para llevar a cabo esta investigación, la mayoría de los delitos se cometen por personas con discapacidad leve o moderada, supuestos estos límite en la frontera con la normalidad en los cuales la pericia psicológica es delicada, siendo los casos más problemáticos[30].

3. LA IMPUTABILIDAD DE LA PERSONA CON DISCAPACIDAD INTELECTUAL

Centrándonos ya en los supuestos en los cuales una persona con DI lleva a cabo una conducta antijurídica, lo primero que tenemos que plantearnos es si dicha discapacidad puede afectar a la imputabilidad del sujeto de modo que pueda declararse exento de responsabilidad penal o, al menos, ser objeto de una atenuación de la misma[31].

Suele afirmarse que nuestro CP, para regular los supuestos de inimputabilidad e imputabilidad disminuida, utiliza una fórmula mixta de modo que no es suficiente demostrar la existencia de un trastorno, en este caso una DI, sino que, además de este elemento psiquiátrico, es necesario comprobar la concurrencia de un elemento psicopatológico, es decir,

---

30 VARIOS, "El delincuente con discapacidad intelectual...", *op. cit.*, pp. 101 y ss.

31 Entienden algunos autores que en estos casos habría que cuestionarse la presencia de otro elemento del delito como es el tipo subjetivo, puesto que, en su opinión, puede faltar el dolo. No es el objeto de este trabajo entrar en esta discusión aunque se recomienda consultar al respecto la STS 339/2023 de 10 de mayo (*Tol 9572785*) y su voto particular.

comprobar la anulación o afectación de la capacidad de comprender la ilicitud del hecho o de determinar el comportamiento con arreglo a esa comprensión[32]. Este concepto de imputabilidad se deriva de la redacción que el legislador ha dado a los arts. 20.1 y 20.2 considerados, junto al art. 20.3, los preceptos que regulan los supuestos de inimputabilidad en nuestro código penal.

Siendo esto cierto, parece más acertado ampliar los requisitos a analizar para poder aplicar una exención o atenuación de la responsabilidad penal a cuatro, añadiendo el elemento cronológico o temporal y la relación de sentido. A pesar de que se hable de un sistema mixto, una lectura detenida de los arts. 20.1 y 20.2 del CP así como una interpretación correcta de los mismos así lo exige. El primero hace referencia a la necesidad de que los elementos psiquiátrico y psicopatológico estén presentes en el momento de los hechos y el segundo a la relación que debe existir entre los citados dos elementos de la fórmula mixta y el delito concreto objeto de enjuiciamiento[33].

Como toda circunstancia que afecta a la imputabilidad, la DI puede anularla o disminuirla de manera más o menos intensa, de modo que puede dar lugar a la aplicación de una eximente completa, incompleta o atenuante ordinaria, en

---

32 El TS utiliza otra terminología para referirse a la fórmula mixta. En lugar de "elemento psiquiátrico" suele referirse al elemento biológico o biopatológico y en lugar de "elemento psicopatológico", utiliza la expresión "elemento psicológico o psicológico-normativo". Sobre la adecuación de manejar la terminología propuesta así como la postura defendida en relación con el fundamento de la imputabilidad, véanse las referencias de la nota 15.

33 En relación con algunas anomalías o alteraciones, los efectos en la imputabilidad también exigen el análisis de la *actio libera en causa (alic)* pero en los supuestos que estamos analizando no es necesario su estudio. Véase CASANUEVA SANZ, *La incidencia…, op. cit.*, pp. 178 y ss.

concreto, nos interesan los arts. 20.1 CP y, en menor medida, el art. 20.3 (eximente completa), el art. 21.1 CP (eximente incompleta) en relación con las eximentes citadas y el art. 21.7 CP (atenuante analógica).

3.1. Elemento psiquiátrico

Como hemos señalado, los supuestos de DI se reconducen, en general, al art. 20.1 CP o, en su caso, a la eximente incompleta o atenuante analógica correspondiente. El elemento psiquiátrico que exige esta circunstancia es la presencia de una "anomalía o alteración psíquica". Si bien, en nuestra opinión, los supuestos de DI se acomodan sin problemas en este precepto[34], algunos autores señalan que también podrían reconducirse al art. 20.3 que se refiere a "sufrir alteraciones en la percepción desde el nacimiento o desde la infancia"[35].

De las sentencias analizadas, todas menos una tienen como referencia el art. 20.1 y la que se remite al art. 20.3 se ocupa de un supuesto que no es propiamente de DI puesto que el autor de los hechos "padece de sordomudez desde el nacimiento sin formación alguna no fue escolarizado ni adquirió habilidad en lecto escritura ni aprendió lenguaje de signos lo, que le ha impedido realizar un desarrollo intelectivo y cognoscitivo de

---

34 Véase CASANUEVA SANZ, *La incidencia..., op. cit.*, pp. 57 y ss. y los autores ahí citados.

35 De esta opinión TAPIA BALLESTEROS, P., *op. cit.*, p.2.
En relación con este precepto, entre otros, véase BENITO SÁNCHEZ, D., "La alteración en la percepción: ¿Eximente para delitos cometidos en contextos de exclusión social?", en *Alternativas político-criminales frente al derecho penal de la aporofobia*, Tirant lo Blanch, 2022, pp. 147-176; OBREGÓN GARCÍA, A., "La exclusión social en la determinación de la pena: aplicabilidad de la eximente de alteraciones en la percepción (art. 20.3 cp) y de otras alternativas", en *Sistema penal y exclusión social*, Thomson Reuters Aranzadi, 2020, pp. 83-108.

forma adecuada alterando su conciencia de realidad" e impidiendo comprender la ilicitud que supone mantener relaciones sexuales con la víctima que, esta sí, padecía una DI.

En los supuestos que nos interesan en este trabajo, la anomalía o alteración psíquica que hay que demostrar es la DI. Aunque tradicionalmente ha sido habitual, siguiendo un modelo médico-rehabilitador de discapacidad, determinar la existencia o no de la misma manejando como criterio principal o único el coeficiente intelectual, hay que reconocer, positivamente, que en las sentencias del TS analizadas, haciéndose eco del nuevo modelo social de discapacidad, esto no es así. Si bien es cierto que en casi todos los supuestos se hace referencia a dicho coeficiente, hay que reconocer que solo se tiene en cuenta como un elemento más a valorar, sin que sea por sí mismo decisivo[36]. De hecho, en ocasiones se afirma la presencia de una DI sin tener datos claros sobre el coeficiente intelectual[37].

El moderno modelo social de la discapacidad exige un juicio de valor, no únicamente la comprobación de datos médicos cuantitativos; lo que importan son los obstáculos, las barreras a la plena participación social del sujeto. Hace falta una valoración cualitativa, una evaluación individualizada

---

36 Tradicionalmente la jurisprudencia se refería a supuestos de oligofrenia, no utilizaba ni la expresión retraso mental ni DI y solía señalar que los supuestos de oligofrenia profunda con un coeficiente intelectual inferior al 25% daban lugar a la aplicación de una eximente completa, los supuestos de oligofrenia media, entre 25 y 50 %, a una eximente incompleta y la oligofrenia ligera, entre 50 y 75%, a una atenuante analógica. MUYO BUSSAC, P., *op. cit.*, p. 159; VARIOS, "El delincuente con discapacidad intelectual...", *op. cit.*, pp. 105-106.

37 En la STS 652/2020 de 2 de diciembre (*Tol 8234184*) se aportan informes del médico forense en los que se hace referencia a que los resultados de los test realizados no son del todo determinantes porque se evidencia "cierta exageración de síntomas en la cumplimentación de los test".

para cada persona y a partir de la consideración de los factores sociales, culturales, educativos y ambientales, se podrá llegar incluso a conclusiones distintas para dos personas con la misma característica funcional[38].

Como ya se ha indicado anteriormente, es habitual que existan supuestos en los cuáles concurre más de una trastorno, anomalía o alteración, conocidos como supuestos de comorbilidad o patología dual. En las sentencias analizadas también se presentan estos casos en los cuales junto a la discapacidad moderada, déficit cognitivo limitado o retraso mental ligero/leve (en terminología del TS), coexisten otros trastornos que, conjuntamente, conforman este elemento psiquiátrico. Por ejemplo en las SSTS 652/2020[39] y 418/2020[40] concurre con el consumo previo a los hechos de alcohol y estupefacientes y en la STS 637/2019[41] con un trastorno somatomorfo.

3.2. Elemento psicopatológico

Tal y como se ha indicado, la existencia de una DI no supone, necesariamente, una afectación relevante en la imputabilidad que implique la aplicación de alguna circunstancia que elimine o atenúe la responsabilidad penal. De hecho, entre las resoluciones analizadas, encontramos algunas en las cuales se reconoce que existe una discapacidad y se concluye que no puede aplicarse ninguna afectación a este elemento del delito[42].

---

38 MARTÍNEZ-PUJALTE, A. L. y FERNÁNDEZ ORRICO, F. J., *op. cit.*, p. 14; MUYO BUSSAC, P., *op. cit.*, p. 158.

39 STS 652/2020 de 2 de diciembre (*Tol 8234184*).

40 STS 418/2020 de 21 de julio (*Tol 8021073*).

41 STS 637/2019 de 19 de diciembre (*Tol 7673729*).

42 SSTS 942/2023 del 20 de diciembre (*Tol 9827054*); 800/2022 de 5 de octubre (*Tol 9259977*); 432/2020 de 9 de septiembre (*Tol 8079888*).

En este momento debemos determinar si la discapacidad existente ha tenido algún efecto en las capacidades intelectivas y/o volitivas del sujeto activo sin olvidar que lo importante no es gravedad o levedad de la discapacidad, sino de los efectos que la misma tiene en las facultades psíquicas del sujeto. Por este motivo no sería correcto vincular el grado de discapacidad, menos aún el coeficiente intelectual, con la aplicación de una circunstancia u otra; práctica habitual cuando el modelo de discapacidad utilizado era el médico-rehabilitador.

De las sentencias analizadas, en una se aplica la eximente completa del art. 20.3[43], en dos una eximente incompleta del art. 21.1 en relación con el 20.1[44] y en seis la atenuante analógica del art. 21.7[45] en relación con la eximente incompleta del art. 20.1[46].

Este análisis debe hacerse teniendo en cuenta la situación existente en el momento de los hechos (elemento cronológico o temporal) y el delito concreto que se imputa (relación de sentido), puesto que una persona con una DI puede no tener capacidad para comprender que lo que hace está prohibido, si se trata de algo complejo, por ejemplo una defraudación, pero

---

43 STS 339/2023 de 10 de mayo (*Tol 9572785*).

44 SSTS 525/2020 de 20 de octubre (*Tol 8174428*); 848/2017 de 22 de diciembre (*Tol 6462803*).

45 SSTS 720/2022 de 14 de julio (*Tol 9141645*); 324/2022 de 30 de marzo (*Tol 8900836*); 155/2021 de 9 de septiembre (Tol 8337518); 652/2020 de 2 de diciembre (*Tol 8234184*); 418/2020 de 21 de julio (*Tol 8021073*); 637/2019 de 19 de diciembre (*Tol 7673729*).

46 En el estudio jurisprudencial llevado a cabo en VARIOS, "El delincuente con discapacidad intelectual...", *op. cit.*, p. 107, de las sentencias analizadas, prácticamente hay el mismo número de resoluciones en las que se aplica una eximente incompleta que en las que se aplica una atenuante.

sí para algo más básico como una agresión física[47]. Lo mismo ocurre en relación con las capacidades volitivas.

Haciendo referencia a esta relación de sentido, la STS 324/2022[48] menciona expresamente que la persona condenada es "más vulnerable a sufrir y realizar conductas contra la libertad sexual de terceros" y la STS 942/2023[49] señala que no existe una afectación a sus capacidades "en relación con los hechos de esta causa". La STS 432/2020[50] afirma que debido al "retraso mental leve" que padece el sujeto pasivo, si bien en relación con el delito cometido no se aplica ninguna atenuación de la responsabilidad penal, su imputabilidad podría verse alterada "en otro tipo de delitos".

De las nueve sentencias analizadas en las cuales se aplica algún tipo de atenuación, seis son delitos contra la libertad sexual siendo en varios de ellos las víctimas menores de 16 años o especialmente vulnerables (agresiones sexuales, prostitución y corrupción de menores), dos son delitos violentos (homicidio en grado de tentativa y lesiones) y uno es un delito de colaboración con organización terrorista[51].

En contra de lo que pudiera parecer al hablar de discapacidad de carácter intelectual, en la mayoría de las sentencias analizadas, las capacidades afectadas no son las intelectivas, es decir, la facultad para "comprender la ilicitud del hecho", sino las volitivas, las capacidades para "actuar conforme a esa comprensión", para controlar los impulsos, los deseos, los frenos

---

47 En este sentido, MUYO BUSSAC, P., *op. cit.*, p. 160.

48 STS 324/2022 de 30 de marzo (*Tol 8900836*).

49 STS 942/2023 del 20 de diciembre (*Tol 9827054*)

50 STS 432/2020 de 9 de septiembre (*Tol 8079888*).

51 En el estudio llevado a cabo en VARIOS, *op. cit.*, p. 111, la mayoría de los delitos son contra libertad sexual seguidos de homicidios/asesinatos y lesiones.

inhibitorios[52]. Esto no resulta tan extraño si se tiene en cuenta que, en general, se trata de discapacidades leves, retrasos mentales (en terminología del TS) ligeros.

Es importante tener presente que la discapacidad no afecta por igual a todas las facetas del individuo[53]. Ni siquiera el hecho de tener reconocida una discapacidad en sede administrativa implica que la misma vaya a ser reconocida en sede penal, sin perjuicio, por supuesto, de que pueda ser un importante indicio[54].

---

52 En este sentido las SSTS 720/2022 de 14 de julio (*Tol 9141645*); 324/2022 de 30 de marzo (*Tol 8900836*); 155/2021 de 9 de septiembre (Tol 8337518); 418/2020 de 21 de julio (*Tol 8021073*); 637/2019 de 19 de diciembre (*Tol 7673729*).
En la STS 848/2017 de 22 de diciembre (*Tol 6462803*) se entienden afectados ambos tipos de facultades.
Por el contrario, resulta llamativa la STS 525/2020 de 20 de octubre (*Tol 8174428*) por el delito cometido. En este caso se trata de una persona con un "retraso mental moderado" que limita de forma importante su capacidad de comprender que esa actividad que desarrollaba en internet tenía por finalidad la captación y adoctrinamiento a terceros en la ideología del DAESH".
En el estudio llevado a cabo en VARIOS, *op. cit.*, p. 108, en la mayoría de los supuestos estaban afectadas las dos capacidades, la intelectiva y la volitiva y en los supuestos en los que solo una de ellas resultaba alterada, se repartían a partes igual las que tenían alteradas la cognitiva y la volitiva.

53 DUJO LÓPEZ, V. y HORCAJO GIL, P. J., *op. cit.*, p. 109.

54 MUYO BUSSAC, P., *op. cit.*, p. 158.
Un ejemplo de ello es la STS 848/2017 de 22 de diciembre (*Tol 6462803*).en la cual se aplica una eximente incompleta, no una completa como pedía la defensa, a una persona que tenía una incapacidad circunscrita exclusivamente a la administración de sus bienes, habiéndose establecido un régimen de curatela para ello.

3.3. Datos a valorar

En los procedimientos penales en los cuales se cuestiona la imputabilidad del sujeto activo, la prueba pericial es un elemento fundamental puesto que el órgano judicial competente necesitará la ayuda de expertos en ciencias de la salud para determinar la aplicación, en su caso, de una exención o atenuación de la responsabilidad penal[55]. Normalmente el juez o tribunal sentenciador contará con informes periciales elaborados por expertos psicólogos y/o psiquiatras que se referirán a la presencia de dicha discapacidad así como, en su caso, a los efectos que la misma ha tenido en las capacidades intelectivas y/o volitivas del sujeto. El órgano judicial los valorará teniendo en cuenta que no está obligado a aceptarlos como hechos probados; el experto ofrecerá información al juez o tribunal pero será este el que tendrá que decidir y posicionarse sobre la imputabilidad del sujeto activo[56].

En numerosas ocasiones los tribunales se encuentran con informes de especialistas que resultan contradictorios o, al menos, llegan a conclusiones distintas. En estos casos, debe llevarse a cabo una valoración de todos ellos y determinar cuáles dan más credibilidad al órgano juzgador, explicando los motivos de dicho posicionamiento.

Ya hemos señalado que lo relevante es la situación en la que se encontraban las capacidades del sujeto en el momento de llevar a cabo los hechos objeto de enjuiciamiento, no obstante, en ocasiones, datos y hechos anteriores y/o posteriores puedan ser útiles en esta tarea. Por ejemplo, en la STS 637/2019[57] se

---

55 Para profundizar en esta cuestión véase CASANUEVA SANZ, I., *La incidencia..., op. cit.*, pp. 309 y ss.

56 Resulta interesante la lectura del informe completo que se hace en DUJO LÓPEZ, V. y HORCAJO GIL, P. J., *op. cit.*, pp. 108-125

57 STS 637/2019 de 19 de diciembre (*Tol 7673729*).

señalan como datos anteriores a los hechos a valorar que el condenado no estaba siguiendo desde hacía tiempo el tratamiento médico que necesitaba para controlar la ansiedad que le generaba el trastorno somatomorfo que padecía, así como la situación inmediatamente posterior a los hechos puesto que las declaraciones de los agentes que acudieron al lugar inmediatamente después de los hechos testificaron que el investigado estaba desorientado y que solo balbuceaba y aparentaba estar perdido.

En otras ocasiones es relevante el tipo de vida que lleva el sujeto, su día a día, sus ocupaciones y comportamientos; datos, todos ellos, que evidencian su grado de autonomía. Por ejemplo, en la STS 155/2021[58] el sujeto convive en familia con una compañera y es padre de dos hijos, lo que supone la asunción de roles de convivencia insertados en la normalidad. Del mismo modo, se tiene en cuenta su trabajo y, sobre todo, que está en posesión del carnet de conducir, lo que supone que ha sido capaz de superar los niveles de conocimiento y destreza que una prueba de ese tipo requiere[59]. En sentido similar, la STS 432/2020[60] tiene en cuenta el nivel de estudios, el nivel de socialización, el trabajo desempeñado y su actitud en relación con compañeros de trabajo para concluir que el sujeto ha alcanzado un nivel de autonomía sociolaboral y personal adecuado.

Otras veces, en cambio, los datos relacionados con la situación del sujeto en momentos anteriores y/o posteriores a los hechos no van a ser tenidos en cuenta por el órgano judicial al entender que no indican nada sobre el estado de sus

---

58 STS 155/2021 de 23 de febrero (Tol 8337518).

59 Véase también la sentencia de instancia de la Audiencia Provincial de Granada 38/2019 de 4 de octubre.

60 La STS 432/2020 de 9 de septiembre (*Tol 8079888*). En sentido similar, la STS 652/2020 de 2 de diciembre (*Tol 8234184*).

capacidades en el momento de los hechos. Por ejemplo, en la STS 800/2022[61] se juzgan hechos producidos el 4 de junio de 2018 y la defensa presenta informes de un psiquiatra que afirma haber tratado como paciente al condenado durante los años 2011 a 2014, así como la declaración de un psicólogo que había tratado al acusado entre los años 2016 y 2018. Entiendo el Alto Tribunal que estos informes no permiten deducir la situación del sujeto en el momento de los hechos, sobre todo teniendo en cuenta que contaba con otro informe llevado a cabo por dos psiquiatras tras las diversas entrevistas con el acusado inmediatamente después de los hechos[62].

También es relevante en ocasiones el perfil del profesional que elabora el informe, la finalidad con la que se hace (presentarlo en un procedimiento penal o finalidad puramente clínica) [63], la manera en la que el experto ha recogido la información, cuántas entrevistas ha tenido con la persona que tiene DI[64], etc.

Finalmente, otro dato que suelen tener en cuenta los jueces y tribunales es la manera en la que los hechos han tenido lugar, el modo en el que se ha cometido el delito. Por ejemplo, la STS 266/2020[65] señala que, teniendo en cuenta la forma en la que se efectúan los hechos se demuestra que "el acusado contaba con habilidad mental para idear su acción y percibir la conveniencia de ocultar su responsabilidad en aras a conseguir su

---

61 STS 800/2022 de 5 de octubre (*Tol 9259977*).

62 En sentido parecido, la STS 155/2021 de 23 de febrero (Tol 8337518).
Un supuesto similar se plantea en la STS 391/2020 de 15 de julio (*Tol 8020836*).

63 STS 800/2022 de 5 de octubre (*Tol 9259977*); STS 432/2020 de 9 de septiembre (*Tol 8079888*).

64 STS 391/2020 de 15 de julio (*Tol 8020836*).

65 STS 266/2020 de 29 de mayo (*Tol 7960691*).

impunidad. Así se deriva de la utilización de varios perfiles en la red de contactos que encubren la autoría de más de 70.000 mensajes; la utilización de un tercero para ocultar la titularidad del teléfono que utilizaba o los ardides desplegados para embaucar y forzar a los menores". En este sentido, la sentencia indicaba que, "en definitiva, si dialécticamente aceptáramos dicho coeficiente (69%) sólo podríamos concluir que el mismo estaba perfectamente empleado para los fines que el acusado perseguía". De manera similar, la STS 800/2022[66] considera que, a pesar de sufrir un retraso mental de carácter leve, teniendo en cuenta los actos preparatorios llevados a cabo por el acusado, así como aquellos destinados a ocultar las evidencias que se declaran acreditados, se concluye que todo ello "no se corresponden con alguien que pudiera tener afectadas de algún modo sus capacidades intelectivas y volitivas"[67].

4. CONSECUENCIAS JURÍDICAS: PENAS Y/O MEDIDAS DE SEGURIDAD

El análisis de las sentencias objeto de estudio evidencian que, a pesar de determinar que la DI ha provocado una disminución de la imputabilidad, la pena que se impone en casi todos los casos es la de prisión. A esta misma conclusión han llegado otros estudios similares[68].

---

66 STS 800/2022 de 5 de octubre (*Tol 9259977*).

67 En la STS 432/2020 de 9 de septiembre (*Tol 8079888*) también se considera que el modo de actuar para convencer a los menores en la realización de sus conductas impide apreciar ninguna afectación a las facultades intelectivas y/o volitivas del sujeto activo.

68 A la misma conclusión llega VARIOS, "El delincuente con discapacidad intelectual...", *op. cit.*, pp. 101 y 112.

A esto hay que añadir que las penas de prisión impuestas en las resoluciones analizadas son bastante elevadas debido a la gravedad del delito y/o a la presencia de un concurso de delitos, lo que impide, en general, la suspensión de su ejecución. Así, en la STS 720/2022[69] se impone una pena de once años de prisión por delitos de abusos sexuales a menores; en la STS 155/2021[70] por un delito de homicidio en grado de tentativa, se condena a su autor a la pena de siete años, seis meses y un día de prisión; en la STS 418/2020[71] se impone la pena de prisión permanente revisable por la comisión de un delito de asesinato y otro de agresión sexual y en la STS 637/2019[72] la condena es a una pena de prisión de 3 años y 6 meses por un delito de lesiones. Únicamente se pudo suspender la ejecución de la pena de prisión de dos años impuesta en la STS 324/2022[73] por un delito contra la libertad sexual imponiendo como obligación específica la de participar en programas formativos de educación sexual.

Pero la pena de prisión no parece la más adecuada para estos supuestos[74]. Algunos autores critican esta realidad y consideran que es un reflejo de la "visión que tiene la justicia española en cuanto a la discapacidad intelectual" entendiéndola como una enfermedad mental crónica que presenta poco margen para el abordaje terapéutico. También se señala que, si bien es cierto que la prisión no es una sanción adecuada para

---

69 STS 720/2022 de 14 de julio (*Tol 9141645*).

70 STS 155/2021 de 23 de febrero (Tol 8337518).

71 STS 418/2020 de 21 de julio (*Tol 8021073*).

72 STS 637/2019 de 19 de diciembre (*Tol 7673729*).

73 STS 324/2022 de 30 de marzo (*Tol 8900836*).

74 CUENCA GÓMEZ, P., "El tratamiento de las personas con problemas de salud mental en la normativa penal y penitenciaria. Reflexiones y propuestas", *Revista de la Asociación Española de Neuropsiquiatría*, 42, 141, 2022, pp. 141 y ss.

las personas con DI, sí es necesario algún tipo de respuesta por los hechos cometidos, puesto que no sería positivo para su desarrollo y crecimiento personal que los mismos no tuvieran ninguna consecuencia[75].

Estos autores consideran que la solución más adecuada sería la imposición de una medida de seguridad ajustada a las necesidades de cada individuo para abordar aquellos aspectos desadaptativos y deteriorados del funcionamiento personal, social y comportamental que presenta, inherentes a su discapacidad, pero que pueden ser modificadas. El objetivo de las medidas de seguridad sería ayudar a la persona que tiene una DI a modificar sus conductas para evitar reincidencias[76].

Como ya sabemos, los artículos 101 a 103 del CP permiten la aplicación de una medida de seguridad, si resulta necesario, en aquellos supuestos en los cuales no se puede imponer una pena porque se exime de responsabilidad penal por aplicación de los supuestos de inimputabilidad regulados en los artículos 20.1 a 20.3 del CP. De las sentencias analizadas, se aplica la eximente completa del art. 20.3 en un delito continuado de abuso sexual en la ya citada STS 339/2023[77] y se impone una medida no privativa de libertad consistente en la obligación de someterse a un programa de educación sexual.

---

75 BATTLÓ DUXÓ-DULCE, L., pp. 4 y ss.; VARIOS, *op. cit.*, p. 112.

76 VARIOS, *op. cit.*, p. 112.

77 STS 339/2023 de 10 de mayo (*Tol 9572785*). El sujeto activo padece sordomudez desde el nacimiento, no tiene ninguna formación ni fue escolarizado ni adquirió habilidad en lecto escritura ni aprendió lenguaje de signos, lo que le ha impedido realizar un desarrollo intelectivo y cognoscitivo de forma adecuada alterando su conciencia de la realidad e impidiendo comprender la ilicitud que supone mantener relaciones sexuales con la víctima, que también es una persona con retraso mental congénito con un grado de minusvalía del 66% y con gran afectación de sus capacidades cognitivas.

El Código penal, en su art. 104, también permite la aplicación de una medida de seguridad en aquellos supuestos en los cuales se aplica una eximente incompleta del art. 21.1 en relación con el art. 20.1, 20.2 o 20.3. En estos casos se impondrá la pena inferior en uno o dos grados a la señalada por la ley (art. 68 CP) y, además, en aplicación del citado art. 104 CP, se puede imponer una medida de seguridad. Ambas sanciones se impondrán según el sistema vicarial regulado en el art 99 CP.

Dos son las sentencias analizadas en las cuales se aplica una eximente incompleta del art. 21.1. en relación con la eximente del art. 20.1. En la STS 525/2020[78] se aplica en un delito de terrorismo a una persona que tenía un "retraso mental moderado" que limitaba de forma importante su capacidad de comprender que esa actividad que desarrollaba en internet tenía por finalidad la captación y adoctrinamiento a terceros en la ideología del DAESH. Se le condenó a una pena de prisión de dos años y seis meses y nueve meses de multa además de penas accesorias y cinco años de libertad vigilada contenido previsto en el art. 106.1 a), b), c) y d) CP. Como puede observarse, este contenido no va dirigido a ofrecer al condenado herramientas y mecanismos educativos o formativos sino que tiene una finalidad únicamente de control.

En la STS 848/2017[79] también se aplica la eximente incompleta en los delitos de violencia habitual, agresiones sexuales continuadas y prostitución a una persona que padecía una DI y que estaba sometida a curatela para la administración de sus bienes. En este caso, además de los más de 16 años de prisión impuestos, las acusaciones solicitaban una medida de seguridad de internamiento para someterse a tratamiento en un centro, medida que, según el TS no es adecuada porque no es necesaria y no se entiende cómo puede paliar su peligrosidad. Sin

---

78 STS 525/2020 de 20 de octubre (*Tol 8174428*).

79 STS 848/2017 de 22 de diciembre (*Tol 6462803*).

negar que tenga razón el tribunal, no se entiende por qué no se plantea la aplicación de otro tipo de medida de seguridad que vaya dirigida a evitar la reincidencia y ofrecer al condenado aquello que necesita para conseguir ese objetivo porque, no olvidemos, el tribunal ha entendido que sus facultades psíquicas estaban afectadas en relación con esos delitos debido a su DI.

En la mayoría de las sentencias analizadas en las cuales se concluye que la DI ha tenido efectos en la imputabilidad del sujeto, se aplica la atenuante analógica del art. 21.7 CP. En estos casos, deberá determinarse la pena siguiendo las reglas del art. 66.1 CP que, en caso de no existir ninguna atenuante o agravante más, supondrá la imposición de la mitad inferior "de la que fije la ley para el delito" tal y como indica la regla primera[80]. El CP no contempla expresamente la posibilidad de aplicar una medida de seguridad en estos supuestos de atenuación simple de la imputabilidad, como sí hace en el art. 104 para los supuestos de eximente incompleta. Ahora bien, en los supuestos de drogodependencias el TS, sin existir tampoco ningún precepto que lo permita expresamente aplica, de manera analógica, medidas de seguridad que consisten, normalmente en un internamiento o tratamiento ambulatorio de deshabituación cuando se aplica la atenuante de grave adicción del art. 21.2 y también cuando aplica la atenuante analógica del art. 21.7 en supuestos de dependencia. Por este motivo creemos que, en principio, no habría problemas para aplicar igualmente una medida de seguridad siguiendo el sistema vicarial en los casos de DI, tal y como se hace en los supuestos de consumo de drogas.

No parece opinar así el TS puesto que no impone medidas de seguridad en ninguno de los supuestos analizados en los que

---

80 Aunque cabe la posibilidad de aplicarla como muy cualificada, entiendo que en ese caso, sería más adecuado aplicar la eximente incompleta. Véase, CASANUEVA SANZ, I., *La incidencia del consumo de drogas en la imputabilidad, op. cit.*, pp. 306 y ss.

aplica una atenuante analógica por DI. Sí se impone la medida de libertad vigilada puesto que, al tratarse de delitos contra la libertad sexual, en virtud del art. 192 CP, deberá imponerse, salvo que se trate de un solo delito cometido por un delincuente primario y se entienda que la menor peligrosidad del autor no la hace necesaria[81]. Pero esta medida se ejecutará con posterioridad a la pena de prisión impuesta de manera que no se evita el ingreso en prisión que sería lo deseable en la mayoría de estos supuestos, ni se comienza a trabajar con ellos para intentar subsanar las carencias y comportamientos que han influido en la comisión del delito que, no lo olvidemos, si se ha aplicado la atenuante analógica es porque el órgano judicial ha entendido que la DI ha afectado las facultades del sujeto activo y ha condicionado de alguna manera la comisión del delito[82].

5. ALGUNAS CUESTIONES PROCESALES. AJUSTES DE PROCEDIMIENTO

Si el paso por el sistema penal ya es complicado para cualquier ciudadano, no es difícil imaginar cómo tiene que ser para aquellas personas con DI. El propio TS reconoce que en ocasiones pueden tener sentimientos "intensificados de miedo,

---

81 SSTS 720/2022 de 14 de julio (*Tol 9141645*); 324/2022 de 30 de marzo (*Tol 8900836*); 637/2019 de 19 de diciembre (*Tol 7673729*).

82 Para un análisis más detenido de las respuesta penales más adecuadas para los supuestos en los cuales el condenado es una persona con DI, véase *Una propuesta alternativa para un régimen penal aplicable a las personas con enfermedad mental o con discapacidad intelectual* elaborado por el Grupo de Estudios de Política Criminal en 2023. https://politicacriminal.es/una-propuesta-alternativa-para-un-nuevo-regimen-penal-aplicable-a-las-personas-con-enfermedad-mental-o-discapacidad-intelectual

retracción, aislamiento y humillación que les dificulten sensiblemente el ejercicio de sus derechos de defensa”[83].

Siguiendo a FERNÁNDEZ MOLINA, de manera resumida, los principales obstáculos con los que se encuentran a lo largo del procedimiento son los siguientes: a) la dificultad para identificar la existencia de la discapacidad por parte de los profesionales del sistema penal b) las dificultades para llevar a cabo una comunicación efectiva con estas personas, c) la celeridad de los procesos penales y d) el ambiente formal y rígido que les genera una gran hostilidad y rechazo[84].

A continuación vamos a hacer referencia a algunos instrumentos con los que contamos para apoyar y ayudar a las personas con DI en el procedimiento penal cuando son investigados, encausados o condenados. Pero nada de ello será útil si la discapacidad no se identifica ni detecta. Ya hemos señalado en la introducción que son muchos, demasiados, los casos de discapacidad que no son identificados antes del ingreso en prisión ni por la policía, ni el abogado de oficio, ni la fiscalía, ni el juez o tribunal competente hasta el punto de que algunos autores hablan de la invisibilización de este colectivo[85]. En ocasiones, los juicios rápidos y/o las conformidades[86] (demasiado

---

83 SSTS 428/2023 de 1 de junio (*Tol 9607275*); 695/2021 de 15 de septiembre (*Tol 8601500*)

84 FERNÁNDEZ MOLINA, E., *op. cit.*, p. 146.

85 MERCURIO, E.,. “Personas con discapacidad intelectual en el sistema penal. Del proceso de normalización a la discriminación”. *MPD,* 11, 2016, pp. 101 y ss.
En sentido parecido, MARTÍN PÉREZ, J. A., “Acceso a la justicia de las personas con discapacidad y ajustes de procedimiento”, *Derecho Privado y Constitución,* 40, enero-julio, 2022, p. 28; MUYO BUSSAC, P., *op. cit.,* p. 160.

86 Un tema muy interesante que merecería un análisis detenido es el de las conformidades cuando el condenado es una persona con DI. No vamos a hacer referencia a él puesto que no se menciona en

frecuentes) dificultan aún más la detección de estos casos[87] y no podemos olvidar que, en la mayoría de los supuestos, se trata de discapacidades leves que a veces no se ven a simple vista[88].

Consciente de la necesidad de formar a los operadores jurídicos para que puedan identificar y aplicar de manera adecuada los ajustes necesarios, la propia Convención en su art. 13.2 señala que "a fin de asegurar que las personas con discapacidad tengan acceso efectivo a la justicia, los Estados Partes promoverán la capacitación adecuada de los que trabajan en la administración de justicia, incluido el personal policial y penitenciario"[89].

Es necesario recordar en este momento las implicaciones que tiene el nuevo modelo social de discapacidad en el cual la persona con DI es un sujeto de derechos y deberes capaz de tomar sus propias decisiones si se le proporcionan los apoyos necesarios[90]. Debe procurarse que la persona con discapacidad pueda desarrollar su propio proceso de toma de decisiones, informándola, ayudándola en su comprensión y razonamiento

---

ninguna de las resoluciones analizadas. Para ello puede consultarse, entre otros, BATTLÓ DUXÓ-DULCE, L., "Tratamiento penal de las personas discapacitadas...", *op. cit.*, p. 2; MUYO BUSSAC, P., "La conformidad del acusado con discapacidad intelectual", *op. cit.*, pp.150-194.

87 Por todos, BATTLÓ DUXÓ-DULCE, L., "Tratamiento penal de las personas discapacitadas...", *op. cit.*, pp. 2 y 3.

88 FERNÁNDEZ MOLINA, E., *op. cit.*, p. 142.

89 Véase, a título de ejemplo, la información incluida en el Foro justicia y discapacidad creado por el CGPJ para https://www.poderjudicial.es/cgpj/es/Temas/Foro-Justicia-y-Discapacidad/Presentacion/ Puede consultarse también, en relación con cuerpos y fuerzas de seguridad del Estado la Guía de intervención policial con personas con discapacidad intelectual en https://www.policia.es/miscelanea/ufam/guia_int_pol_pers_discapacidad.pdf

90 DELGADO MARTÍN, J., "*El acceso...*", *op.. cit.*, p. 7.

y facilitando que pueda expresar sus preferencias[91]. Es decir, se parte del principio general de autonomía de la voluntad de la persona con discapacidad que tendrá que tomar sus propias decisiones contando con los apoyos que, en su caso, sean necesarios.

Cuando estas personas participan en un procedimiento penal como encausadas, investigadas o, en su caso, condenadas, debemos garantizar que en todas las fases de dicho procedimiento, hayan podido manifestar su voluntad en aquellas cuestiones relevantes. Esto, unido al principio básico del Estado de Derecho que reconoce el derecho al acceso a la justicia en igualdad de condiciones a todas las personas, como concreción del derecho a la tutela judicial efectiva, obliga a los poderes públicos a ofrecer a la persona con DI los apoyos y ayudas necesarias para remover los obstáculos que impidan o dificulten su plenitud[92].

En relación con el tema que nos ocupa debemos tener como referencia el art. 13 de la Convención de Naciones Unidas sobre los derechos de las personas con discapacidad de 2006 que lleva la rúbrica "Acceso a la justicia" y señala que "los Estados Partes asegurarán que las personas con discapacidad tengan acceso a la justicia en igualdad de condiciones con las demás, incluso mediante ajustes de procedimiento y adecuados a la edad, para facilitar el desempeño de las funciones efectivas de esas personas como participantes directos e indirectos, incluida la declaración como testigos, en todos

---

91 Solo de manera excepcional tiene cabida la representación.

92 El reconocimiento del derecho a la tutela judicial efectiva carece de sentido si el Estado no configura un mecanismo para que permita su aplicación efectiva y su cumplimiento eficaz. DELGADO MARTÍN, J., "La protección de los derechos de las personas con discapacidad: las reglas de Brasilia", *Foro Justicia y Discapacidad, Consejo General del Poder Judicial,* enero 2021, p. 272.

los procedimientos judiciales, con inclusión de la etapa de investigación y otras etapas preliminares".

Si acudimos a las normas internas, debemos mencionar de manera especial el art. 109 de la Lecrim que ha entrado en vigor el 20 de marzo de 2024. Este precepto señala que "en los procesos en los que participen personas con discapacidad, se realizarán las adaptaciones y los ajustes que sean necesarios. Dichas adaptaciones podrán venir referidas a la comunicación, la comprensión y la interacción con el entorno. Se deberá garantizar que:

a) Todas las comunicaciones con las personas con discapacidad, orales o escritas, se realicen en un lenguaje claro, sencillo y accesible, de un modo que tenga en cuenta sus características personales y sus necesidades, haciendo uso de medios como la lectura fácil. Si fuera necesario, la comunicación también se hará a la persona que preste apoyo a la persona con discapacidad para el ejercicio de su capacidad jurídica.

b) Se facilite a la persona con discapacidad la asistencia o apoyos necesarios para que pueda hacerse entender, (...).

c) Se permita la participación de un profesional experto que a modo de facilitador realice tareas de adaptación y ajuste necesarias para que la persona con discapacidad pueda entender y ser entendida.

d) La persona con discapacidad pueda estar acompañada de una persona de su elección desde el primer contacto con las autoridades y funcionarios".

Antes de la entrada en vigor de este precepto contábamos con el art. 7bis de la Lec, introducido por la Ley 8/2021 de 2 de junio. Su redacción era casi la misma que la del actual art. 109 Lecrim y, tanto la doctrina como la jurisprudencia entendían que, a falta de una regulación similar específica en la Lecrim, era aplicable también a todos los procesos penales en los que participara una persona con DI como vía para hacer efectivo y garantizar el derecho de acceso a la justicia de estas personas en igualdad de condiciones proclamado por la Convención[93].

El art. 109 citado se refiere a los denominados ajustes de procedimiento que pueden definirse como adaptaciones o flexibilizaciones que se pueden realizar en los procedimientos y que permiten reducir la situación de vulnerabilidad de las personas con DI para garantizar su acceso a la justicia en igualdad de condiciones superando las barreras existentes. Estos ajustes pueden suponer la colaboración de personas en el procedimiento (facilitadores, acompañantes…), apoyos de comunicación y comprensión (lectura fácil, traducción, más tiempo para los interrogatorios,…), adaptación de espacios y formación de los profesionales, apoyo en el uso de las TICs, en el ámbito económico, en materia de prueba, etc[94].

---

93 Por todas, SSTS 428/2023 de 1 de junio (*Tol 9607275*); 695/2021 de 15 de septiembre (*Tol 8601500*). DE LUCCHI LÓPEZ-TAPIA, Y., *op. cit.,* p. 18.

94 DE LORENZO GARCÍA, R., *op. cit.,* p. 12; DE LUCCHI LÓPEZ-TAPIA, Y., *op. cit.,* pp. 8 y 9; DELGADO MARTÍN, J., "El acceso...", *op. cit.,* p. 9; FERNÁNDEZ MOLINA, E., *op. cit.,* pp. 155 y ss.
En palabras del TS, los ajustes de procedimiento garantizan que "la persona investigada o acusada vulnerable comprenda ampliamente la naturaleza de la investigación, lo que está en juego para él, incluida la importancia de cualquier pena que pueda imponérsele, así como sus derechos de defensa y, en particular, el de guardar silencio". SSTS 428/2023 de 1 de junio (*Tol 9607275*); 695/2021 de 15 de septiembre (*Tol 8601500).*
Existen otras normas y textos tanto a nivel nacional como supranacional que ofrecen pautas guías y orientaciones para que el acceso a la justicia de las personas con DI será realmente en condiciones de igualdad como, por ejemplo, las Reglas de Brasilia sobre acceso a la justicia de las personas en condición de vulnerabilidad en su versión actualizada de 2018; los Principios y directrices internacio-

Dos son los ajustes o adaptaciones a los que vamos a referirnos brevemente a continuación: el formato de lectura fácil y la figura del facilitador.

En relación con el formato de lectura fácil, debemos indicar que es un "método de adaptación y redacción de materiales que pretende hacer accesible la información y la cultura a las personas con dificultades de comprensión lectora, en nuestro caso, por discapacidad teniendo en cuenta el texto, ilustraciones e incluso la maquetación". En lo que a este trabajo respecta, se trata de adaptar el lenguaje jurídico empleado y se pueden adaptar resoluciones, comunicaciones de los juzgados, trámites, notificaciones, etc.[95].

Salvo error u omisión, hasta la fecha de la redacción de este trabajo, son tres las resoluciones del TS en las cuales se indica que la sentencia deber redactarse también en formato de lectura fácil[96]. En ellas el Alto Tribunal se remite al art. 7bis de la

---

nales sobre el acceso a la justicia para las personas con discapacidad publicadas en el seno de la ONU en 2020 o las Guías que pueden encontrarse en el Foro Justicia y Discapacidad el CGPJ.

95 DURÁN ALONSO, S., "El discapacitado intelectual ante el proceso. Especial referencia al proceso penal", *Cuadernos de Res Publica en derecho y criminología,* 1, 2023, p. 46; FERNÁNDEZ MOLINA, E., *op. cit.*, p. 161. Pueden verse ejemplos de este tipo de textos en lectura fácil en: https://www.ceacog.es/que-hacemos/facilitador-procesal/recursos-sobre-el-facilitador-procesal/
Una cédula de citación en lectura fácil puede verse en https://www.poderjudicial.es/cgpj/es/Poder-Judicial/Tribunales-Superiores-de-Justicia/TSJ-Extremadura/En-Portada/El-TSJ-de-Extremadura-y-Plena-Inclusion-presentan-documentos-judiciales-en-lectura-facil-

96 En concreto, las SSTS 934/2023 de 18 de diciembre (Tol 9818646); 339/2023 de 10 de mayo (*Tol 9572785*) y 341/2023 de 10 de mayo (Tol 9572775)
Puede verse una sentencia en formato lectura fácil en https://diariolaley.laleynext.es/Content/Documento.aspx?params=H4sIAAAAAAAEADWPQWvDMAyFf019KQw7ycguvqTtYVBK6cLuiq0lBtdOL

Lec y al art. 13 de la Convención y entiende que se trata de un ajuste de procedimiento necesario.

En los tres supuestos las víctimas son las que tienen discapacidad intelectual y solo en una de ellas, la STS 339/2023, también el condenado la padece y se hace referencia a la necesidad de dar traslado en formato de lectura fácil tanto al sujeto pasivo como al sujeto activo del delito. No se ha encontrado ninguna resolución del TS en la cual se plantee el formato de lectura fácil siendo solo el condenado el que tiene una discapacidad intelectual.

Las propias sentencias indican que "con la finalidad de trasladar las resoluciones a formato de lectura fácil, se recabará la intervención de las entidades que con dicha finalidad han suscrito los protocolos de colaboración con el Consejo General del Poder Judicial". Actualmente son, sobre todo, dos las entidades que suelen colaborar en esta tarea de convertir las resoluciones a formato de lectura fácil, Plena Inclusión[97] y A la Par[98].

Tlr_v28djs8xIce70m3jGnt8c46ocmJ4tbi1gCBcZss5VcdBK0hhvWq-5RRMAyk5aY1qqgSYDiD30ejK1XVv-gW7GHQlYjJYupWrQRHB-n9B0vWragRN8fsEixuBXQwdpGews1afDlJK1TbqrW3EgomKQX-6EQOjmNw4HYv46SeEZKYzjKiPjhhKfvYMNtIL0Hz_23eZuWQMHD4eLIwvcw-MO_AY7H87zLNfL9GXIx88RypP5Wtpfg87SDETei1_AMk5G0IuAQAAWKE

97 Por ejemplo, la Sentencia de la Audiencia Provincial de Asturias, 226/2021 de 1 de junio (*Tol 8578089*) expresamente indica que "Conforme al convenio de colaboración suscrito el 24 de octubre de 2018 entre el CGPJ y la Organización Plena Inclusión España, líbrese oficio al Principado de Asturias (Consejería de Justicia) para que se proceda a la conversión de la presente sentencia en formato de Lectura Fácil".

98 Por ejemplo, la sentencia de la Audiencia Provincial de Madrid 517/2018 de 9 de julio (*Tol 6777146*) exige la "comunicación a la Fundación A la Par, con testimonio de la presente sentencia, a fin de que se lleve a cabo una versión de la misma en modalidad lectura fácil, para su posterior notificación al perjudicado".

Hay que recordar que la sentencia que despliega plenamente efectos jurídicos es la original del tribunal sentenciador. En este sentido, a título de ejemplo, la Audiencia Provincial de Asturias en su sentencia 226/2021 exige la verificación posterior de la adaptación que se haga a lectura fácil por parte de la Sala que dictó la resolución[99].

Finalmente, vamos a referirnos a la figura del facilitador que, si bien existe hace años, no había tenido reconocimiento expreso en nuestra regulación interna hasta la entrada en vigor del citado art. 7bis de la Ley de Enjuiciamiento Civil. Ahora, como sabemos, también se reconoce en el art. 109 Lecrim[100].

Partiendo de la heterogeneidad de situaciones que pueden existir, las personas con discapacidad intelectual pueden presentar una serie de singularidades y comportamientos cuando se comunican que, en el ámbito del procedimiento penal, si los operadores jurídicos no tienen una formación específica o no cuentan con un experto que pueda asesorarles, va a traducirse en problemas de comunicación entre él y la persona con discapacidad intelectual, en los dos sentidos: el operador jurídico, cuando tenga que interrogar, preguntar o entrevistar a la persona con discapacidad, no va a entenderla ni a hacerse entender por ella y a su vez, la persona con

---

99 "Conforme al convenio de colaboración suscrito el 24 de octubre de 2018 entre el CGPJ y la Organización Plena Inclusión España, líbrese oficio al Principado de Asturias (Consejería de Justicia) para que se proceda a la conversión de la presente sentencia en formato de Lectura Fácil, con verificación posterior de la adaptación por parte de la Sala que la dictó". Sentencia de la Audiencia Provincial de Asturias, 226/2021 de 1 de junio (*Tol 8578089*).

100 DE LUCCHI LÓPEZ-TAPIA, Y., *op. cit.*, p. 18.

discapacidad, no va a entender correctamente lo que se le pregunta ni va a poder hacerse entender[101].

Entre estas dificultades que presentan las personas con DI, podemos mencionar las siguientes: a) suelen contradecirse, a veces por la manera en la que se hacen las preguntas, por eso hay que evitar formularlas en negativo y hay que tener en cuenta que suelen recordar lo que se dice en primer y último lugar; b) los ritmos y tiempos en los procedimientos son muy rápidos y las personas con DI necesitan más tiempo porque son más lentos a la hora de procesar preguntas y elaborar las respuestas; c) a veces resultan confusos por el lenguaje que usan, porque tienen muchas limitaciones para expresarse y comunicarse y a veces puede resultar difícil entender su lenguaje no verbal porque, por ejemplo, pueden sonreir mientras narran que han sido objeto de una agresión; e) suelen contestar lo que cree que se espera de ellos, porque tienden a contentar al interlocutor[102].

El facilitador sería la persona, normalmente profesional de la psicología y/o psiquiatría, experto en DI y con conocimientos jurídicos que colabora con los operadores jurídicos y con las personas con DI para asegurar que haya una comunicación eficaz durante los procedimientos legales. Ayudan a las personas con discapacidad a entender y a tomar decisiones informadas, asegurándose de que las cosas se explican y se hablan de forma que puedan comprenderlas y que se proporcionan los ajustes y el apoyo adecuados. Respetan la voluntad, deseos y preferencias de la persona con DI y son neutrales. No hablan en nombre de ellas ni del sistema de justicia, ni dirigen las decisiones o resultados o influyen en ellos; no defiende intereses de la personas con DI en lo que

---

101 MARTÍN PÉREZ, J. A., *op. cit.*, p. 22.

102 FERNÁNDEZ MOLINA, E., *op. cit.*, pp. 149 y ss.; SANCHO GARGALLO, I. y ALÍA ROBLES, A., *op. cit.*, pp. 5 y ss.

se refiere al objeto de proceso, no es un terapeuta, un intérprete, un perito ni un integrante del proceso[103].

Se han consultados las sentencias del Tribunal Supremo de los últimos años y, salvo error u omisión, solo se ha detectado la referencia expresa a la figura del facilitador en tres de ellas y, en las tres, eran las víctimas las que tenían una discapacidad intelectual[104].

6. REFLEXIONES FINALES

Después de haber analizado los puntos que ya se habían adelantado en la introducción de este trabajo, esperamos haber cumplido con el objetivo que no era otro que acercar al lector un poco más a la discapacidad intelectual, sobre todo a la realidad a la que se enfrenta una persona con DI que participa como investigada, encausada o condenada en un procedimiento penal. Somos conscientes de que se han quedado muchos temas sin mencionar y otros han sido tratados de una manera demasiado superficial, pero un trabajo de este tipo no

---

103 DE LUCCHI LÓPEZ-TAPIA, Y., *op. cit.*, pp. 10 y ss.; DELGADO MARTÍN, J., "El acceso...", *op. cit.*, p. 10; DURÁN ALONSO, S., *op. cit.*, pp. 51 y ss.; HERNÁNDEZ DE LA PEÑA, I., "Los ajustes procedimentales en el proceso penal: discapacidad intelectual y la figura del facilitador", *Lex Criminalis,* 4, 2023, pp. 53-64; MARTÍN PÉREZ, J. A., *op. cit.*, p. 36.

104 SSTS 185/2024 de 29 febrero (Tol 9.902.860); 226/2021 de 11 de marzo (Tol 8.371.707); 588/2019, de 27 de noviembre (Tol 7.638.266).
Tal y como indica el art. 109, no debe confundirse la figura del facilitador (art. 109 c) con la del acompañante (art, 109 d). Este último es una persona de confianza que acompaña a la persona con discapacidad y le ofrece apoyo emocional, compañía física y favorece que haya un entorno amigable. El acompañante puede estar presente junto al facilitador.

permite una mayor extensión. Se ha optado por dar una visión general de las cuestiones más relevantes con un carácter práctico, al utilizar como hilo conductor de casi todo el texto las resoluciones del TS de los últimos años.

Creemos que es un texto que puede ser consultado y entendido por juristas que no sean expertos en el tema de la DI así como por profesionales de otras ciencias dedicados a la DI que no tengan muchos conocimientos jurídicos.

Se ha querido poner de relieve el poco interés que parecen despertar los supuestos en los cuales la persona con DI es el sujeto activo del delito a diferencia de aquellos en los cuales es sujeto pasivo. Es cierto que esto está cambiando y que cada vez hay mayor sensibilidad hacia estos supuestos, reflejada en un aumento de los textos y normas dirigidas a regular este fenómeno pero, así y todo, habrá que esperar unos años para ver si las herramientas con las que contamos para hacer realmente efectivo el derecho de acceso a la justicia en igualdad de condiciones son eficaces. Para ello será necesario, no solo dedicar recursos personales y económicos, sino establecer unos cauces de colaboración eficaces entre todos los operadores jurídicos y garantizar su formación para intentar reducir esas cifras, no solo de personas con DI en prisión sino también de personas en prisión cuya DI no ha sido detectara durante el procedimiento.

El tiempo dirá si se va convirtiendo en una realidad o no.

7. BIBLIOGRAFÍA

BATTLÓ BUXÓ-DULCE, L., "Tratamiento penal de las personas discapacitadas. Aspectos prácticos", *Diario La Ley,* 10070, 2022, pp. 1-7.

BUENO OCHOA, L., "Terminología y semántica del derecho de la discapacidad", *Anales de Derecho y Discapacidad,* 7, 2022, pp. 115-139.

CASANUEVA SANZ, I. y BENITO SÁNCHEZ, D., "La persona con discapacidad intelectual en el derecho penal español a la luz de las exigencias de la Unión Europea", en *Treinta años de la Unión Europea. Una visión desde el derecho,* Tirant lo Blanch, Valencia, 2023, pp. 113-142.

CASANUEVA SANZ, I., "Los trastornos mentales y sus efectos en la responsabilidad penal: el juego patológico" en *El sistema penal y los objetivos de desarrollo sostenible de la Agenda 2030,* Tirant lo Blanch, Valencia, 2023, pp. 59-105.

CASANUEVA SANZ, I., *La incidencia del consumo de drogas en la imputabilidad.* Thomson Reuters Aranzadi, 2019.

CUENCA GÓMEZ, P., "El tratamiento de las personas con problemas de salud mental en la normativa penal y penitenciaria. Reflexiones y propuestas", *Revista de la Asociación Española de Neuropsiquiatría,* 42, 141, 2022, pp.141-158.

DE LA MATA BARRANCO, N., "La víctima en Derecho penal y su pertenencia a distintos colectivos como elemento agravatorio de la responsabilidad penal: especial vulnerabilidad o situación diferencial", *Revista Penal,* 50, 2022, pp. 64-90.

DE LORENZO GARCÍA, R., "El derecho fundamental de acceso a la justicia. Barreras que menoscaban su ejercicio a las personas con discapacidad", *Anales de Derecho y Discapacidad,* 4, 2019, pp.11-31.

DE LUCCHI LÓPEZ-TAPIA, Y., "El servicio de facilitación judicial como pieza clave para la tutela judicial efectiva de las personas con discapacidad", *Actualidad civil,* 9, 2022.

DELGADO MARTÍN, J., "El acceso a la justicia penal de las personas con discapacidad: reforma 2023 de la Ley de Enjuiciamiento Criminal", *Diario La Ley,*10435, 2024, pp.1-14.

DELGADO MARTÍN, J., "La protección de los derechos de las personas con discapacidad: las reglas de Brasilia", *Foro Justicia y Discapacidad, Consejo General del Poder Judicial,* enero 2021, pp. 271 y ss.

DUJO LÓPEZ, V. y HORCAJO GIL, P. J., "Informe pericial psicológico: discapacidad intelectual y capacidad de consentimiento", *Psicopatología Clínica, Legal y Forense,* 17, 2017, pp.108-125.

DURÁN ALONSO, S., "El discapacitado intelectual ante el proceso. Especial referencia al proceso penal", *Cuadernos de Res Publica en derecho y criminología,* 1, 2023, pp. 41-55.

FERNÁNDEZ MOLINA, E., "Hacia una justicia penal inclusiva: una evaluación del paso por el procedimiento penal de las personas con discapacidad intelectual o con problemas de aprendizaje", *Cuadernos de Política Criminal,* 132, 2020, pp. 135-165.

GARCÍA ARÁN, M., "La esterilización de personas discapacitadas: la radical reforma penal de 2020", *Estudios penales y criminológicos,* 42, 2022, pp. 190-211.

HERNÁNDEZ DE LA PEÑA, I., "Los ajustes procedimentales en el proceso penal: discapacidad intelectual y la figura del facilitador", *Lex Criminalis,* n. 4, 2023, pp. 53-64.

ITURRI GÁRATE, J., "Concepto jurídico de discapacidad", *Anales de Derecho y Discapacidad,* n. 6, 2021, pp. 43-60.

MARTÍN PÉREZ, J. A., "Acceso a la justicia de las personas con discapacidad y ajustes de procedimiento", *Derecho Privado y Constitución,* 40, enero-julio, 2022, pp. 11-53.

MARTÍNEZ-PUJALTE, A. L. y FERNÁNDEZ ORRICO, F. J., "El concepto de discapacidad a partir de la Convención de Naciones Unidas", *Anales de Derecho y Discapacidad,* 1, septiembre 2016, pp. 141-148.

MERCURIO, E., "Personas con discapacidad intelectual en el sistema penal. Del proceso de normalización a la discriminación", *MPD,* 11, 2016, pp. 101 y ss.

MUYO BUSSAC, P., "La conformidad del acusado con discapacidad intelectual", *InDret,* 1, 2023, pp. 150-194.

SANCHO GARGALLO, I. y ALÍA ROBLES, A., "Guía para la entrevista judicial a una persona con discapacidad", *Actualidad Civil,* 2, 2023, pp. 1-23.

TAPIA BALLESTEROS, P., "Tratamiento de las personas con discapacidad en el Código Penal", *Papeles El tiempo de los derechos,* 17, 2018, pp. 1-13.

VARIOS, "El delincuente con discapacidad intelectual: reflexiones psicojurídicas sobre su responsabilidad criminal y las medidas de seguridad", *Psicopatología clínica, legal y forense,* 16, 2016, pp. 97-113.

Capítulo 3

La transición hacia el modelo social de discapacidad: claves de la nueva doctrina sobre la guarda de hecho en la reciente jurisprudencia del Tribunal Supremo

Mª TERESA DUPLÁ MARÍN
Catedrática Universidad
ESADE LAW SCHOOL (URL)

1. INTRODUCCIÓN Y OBJETIVOS DEL TRABAJO

La publicación de la Ley 8/2021, de 2 de junio, por la que se reforma la legislación civil y procesal para el apoyo a las personas con discapacidad en el ejercicio de su capacidad jurídica[1], en vigor desde el pasado 3 de septiembre de 2021 culmina, sin duda, uno de los retos mundiales más importantes de los últimos tiempos, al adaptar nuestro ordenamiento jurídico privado, especialmente el Código civil estatal, a las exigencias y directrices de la Convención de Nueva York de 2006 sobre los derechos de las personas con discapacidad (a partir de ahora la Convención)[2]. Dicha Convención ya ha sido calificada como el primer tratado de los derechos humanos del s. XXI[3].

La Ley 8/2021 supone, en síntesis, la incorporación y desarrollo del art. 12 de la Convención[4] que proclama la capacidad

---

1 BOE núm. 132, de 3 de junio de 2021.

2 Cuyo Instrumento de ratificación fue publicado el 21 de abril de 2008, BOE núm. 96.

3 Vid. al respecto, GARCÍA RUBIO M.P. y TORRES COSTAS M.E., en Primeros pronunciamientos del Tribunal Supremo en aplicación de la Ley 8/2021, de 2 de junio, por la que se reforma la legislación civil y procesal para el apoyo a las personas con discapacidad en el ejercicio de su capacidad jurídica, *ADC*, tomo LXXV, 2022, fasc. I (enero-marzo), pp. 298.

4 Artículo 12. Igual reconocimiento como persona ante la ley.

1. Los Estados Partes reafirman que las personas con discapacidad tienen derecho en todas partes al reconocimiento de su personalidad jurídica.
2. Los Estados Partes reconocerán que las personas con discapacidad tienen capacidad jurídica en igualdad de condiciones con las demás en todos los aspectos de la vida.
3. Los Estados Partes adoptarán las medidas pertinentes para proporcionar acceso a las personas con discapacidad al apoyo que puedan necesitar en el ejercicio de su capacidad jurídica.
4. Los Estados Partes asegurarán que en todas las medidas relativas al ejercicio de la capacidad jurídica se proporcionen salvaguardias

jurídica de todas las personas con discapacidad, en igualdad de condiciones con los demás y en todos los aspectos de la vida. Desaparece, como bien sabemos, el anterior sistema de instituciones tutelares y aparece el nuevo sistema de apoyos a las personas con discapacidad, teniendo presente, como principio esencial, la protección de la voluntad, los deseos y las preferencias de las personas con discapacidad[5].

---

adecuadas y efectivas para impedir los abusos de conformidad con el derecho internacional en materia de derechos humanos. Esas salvaguardias asegurarán que las medidas relativas al ejercicio de la capacidad jurídica respeten los derechos, la voluntad y las preferencias de la persona, que no haya conflicto de intereses ni influencia indebida, que sean proporcionales y adaptadas a las circunstancias de la persona, que se apliquen en el plazo más corto posible y que estén sujetas a exámenes periódicos por parte de una autoridad o un órgano judicial competente, independiente e imparcial. Las salvaguardias serán proporcionales al grado en que dichas medidas afecten a los derechos e intereses de las personas.

5. Sin perjuicio de lo dispuesto en el presente artículo, los Estados Partes tomarán todas las medidas que sean pertinentes y efectivas para garantizar el derecho de las personas con discapacidad, en igualdad de condiciones con las demás, a ser propietarias y heredar bienes, controlar sus propios asuntos económicos y tener acceso en igualdad de condiciones a préstamos bancarios, hipotecas y otras modalidades de crédito financiero, y velarán por que las personas con discapacidad no sean privadas de sus bienes de manera arbitraria.

5 Sistema que, como recuerda BADENAS BOLDO J., en Cuestiones relativas a la aplicación de la Ley 8/2021, de medidas de apoyo, en el ámbito familiar, *Actualidad jurídica Iberoamericana*, nº 17 bis, diciembre 2022, p. 1785, forma parte de una segunda etapa de evolución del Derecho español tras la publicación del Código civil, en la que imperó el principio de autoridad pública, frente a la etapa anterior en la que había predominado el principio de autoridad familiar.

En el origen de la reforma, el Preámbulo de la Convención, esencial para entender el calado de la reforma, parte de la concepción de la discapacidad como un «concepto que evoluciona y que resulta de la interacción entre las personas con deficiencias y las barreras debidas a la actitud y al entorno que evitan su participación plena y efectiva en la sociedad, en igualdad de condiciones con las demás». A partir de esta declaración, se reconoce «la importancia que para estas personas reviste su autonomía e independencia individual, incluida la libertad de tomar sus propias decisiones». Por todo ello, la idea central de la reforma introducida por la Ley 8/2021 es la de apoyo a la persona en sentido amplio, que abarca diferentes posibilidades, desde el simple acompañamiento amistoso (guarda de hecho), a la representación excepcional en la toma de decisiones (por vía de ejemplo, la curatela representativa prevista solo para casos necesarios).

Y la magnitud del cambio y compromiso con este nuevo modelo social es tan importante que ha conducido, hace tan solo unos meses, a un acuerdo político histórico para la Proposición de Reforma del art. 49 de la Constitución Española. No obstante esto, la complejidad y alcance de la implementación normativa, junto con el mantenimiento de determinadas barreras, están evidenciando hoy ciertas problemáticas y desajustes en el día a día de las personas con discapacidad, sobre todo intelectual, que impiden el ejercicio de la capacidad jurídica, la plena autonomía e inclusión de dicho colectivo y el cumplimiento, en consecuencia, de los principios y esencia de la reforma. Sirvan, a modo de ejemplo de la mencionada complejidad, las estrategias a largo plazo que tanto la Unión Europea como España han publicado, en concreto la *Strategy for the Rights of Persons with Disabilities* 2021-2030[6] y la Estrategia

---

6 https://ec.europa.eu/social/main.jsp?catId=738&langId=en&pubId=8376&furtherPubs=yes [última consulta: 13/3/24].

española sobre discapacidad 2022-2030[7], y el Protocolo general de colaboración para la protección patrimonial de las personas titulares de productos bancarios con discapacidad o en otras situaciones vulnerables, firmado en el mes de julio de 2023, por la Fiscalía General del Estado, la Asociación Española de Banca, la CECA, y la Unión Nacional de cooperativas de crédito[8].

En este contexto, iniciado el año 2024, nos encontramos en lo que debiera ser la recta final del periodo transitorio de revisión de las medidas ya acordadas, previsto en la propia Ley 8/21 (septiembre de 2024, Disp. Trans. 5ª), motivo por el cual consideramos que es el momento oportuno para plantear un estudio de estas características.

En este sentido, y una vez adaptada la normativa estatal (y en vías de ello la autonómica), el objetivo de este trabajo es abordar el análisis de tres resoluciones del Tribunal Supremo del año 2023 en esta materia, con la finalidad última de poner de manifiesto el alcance de la reforma operada, los resultados de su puesta en marcha y, en definitiva, revisar el cumplimiento de los objetivos y esencia de la reforma.

En concreto, vamos a centrar la atención en la novedosa regulación de la guarda de hecho de personas con discapacidad[9], figura esencial en el nuevo modelo de apoyos, con el fin

---

7 Para el acceso, goce y disfrute de los derechos humanos de las personas con discapacidad. Aprobada por Consejo de Ministros de 3 de mayo de 2022. https://www.mdsocialesa2030.gob.es/derechos-sociales/discapacidad/docs/estrategia-espanola-discapacidad-2022-2030-def.pdf [última consulta: 13/3/24].

8 https://www.aebanca.es/noticias/comunicados/la-fiscalia-general-del-estado-las-asociaciones-bancarias-y-el-banco-de-espana-firman-un-protocolo-para-asegurar-la-autonomia-financiera-de-las-personas-con-discapacidad/ [última consulta: 13/3/24].

9 No siendo objetivo del presente trabajo entrar en el análisis de la guarda de hecho de los menores que como novedad se regula de

de detraer la nueva doctrina jurisprudencial, y cuándo y cómo ha entendido el alto tribunal que debe compatibilizarse con la curatela clásica o con la nueva curatela representativa. Pues, como acertadamente recuerda ROCA GUILLAMÓN, si bien el reconocimiento de ciertos efectos a la actuación del guardador de hecho se inició con la Ley 13/1983, de 24 de octubre, de reforma del Código civil en materia de tutela, esto solo supuso el primer reconocimiento institucional de esta figura con un claro perfil de transitoriedad, carácter que, como veremos, en la nueva regulación ya ha sido eliminado[10]. La evolución posterior llevó al reconocimiento de determinadas funciones del guardador, como la posibilidad de constituir un patrimonio protegido, otorgar el consentimiento en el ámbito de la autonomía del paciente o ejercitar el derecho de acceso a los datos de carácter personal de la persona fallecida[11].

---

forma separada en el Cc. Vid. al respecto, por todos, LLEDÓ YAGÜE F. y BALMASEDA O., De la guarda de hecho del menor, en *Reformas legislativas para el apoyo a las personas con discapacidad. Estudio sistemático de la Ley 8/2021, de 2 de junio, al año de su entrada en vigor*, ed. Dykinson, Madrid, 2022, pp. 369-408. Y HERRÁN ORTIZ A. I., La guarda de hecho como institución de protección de menores. De la necesidad a la controversia en la aplicación supletoria de la guarda de hecho de la persona con discapacidad, *Reformas legislativas..., op. cit.*, 2022, pp. 430-435, en lo que respecta a los problemas derivados de la aplicación supletoria de la normativa de la guarda de hecho de las personas con discapacidad, a la guarda de hecho de los menores.

10 Vid. por todos, ROCA GUILLAMÓN J., "La Guarda de hecho", en *Problemática jurídica de las personas con discapacidad*, Dykinson, Madrid, 2022, pp. 128-129.

11 Vid. al respecto, HERRÁN ORTIZ A. I., La guarda de hecho como institución de protección de menores. De la necesidad a la controversia en la aplicación supletoria de la guarda de hecho de la persona con discapacidad, *Reformas legislativas…, op. cit.*, p. 410.

Así procede recordar, como apuntó CORRIPIO[12], que ya antes de la reforma parte de la doctrina se había manifestado a favor de revestir la guarda de hecho de notas de estabilidad y permanencia, así como de elevarla a rango de institución tutelar, dadas sus características de versatilidad y utilidad. No obstante esto, también la doctrina advirtió, tras la publicación de la nueva regulación, de la existencia de ciertas lagunas importantes y de la indefinición de la misma como características[13]. Por todo ello, tras unos años de puesta en marcha, procede ahora hacer una revisión de la jurisprudencia con la finalidad de concretar aspectos relevantes que nos ayuden a ir, poco a poco, completando la configuración de esta institución.

2. CONSIDERACIÓN PREVIA: LA AUSENCIA DE DEFINICIÓN DE LA DISCAPACIDAD EN LA CONVENCIÓN

Sin duda alguna la ausencia de definición de la discapacidad en la Convención es una de las cuestiones que se dejan abiertas y, en mi opinión, una de las más controvertidas en los próximos años. Lo mismo ocurre en la Ley 8/2021[14]. Y esto

---

[12] Vid. al respecto, interesante análisis de CORRIPIO GIL-DELGADO M.R., en "La protección patrimonial de la persona mayor", *ADC*, 73,1, 2020, pp. 128-131.

[13] Como en su día apuntó LÓPEZ SAN LUIS R., por vía de ejemplo, lo relativo al control y salvaguardias que abordaremos más adelante, y, por otro, el carácter de permanencia. Vid. al respecto, Guarda de hecho *vs* guarda de derecho tras la Ley 8/2021, de 2 de junio, por la que se reforma la legislación civil y procesal para el apoyo de las personas con discapacidad en el ejercicio de su capacidad jurídica, en *Problemática jurídica de las personas con discapacidad*, cit., p. 138.

[14] Vid. al respecto, VAQUER ALOY A., "El sistema de apoyos como elemento para el ejercicio de la capacidad jurídica", en *Reformas legislativas... op. cit.*, pp. 505-506.

tiene que ver, y debe conectarse ineludiblemente, con los derechos de las personas con discapacidad y, en consecuencia, con la integración de los principios, normas y esencia de la Convención en los ordenamientos jurídicos de cada uno de los países firmantes. Dicho lo cual, una buena interpretación de esta cuestión requiere, a mi juicio, como cuestión previa y relevante, de una contextualización histórica y normativa.

Así, la aproximación a la normativa de origen, asentada y construida bajo un sistema de protección de la incapacidad y, en muchos casos, de sustitución de la voluntad, nos lleva a reflexionar en torno a qué debe entenderse hoy por persona con discapacidad, a los efectos de la protección establecida y requerida por la Convención y, en síntesis, si ésta se ha visto modificada respecto de la regulación anterior. Y esta reflexión, es evidente que resulta, hoy en día, necesaria, sobre todo con el fin de preservar los derechos de los colectivos vulnerables e, *in fine*, dar cumplimiento a ese nuevo paradigma social.

La Convención es la norma a partir de la cual se origina el cambio de paradigma actual por lo que entiendo que resulta imprescindible recurrir a ella con el fin de intentar concretar qué debe entenderse hoy por persona con discapacidad. En este sentido, si bien es cierto que esto no se incluye en el art. 2º *Definiciones*, como veremos a continuación, de forma deliberada, la propia norma en su art. 1º, en lo que denomina *Propósito* de esta, viene a introducir algo muy cercano al señalar lo siguiente:

"Las personas con discapacidad incluyen a aquellas que tengan deficiencias físicas, mentales, intelectuales o sensoriales a largo plazo que, al interactuar con diversas barreras, puedan impedir su participación plena y efectiva en la sociedad, en igualdad de condiciones con las demás".

Esto es, una interpretación literal de la misma debe llevarnos a concluir, *a priori*, que parece que el carácter a "largo plazo", que no necesariamente "permanente"[15], pero si con cierto carácter de permanencia en el tiempo, es el que debiera caracterizar la deficiencia para que exista la consideración de persona con discapacidad a todos los efectos jurídicos. No obstante esto, no podemos dejar de tener en cuenta algo esencial y es que, el fenómeno de la discapacidad, es complejo y, desde la perspectiva del nuevo modelo social planteado por la Convención, este se compone de dos elementos que deben converger para poder hablar de persona con discapacidad: uno humano (persona con deficiencia o diversidad funcional) y otro social (las barreras sociales que discapacitan)[16].

Llegados a este punto considero esencial volver al procedimiento de elaboración de la Convención en este punto, ya que sin duda este puede ofrecernos otros elementos interpretativos relevantes a la hora de elaborar conclusiones al respecto.

Así, como apuntó en su día la doctrina, parece que el tema de la inclusión o no de la definición de persona con discapacidad fue uno de los temas más debatidos durante el proceso de elaboración. Y todo ello por el simple hecho de que acordar una definición e incluirla podía conllevar, según algunas delegaciones de países[17], repercusiones muy relevantes en los derechos internos de los países firmantes, cada uno de los cuales podía tener ya su propia definición e, incluso, diferentes según el objetivo concreto de cada una de las normas. Otros

---

15 Que equivaldría a "vitalicio" y resulta contrario a "temporal".

16 Lo que nos lleva a la existencia de deficiencias que no necesariamente llevan a concluir la existencia de una persona con discapacidad a los efectos de la aplicación de la normativa ad hoc, puesto que no se dan las barreras sociales a dicha discapacidad.

17 En este sentido se manifestó la Unión Europea, Rusia, Japón, India, Holanda y Canadá, entre otros.

países[18], en sentido contrario, manifestaron la importancia de incluir una definición con la finalidad de poder implementar efectivamente la Convención, apelando a las distintas ya usadas por otros organismos internacionales.

Finalmente, y tras una serie de intensos debates, en la última sesión del Comité Especial[19], se llegó a la solución intermedia a través del uso término "incluyen", acordando así una definición abierta que fue en su día calificada como "de mínimos", en el sentido de que esta recoge las situaciones que, como mínimo, deben quedar protegidas, dejando al arbitrio de cada Estado la facultad de aplicar la Convención a otras situaciones de discapacidad, por tanto, a los supuestos de discapacidad temporal, siempre que el Estado dentro de su legislación interna decida adoptar una definición más amplia[20].

Así, y a los efectos de lo que aquí nos ocupa, más allá del problema detectado en el proceso de elaboración de la Convención, esto es, la dificultad de incluir una definición única y cerrada, y de la intención de fondo de la definición incluida, de todo lo anterior lo que sí puede deducirse es que no se quiso incluir expresamente en la Convención la discapacidad con carácter temporal.

En cualquier caso, todo ello es una muestra más de la complejidad intrínseca a cualquier proceso de globalización jurídica. Y es que, como bien sabemos, la interpretación, en el ámbito jurídico, es una de las herramientas más complejas, pero

---

18 China, Sudáfrica, Cuba, Chile, Venezuela, Australia y el Líbano, entre otros.

19 Vid. A/AC.265/2006/4, Informe provisional del Comité Especial (Octava Sesión).

20 Vid. por todos, PALACIOS A., *El modelo social de discapacidad: orígenes, caracterización y plasmación en la Convención Internacional sobre los Derechos de las Personas con Discapacidad*, Cinca, Madrid, 2008, pp. 340-350.

a la vez más relevantes a la hora de aplicar la norma. Interpretación que, desde la época romana, si bien tiene como punto de partida los *verba,* precisa, en muchas ocasiones, del recurso a la *voluntas*[21].

Y creo que este este punto merece una especial atención y de ciertas breves reflexiones sobre los *verba* empleados por el legislador, con la finalidad de intentar entender e interpretar la *voluntas* de la Convención. Esta, como hemos visto, caracteriza la deficiencia "a largo plazo", esto es, aquella que, en mi opinión, pudiera estar en algunos casos a medio camino entre la deficiencia temporal y la permanente. Es decir, no puede calificarse taxativamente y en todos los casos como una deficiencia permanente, puesto que cabe que sea en algún caso incluso reversible; pero tampoco puede calificarse simplemente de temporal, puesto que debe revestir cierto carácter de permanencia en el tiempo. En definitiva, es aquella que, por contraposición a la temporal, sin duda, se sitúa en un plano de mayor cercanía a la deficiencia permanente. No obstante esto, procede también en este caso tener en cuenta la *voluntas* de la Convención a la hora de caracterizar la deficiencia que acompaña a las personas con discapacidad para que estén incorporadas en este colectivo. Y dicha *voluntas,* en este caso, hay que ir a buscarla al proceso de elaboración de la Convención y, en consecuencia, a la voluntad conjunta acordada por los participantes en dicho proceso.

Este es un punto de partida del que no podemos prescindir. A partir de aquí, la adaptación de los distintos ordenamientos jurídicos de los diferentes países firmantes es, a mi juicio, el camino a analizar para poder entender cómo y hasta donde se ha producido la obligada y ansiada adaptación. Dicho lo cual, y

---

21 Vid. por todos, BURDESE A., "Derecho romano e interpretación del derecho", *Seminarios complutenses de derecho romano: Revista complutense de derecho romano y tradición romanística,* 8, 1996, pp. 13-34.

respecto del tema que nos ocupa en el presente estudio, resulta claro que, como apunta LÓPEZ SAN LUIS, este pivota sobre el apoyo a la persona que lo necesite, con independencia de si la situación de discapacidad ha obtenido, o no, algún reconocimiento administrativo[22]. Lo cual refuerza y da más protagonismo, sin duda alguna, la figura de la guarda de hecho de la que nos vamos a ocupar en las siguientes páginas.

3. LA PREFERENCIA Y PROTECCIÓN DE LOS APOYOS NO FORMALES: LAS CLAVES DE LA NUEVA JURISPRUDENCIA DEL TRIBUNAL SUPREMO

3.1. Sentencia del Tribunal Supremo, Sala de lo Civil, nº66/2023, de 23 de enero (ROJ: STS 1291/2023; ECLI:ES:TS:2023:1291)

3.1.1. Antecedentes de hecho

En el año 2018 el Ministerio Fiscal inició un proceso de incapacitación interponiendo demanda de juicio verbal en la que solicitó al Juzgado que determinase la extensión de la capacidad jurídica de Dña. Blanca, el medio de apoyo que considere idóneo, los actos a los que se refiera su intervención cuando proceda y las salvaguardias adecuadas para asegurar que las medidas respeten los derechos, voluntad y preferencias de la persona,

---

22 LÓPEZ SAN LUIS R., "Guarda de hecho vs guarda de derecho tras la Ley 8/2021, de 2 de junio, por la que se reforma la legislación civil y procesal para el apoyo de las personas con discapacidad en el ejercicio de su capacidad jurídica", en *Problemática jurídica de las personas con discapacidad, op. cit.*, pp. 138-139.

que no exista conflicto de intereses ni influencia indebida y que sean proporcionales y adaptadas a sus circunstancias.

Admitida la demanda, y contestada por la parte demandada solicitando su desestimación, una vez realizados los trámites pertinentes, el Juzgado de Primera Instancia e Instrucción dictó sentencia en la que declaró a la demandada incapaz para regir su persona y sus bienes, con la consiguiente constitución del estado civil de incapacitación parcial limitada y nombramiento de tutor a su hijo. Todo ello apoyando su decisión en las conclusiones del informe del médico forense, en el que se diagnosticó una determinada patología crónica y persistente, se concretaron las áreas y habilidades de posible actuación, y se concluyó que en ese momento dicha persona carecía parcialmente de la habilidad necesaria para administrar sus bienes, por lo que sería adecuado que una tercera persona supervisase la correcta administración de medicamentos y todo lo relativo al seguimiento médico de su salud[23].

---

23 Hay que tener en cuenta, como ya advirtió CASTRILLO SANTAMARIA R., "Aspectos procesales del nuevo sistema español de provisión de medidas judiciales de apoyo: dudas y posibles soluciones prácticas", *Actualidad jurídica Iberoamericana,* 17 bis, diciembre 2022, pp. 1812-1813, que con la reforma operada por la Ley 8/21 el expediente para la provisión de medidas judiciales de apoyo se inicia con unos requerimientos más exigentes que los del anterior proceso contencioso sobre capacidad de las personas, ya que en la actualidad deben acompañarse, a la solicitud, documentos acreditativos de la necesidad, un dictamen pericial de profesionales especializados en el ámbito social y sanitario, y una proposición de pruebas a practicar en la comparecencia. Vid. sucinto resumen sobre las novedades del procedimiento en GARCÍA RUBIO M.P. y TORRES COSTAS M.E., "Primeros pronunciamientos del Tribunal Supremo en aplicación de la Ley 8/2021", *op. cit.,* pp. 292-294.

En atención a todo ello, la sentencia se estableció que la limitación de la capacidad afectaba: a) al ámbito económico jurídico, administrativo y contractual y b) al manejo de medicamentos. Se exceptuó de dicha limitación el manejo del dinero de bolsillo a determinar por el propio tutor al hacer inventario de los bienes existentes y de los gastos e ingresos de la tutelada.

Dicha sentencia fue recurrida en apelación ante la Audiencia Provincial por Dña. Blanca en el año 2019 y se dictó sentencia en el año 2021 desestimando el recurso de apelación y confirmando la citada resolución, todo ello teniendo en cuenta el primero de los informes médico-forenses y el practicado en alzada.

Contra dicha resolución Dña. Blanca interpuso recurso de casación con un único motivo, oposición a la jurisprudencia del TS y por infracción de determinada normativa.

Admitido el recurso, la sala advierte de la modificación del ordenamiento jurídico por Ley 8/2021 y, más concretamente, de lo dispuesto en la disposición transitoria 6ª de esta, indicando que la resolución se ajustará al sistema de apoyos dispuesto por la nueva ley.

3.1.2. Argumentos y fundamentación del fallo del Tribunal Supremo

En lo que aquí nos interesa, resulta importante destacar, como principio general, que la Sala comienza por afirmar que la apreciación de la necesidad y proporcionalidad de las medidas de apoyo que se establezcan está en función de los hechos acreditados y de la motivación contenida en la sentencia acerca del impacto que la discapacidad provoca en la vida de la persona.

En este contexto, interesa del fallo detraer, por un lado, los caracteres de la guarda de hecho del nuevo modelo de apoyos instaurado por la Ley 8/21 y que el propio TS subraya, a saber:

1. El reforzamiento de la figura de la guarda de hecho, que se convierte en una auténtica figura de apoyo si se manifiesta como suficiente y adecuada para salvaguardar los derechos de la persona con discapacidad[24];
2. la pérdida, en consecuencia, de su carácter de situación transitoria y provisional previo al nombramiento judicial de un tutor o curador[25];
3. el posible carácter complementario de la guarda de hecho cuando las medidas de apoyo voluntarias o judiciales no se estén aplicando eficazmente[26], o cuando sea necesario y así lo establezca el juez[27];
4. su posible carácter excluyente de la adopción por el juez de una nueva medida de apoyo[28], si el guardador

---

24 Siendo, en este nuevo modelo, las medidas de apoyo judiciales subsidiarias de las voluntarias y de la guarda de hecho (art. 255 Cc.)

25 Preámbulo Ley 8/21.

26 Art. 263Cc. Situación que puede ser apreciada, a falta de conflicto, por el Notario con la correspondiente acta de notoriedad.

27 En concreto el nombramiento de un defensor judicial en los casos de conflicto de intereses, o cuando sea adecuado por la naturaleza del acto a realizar, según lo dispuesto en los arts.264 y 295.1 Cc. Como apunta ROCA GUIILLAMÓN, la existencia o inexistencia de medidas judiciales o voluntarias de apoyo es una cuestión que podrá acreditarse a través de la información del Registro Civil. Vid. al respecto, ROCA GUILLAMÓN J., "La Guarda de hecho", *op. cit.*, p. 130.

28 *A sensu contrario* de lo establecido en el art. 269Cc.

de hecho "se está encargando eficazmente de prestar el apoyo que necesita la persona con discapacidad"[29];

5. su posible función representativa excepcional, parcial o total, y siempre previa autorización judicial como el resto de las medidas de apoyo[30];
6. el sometimiento, como el resto de las medidas de apoyo, a los controles y garantías por riesgo de abusos en la prestación del apoyo y, en concreto, el posible requerimiento por la autoridad judicial en cualquier momento, a solicitud del Ministerio fiscal o a instancia de cualquier interesado, para que informe de su actuación, rinda cuentas y puedan establecerse las salvaguardas que se estime necesarias[31];
7. el sometimiento, como el resto de las medidas de apoyo, a las salvaguardas legales[32]: no puede recibir liberalidades

---

29 Lo cual, como apunta ROCA GUILLAMÓN J., "La Guarda de hecho", *op. cit.*, pp. 132-134, supone un cambio sutil muy interesante, ya que se pasa de la atribución de eficacia únicamente a los actos realizados por el guardador de hecho que fuesen útiles para la persona con discapacidad, a la actuación que sea adecuada, recibiendo un título habilitante por ley, frente al curador que recibe dicha legitimación de una resolución judicial recaída en expediente de provisión de apoyos regulado por los nuevos arts. 61 y ss. de la Ley de Jurisdicción Voluntaria.

30 Art. 249 Cc. con carácter general para cualquier tipo de apoyo y, en concreto, respecto de la guarda de hecho siguiendo el procedimiento indicado en el art. 264 Cc.

31 Art. 265 Cc.

32 Sin embargo, como acertadamente ha puesto de manifiesto la doctrina, este tema es uno de los problemas más importantes a tener en cuenta de la guarda de hecho. El nacimiento de esta institución sin un revestimiento formal provoca el desconocimiento de la existencia de esta figura por parte del juez y, en consecuencia, debilita a priori el establecimiento de garantías y medidas de salvaguarda.

de la persona que precisa el apoyo o sus causahabientes mientras no se apruebe su gestión (salvo regalos de costumbre o bienes de escaso valor); prestar el apoyo cuando en ese acto exista conflicto de intereses; adquirir a título oneroso bienes de la persona que requiere el apoyo o transmitirle por el mismo título; y

8. en lo que refiere a la salud, la posibilidad de ser representado, pero teniendo presente siempre la proporcionalidad, las circunstancias y la posible participación de la persona con discapacidad siempre que eso sea posible[33].

Y, por otro, interesa destacar los nuevos aspectos vinculados a la nueva naturaleza de estos procedimientos y sobre los que el TS fundamenta su fallo. En concreto:

1. No rigen los principios dispositivos y de aportación de parte ya que son procedimientos flexibles en los que prima la confección de una resolución acorde a las necesidades de la persona con discapacidad y los principios de la Convención;
2. la gran discrecionalidad del juez a la hora de valorar la prueba que, además, debe siempre justificar y,
3. la justificación debe ser especialmente esmerada cuando se acuerden medidas contra la voluntad de la persona que afecten a sus derechos fundamentales[34].

Vid. al respecto, por todos, SÁNCHEZ GONZÁLEZ M., "El nuevo régimen de la Guarda de hecho", en *Problemática jurídica de las personas con discapacidad intelectual, op.cit.*, pp. 158-159.

33 Según lo dispuesto en el art. 9.6 de la Ley 41/2002, de 14 de noviembre, básica reguladora de la autonomía del paciente y de derechos y obligaciones en materia de información y documentación clínica.

34 Lo cual fue ampliamente debatido incluso en fase de anteproyecto, en el sentido de plantear si el nuevo sistema incluye la posibilidad de negarse a tener apoyos. Vid. al respecto, DE SALAS

Esto último supone un cambio relevante del sistema actual en el que se sustituye el principio del interés superior de la persona con discapacidad, por la denominada mejor interpretación de la voluntad y de las preferencias de esta[35]. Como matiza GARCÍA RUBIO[36], el principio de respeto absoluto de la voluntad, deseos y preferencias de las personas con discapacidad, que está presente en toda la reforma, debe seguirse también por los que presten los apoyos para averiguar lo que quiere la persona con discapacidad. No obstante esto, como ha puesto de manifiesto la doctrina[37], el principio del interés superior sigue siempre presente en algunas de las decisiones jurisprudenciales y, como ha apuntado el propio TS, debe entenderse como un principio axiológico básico en la interpretación de las medidas de apoyo[38].

MURILLO S., ¿Existe un derecho a no recibir apoyos en el ejercicio de la capacidad? *RCDI*, nº 780, pp. 2227-2268.

35 Art. 249 Cc.

36 Vid. al respecto, GARCÍA RUBIO, M.P. y TORRES COSTAS M.E., Primeros pronunciamientos del Tribunal Supremo en aplicación de la Ley 8/2021,*op. cit.*, pp. 283-284.

37 Vid. BADENAS BOLDO, J., "Cuestiones relativas a la aplicación de la Ley 8/2021 ", *op. cit.*, pp. 1788 y 1789; y GARCÍA RUBIO, M.P. y TORRES COSTAS, M.E., en Primeros pronunciamientos del Tribunal Supremo en aplicación de la Ley 8/2021, cit., pp. 288 y 296-318, quienes argumentan y defienden que la línea interpretativa abierta por el TS va claramente en contra de las directrices marcados por el Comité en la Observación General Primera. En sentido similar HERRÁN ORTIZ, A. I., "Hacia un nuevo modelo en el tratamiento jurídico de la discapacidad intelectual en el Código civil español: interés vs. voluntad de la persona", en *Cuestiones actuales del Derecho de Familia. Una visión inclusiva e interdisciplinar,* Tirant lo Blanch, Valencia, 2022, pp. 343-352.

38 Y así ha sido en las principales resoluciones del TS tras la entrada en vigor de la Ley 8/21. Vid. por todos, DE VERDA Y BEAMONTE, J. R., "Primeras resoluciones judiciales aplicando la Ley 8/2021, de 2 de junio en materia de discapacidad", *Diario La Ley*, 2022, 10021,

Así, en lo que respecta al procedimiento, el TS concreta en este caso que:

1. las dos sentencias de instancia no se refieren en sus fallos ni a las alegaciones presentadas por la defensa de la persona con discapacidad, ni a las entrevistas practicadas en las dos instancias; y que,
2. visionadas las mismas, de estas puede definirse el ámbito de las decisiones que de forma autónoma toma Dña. Blanca y el ámbito de apoyo que le presta su hijo para los asuntos que precisa asistencia.

Y en lo que respecta al fondo del asunto planteado, el TS señala que lo decisivo en este caso es que:

1. en lo que atañe al ámbito de salud, Dña. Blanca sabe explicar su vida laboral, su discapacidad y el seguimiento psiquiátrico, si bien no sabe especificar su diagnóstico ni el nombre de los medicamentos que toma; y que es el hijo el que le asiste en las consultas y controla que toma la mediación; y
2. en lo que atañe al ámbito patrimonial, por su edad y formación, tiene las habilidades adecuadas para una administración ordinaria de sus gastos diarios que efectúa habitualmente o ella sola o, cuando lo necesita, con ayuda de sus hijos.

Por todo lo cual afirma que:

1. partiendo de los principios de necesidad y de proporcionalidad, en este caso un apoyo representativo es innecesario y desproporcionado;

Sección Dossier, Wolters Kluwer, 3 de marzo de 2022; GARCÍA RUBIO, M. P., y TORRES COSTAS, M. E., "Primeros pronunciamientos del Tribunal Supremo en aplicación de la Ley 8/2021", *op. cit.*, pp. 279-334.

2. todo el apoyo necesario se está prestando de manera real y efectiva por su hijo, a quien la propia Dña. Blanca elegiría para el cargo, si fuese necesario;
3. la conflictividad entre ellos (fruto de la demanda inicial del Ministerio Fiscal) no se ha mantenido en el tiempo;
4. el apoyo actual prestado por su hijo es adecuado y suficiente, sin que exista conflicto de intereses o de índole personal, abusos o influencia indebida;
5. tampoco existe conflicto con la hija que está conforme con la actuación de su hermano y,
6. que tampoco se advierte que vaya a ser necesaria la solicitud de autorizaciones judiciales para actuar en su representación de forma reiterada, puesto que la gestión de la pensión no implica una administración superior a la ordinaria.

Y finalmente, estimando los recursos, concluye que no es necesario establecer una medida formal de apoyo ya que Dña. Blanca solo precisa un apoyo asistencial en determinados aspectos patrimoniales y de salud que ya se están prestando por su hijo, sin que ello obste para que si es necesario en un futuro puedan solicitarse y adoptarse medidas de apoyo judiciales a instancia de las personas legitimadas para ello.

3.2. Sentencia del Tribunal Supremo, Sala de lo Civil, nº1443/2023 de 20 de octubre (ROJ:4212/2023; ECLI:ES:TS:2023:4212)

3.2.1. Antecedentes de hecho

En marzo del año 2021, meses antes de la aprobación de la Ley 8/2021, Eusebio, único hijo de Basilio, inició un proceso de incapacitación total y nombramiento de tutor para su padre, de 92 años de edad, interponiendo demanda de juicio verbal. Esta fue contestada por el Ministerio Fiscal solicitando al Juzgado que dictase sentencia fijando la extensión de la capacidad jurídica, los medios de apoyo que considere idóneos, los actos a los que se refiera su intervención cuando proceda y las salvaguardias adecuadas para asegurar que las medidas respeten los derechos, voluntad y preferencias de la persona, que no exista conflicto de intereses ni influencia indebida y que sean proporcionales y adaptadas a sus circunstancias.

El Juzgado de Primera Instancia dictó sentencia en diciembre de 2021 esto es, una vez aprobada y en vigor la mencionada Ley, en la que constituyó como medida de apoyo la curatela representativa[39], que debía ejercerse por el propio demandante, y concretando las funciones a realizar tanto en el ámbito personal como en el patrimonial. Dicha sentencia fue recurrida por el Ministerio Fiscal en apelación entendiendo que el nombramiento era innecesario ya que las medidas de apoyo ya se prestaban de hecho por el hijo quien ejercía la guarda de hecho, y la Audiencia Provincial falló desestimando el recurso y confirmando la sentencia. La argumentación de la Audiencia se centró en la concreción de la existencia de unos datos que determinaban su necesidad ("se escapa de casa sin avisar, saca del banco dinero, abre cuentas...") y que suponen un riesgo por la vulnerabilidad de este.

El Ministerio Fiscal interpuso recurso de casación por infracción de los arts. 255, 263 y 269Cc., no existiendo doctrina jurisprudencial del TS en relación con las mismas dado su carácter

---

[39] Medida adecuada, como apunta la doctrina, cuando la dependencia de la persona es moderada y muy cuestionada en los casos de grandes dependencias como, por via de ejemplo, la situación de una persona en estado vegetativo, situación para la que debiera haberse mantenido la tutela. Vid. por todos, BADENAS BOLDO, J., "Cuestiones relativas a la aplicación de la Ley 8/2021, de medidas de apoyo, en el ámbito familiar", *op. cit.*, pp. 1792-1793.

novedoso y, entendiendo, que la guarda de hecho existente ya era eficaz y se desarrollaba sin problemas, por lo que no resultaba procedente la constitución de la curatela.

3.2.2. Argumentos y fundamentación del fallo del Tribunal Supremo

En este caso, y a diferencia del supuesto anteriormente analizado, el TS reiterando el criterio de las instancias previas, desestima el recurso del Ministerio Fiscal y confirma la necesidad de constituir una curatela representativa para Basilio. Basilio padece, según las pruebas practicadas a lo largo del procedimiento, un deterioro cognitivo con trastorno delirante senil, irreversible y con tendencia a la agravación neuropsicológica, confirmando un grado cuatro de autonomía, esto es, de máxima perdida de autonomía y de habilidades personales, careciendo en concreto de habilidades para la vida independiente, económico-jurídico-administrativas, sobre su salud y de capacidad para conducir vehículos o utilizar armas.

Del fallo del TS, y a los efectos del presente análisis sobre la guarda de hecho, nos interesa destacar:

1. La interpretación que hace del art. 250 Cc., que le lleva a afirmar que la guarda de hecho se configura con una vocación subsidiaria[40] o complementaria a cualquier

---

[40] Como indica la doctrina, el principio de subsidiariedad se hace visible desde el principio de la nueva regulación de la guarda de hecho, y lo hace en un doble sentido: por un lado, entendiendo que este se manifiesta cuando se otorga preferencia a las medidas voluntarias sobre las judiciales y, por otro, cuando se anteponen las medidas que no suponen representación frente a las que si lo hacen. Vid. por todos, SÁNCHEZ GONZÁLEZ, M., El nuevo régimen jurídico de la guarda de hecho, en *Problemática jurídica de las personas con discapacidad intelectual, op. cit.*, p. 156.

otra forma de apoyo voluntaria o judicial, en defecto de estas[41] o cuando no cubran todas las necesidades de la persona. Y en el mismo sentido se manifiesta, en concreto, respecto de la guarda de hecho el art. 263Cc. y el art. 269Cc. respecto de la curatela.

2. La interpretación del art. 255Cc. que le lleva a afirmar que, si las medidas voluntarias son insuficientes, respecto de las necesidades de apoyo no cubiertas, cabe la adopción de alguna medida de apoyo judicial.
3. Siendo esto así, en la *ratio* de la norma, según el TS, está también incluida que la provisión judicial no es precisa si las necesidades generadas por la discapacidad ya están cubiertas por una guarda de hecho[42].
4. Y esto es así porque la guarda de hecho, en el nuevo sistema, está configurada como un medio legal de provisión de apoyos, aunque no requiera una constitución formal.
5. Dicho esto, ello no puede interpretarse de forma rígida y automática, pues esto nos llevaría a negar siempre la constitución de curatela, si en la práctica existe guarda de hecho.

---

41 Vid. en este mismo sentido, FERRER VANRELL, M.P., "Las medidas informales de apoyo. Especial referencia a la guarda de hecho", en *Reformas legislativas…*, *op. cit.*, pp. 601-602.

42 Como apunta ROCA GUILLAMÓN J., "La Guarda de hecho", *op. cit.*, pp. 134-135, con la finalidad de que el sistema sea acorde al espíritu de la Convención, se debe hacer una interpretación favorable a un amplio margen de actuación del Notario en los supuestos de la guarda de hecho ya que, mantener una excesiva intervención judicial, puede terminar en un desanimo del guardador de hecho sin que esto favorezca una mejor protección de los intereses de la persona con discapacidad.

En definitiva, en el nuevo sistema, no cabe una aplicación autómata de la ley, sino que hay que buscar las medidas más idóneas, teniendo en cuenta: a) las concretas circunstancias que rodean a la persona necesitada de apoyo y, en concreto también, su voluntad, deseos y preferencias y, además, b) hay que tener en cuenta las manifestaciones del guardador de hecho: si manifiesta que para seguir desarrollando su función precisa pasar a ser curador con representación y que ello le facilitaría su labor, también hay que tener esto en cuenta.

3.3. Sentencia del Tribunal Supremo, Sala de lo Civil, nº 1444/2023 de 20 de octubre (ROJ. STS 4129/2023; ECLI:ES:TS:2023:4129)

3.3.1. Antecedentes de hecho

En febrero de 2021 Edelvina interpuso demanda de incapacitación de su esposo Pascasio justificada porque este presentaba un diagnóstico de trastorno neurocognitivo mayor, irreversible, con alteración de comportamiento y cambio de personalidad. Dicha demanda, mediante escrito de octubre de ese mismo año, fue modificada en su petitum de acuerdo con el nuevo proceso sobre adopción de medidas de apoyo a personas con discapacidad, solicitando el establecimiento de una medida de apoyo consistente en una curatela representativa en favor de la demandante, para todas las actividades de la vida ordinaria. El Juzgado de Primera Instancia dictó sentencia en febrero de 2022 desestimando la demanda y la misma fue recurrida en apelación, fallando la Audiencia Provincial en favor de Edelvina y nombrando a esta curadora, con carácter representativo, de su esposo, extendiendo su apoyo a todos los actos de la esfera personal, actividades económico-administrativas y jurídicas y para tomar decisiones sobre la salud. El Ministerio Fiscal interpuso recurso de casación por infracción de los arts. 250, 255, 268 y 269Cc. Y, subsidiariamente, por infracción de los arts. 249,250,268 y 269Cc. al constituir una medida judicial representativa que alcanza a aspectos de la vida cotidiana y eludiendo, por tanto, el carácter excepcional de la curatela representativa, frente a la asistencia que se configura como medida de apoyo preferente, no existiendo doctrina jurisprudencial del TS en relación con esta cuestión.

3.3.2. Argumentos y fundamentación del fallo del Tribunal Supremo

En este caso, y a diferencia del supuesto anteriormente analizado, el TS desestima el recurso del Ministerio Fiscal y confirma la necesidad de constituir una curatela representativa para Pascasio.

Del fallo del TS, y a los efectos del presente análisis sobre la guarda de hecho, nos interesa destacar:

1. La confirmación de lo ya señalado en la STS anterior (puntos 1-5 del apartado 3.2.2).
2. La actual regulación de la guarda de hecho permite que el guardador de hecho solicite y obtenga autorización judicial para actuar en representación de la persona con discapacidad, lo que irremediablemente acerca esta figura al curador, y que la autorización puede comprender uno o varios actos (art. 264Cc.);
3. No obstante esto, cuando este se precisa de forma diaria esto revela la insuficiencia de la guarda de hecho y la conveniencia de una medida judicial[43].

---

[43] Lo que, como acertadamente apunta ROCA GUILLAMÓN J., "La Guarda de hecho", *op. cit.*, p. 133, supone que el guardador de hecho pueda operar con un amplio abanico de facultades, con la debida autorización obtenida en expediente de jurisdicción voluntaria y con audiencia del discapacitado, si se trata de facultades de

4. La insuficiencia de un apoyo informal aflora cuando quien lo ejerce lo pone de manifiesto y advierte la conveniencia de una constitución formal del apoyo que facilite prestar su función de asistencia y representación.

5. Todo lo anterior se afirma con independencia de que, en lo que se refiere al modo de actuar, se tenga en cuenta siempre el criterio general establecido en el art. 249.2Cc., esto es, que las personas que presten el apoyo deben actuar atendiendo a la voluntad, deseos y preferencias de las personas con discapacidad y cuando esto no sea posible, se deberá tener en cuenta la trayectoria vital de la persona, sus creencias y valores, y los factores que ésta hubiese tenido en cuenta.

4. A MODO DE REFLEXIÓN FINAL

El cambio acontecido en la institución de la guarda de hecho y su regulación jurídica sin duda se patentiza tras el análisis de las últimas resoluciones del TS que hemos abordado en las páginas precedentes. Este afecta, como hemos visto, tanto a la naturaleza jurídica de dicha institución, como a sus caracteres esenciales.

Dicho lo cual, volvemos a encontrarnos con una muestra más de que el Derecho es un producto histórico que va cambiando y se va adaptando a las necesidades de la sociedad.

Y, en el contexto actual, no debemos olvidar que somos hoy espectadores de la evolución jurídica de una figura, la guarda de hecho, que existiendo desde siempre, nació a la

---

representación, y a excepción de las limitaciones establecidas en el art. 287 Cc. Todo ello ha llevado a la afirmación de que el guardador de hecho es como un curador informal.

vida jurídica en un momento determinado con un escueto reconocimiento por parte de nuestro ordenamiento jurídico[44], y cuya finalidad última fue, en esos momentos, la de reconocer su existencia en nuestra sociedad, prestar y facilitar una función principalmente al margen del derecho, y de ahí su denominación. Una figura que, no obstante esto, con el tiempo, y gracias a sus ventajas y su funcionalidad, ha adquirido un claro protagonismo y se ha ido acercando a otras figuras similares, por vía de ejemplo la curatela, con un componente y una regulación jurídica mucho más completa.

En el momento actual de puesta en marcha de todo el nuevo modelo de apoyos a las personas con discapacidad, y otorgado un protagonismo incuestionable a la guarda de hecho, como se pone de manifiesto en las sentencias analizadas, va a resultar necesario ir definiendo y concretando de futuro todos los elementos de la nueva guarda de hecho, con el fin de posibilitar un funcionamiento eficiente de la misma, así como un real apoyo a la persona con discapacidad.

Y todo ello, nos guste o no, de la mano de la interpretación jurisprudencial, irremediablemente va a ir diluyendo la naturaleza fáctica de esta institución, que el legislador ha intentado mantener con una escueta regulación, y la va a ir acercando a un régimen jurídico mucho más claro, completo y cercano a otras figuras ya existentes. Eso es lo que ocurre en las resoluciones analizadas que, sin duda alguna, comienzan a evidenciar esta necesidad y, en consecuencia, a trazar con claridad los caracteres jurídicos de esta nueva guarda de hecho del s. XXI.

---

[44] En concreto con la Ley 13/1983, de 24 de octubre de reforma del Código civil en materia de tutela, arts. 303-306 del Cc.

5. BIBLIOGRAFÍA

BADENAS BOLDO, J., en Cuestiones relativas a la aplicación de la Ley 8/2021, de medidas de apoyo, en el ámbito familiar, *Actualidad jurídica Iberoamericana,* 17 bis, diciembre 2022, pp. 1780-1797.

BERROCAL LANZAROT, A.I., "La guarda de hecho como medida de apoyo a las personas con discapacidad en el proyecto de ley 121/000027", *La Ley Derecho de Familia. Revista jurídica sobre familia y menores,* 29, 2021, pp. 61-70.

BURDESE, A., "Derecho romano e interpretación del derecho", *Seminarios complutenses de derecho romano: revista complutense de derecho romano y tradición romanística,* 8, 1996, pp. 13-34.

CASTRILLO SANTAMARIA, R., "Aspectos procesales del nuevo sistema español de provisión de medidas judiciales de apoyo: dudas y posibles soluciones prácticas", *Actualidad jurídica Iberoamericana,* 17 bis, diciembre 2022, pp. 1798-1823.

CORRIPIO GIL-DELGADO, M.R.,"La protección patrimonial de la persona mayor", *ADC,* 73, 1, 2020, pp. 101-141.

DE SALAS MURILLO, S., "¿Existe un derecho a no recibir apoyos en el ejercicio de la capacidad?", *RCDI,* 780, pp. 2227-2268.

DE VERDA Y BEAMONTE, J. R., "Primeras resoluciones judiciales aplicando la Ley 8/2021, de 2 de junio en materia de discapacidad", *Diario La Ley,* 10021, 2022, Sección Dossier, 3 de marzo de 2022.

DÍAZ PARDO, G., "Nuevo horizonte de la guarda de hecho como institución jurídica de apoyo tras la reforma introducida por la Ley 8/2021, de 2 de junio", en *El ejercicio de la capacidad jurídica por las personas con discapacidad tras la ley 8/2021 de 2 de junio,* Tirant lo Blanch, 2022, pp. 307-340.

FERRER VANRELL, M.P., "Las medidas informales de apoyo. Especial referencia a la guarda de hecho", en *Reformas legislativas para el apoyo a las personas con discapacidad. Estudio sistemático de la Ley 8/2021, de 2 de junio, al año de su entrada en vigor,* Dykinson, Madrid, 2022, pp. 599-620.

GARCÍA RUBIO, M.P. y TORRES COSTAS, M.E., "Primeros pronunciamientos del Tribunal Supremos en aplicación de la Ley 8/2021, de 2 de junio, por la que se reforma la legislación civil y procesal para el apoyo a las personas con discapacidad en el ejercicio de su capacidad jurídica", *ADC,* LXXV, I, 2022 (enero-marzo), pp. 279-334.

HERRÁN ORTIZ, A. I., "Hacia un nuevo modelo en el tratamiento jurídico de la discapacidad intelectual en el Código civil español: interés vs. voluntad de la persona", en *Cuestiones actuales del Derecho de Familia. Una visión inclusiva e interdisciplinar,* Tirant lo Blanch, Valencia, 2022, pp. 284-361.

HERRÁN ORTIZ, A. I., La guarda de hecho como institución de protección de menores. De la necesidad a la controversia en la aplicación supletoria de la guarda de hecho de la persona con discapacidad", en *Reformas legislativas para el apoyo a las personas con discapacidad. Estudio sistemático de la Ley 8/2021, de 2 de junio, al año de su entrada en vigor,* Dykinson, Madrid, 2022, pp. 409-438.

LECIÑERA IBARRA, A., "De la guarda de hecho de las personas con discapacidad", en *Comentarios a la Ley 8/2021 por la que se reforma la legislación civil y procesal en materia de discapacidad,* Thomsom Reuters Aranzadi, 2021, pp. 647-679.

LÓPEZ SAN LUIS, R., "Guarda de hecho vs guarda de derecho tras la Ley 8/2021, de 2 de junio, por la que se reforma la legislación civil y procesal para el apoyo de las personas con discapacidad en el ejercicio de su capacidad jurídica, *Problemática jurídica de las personas con discapacidad",* Dykinson, Madrid, 2022, pp. 137-143.

LLEDÓ YAGÜE, F. y BALMASEDA, O., "De la guarda de hecho del menor", en *Reformas legislativas para el apoyo a las personas con discapacidad. Estudio sistemático de la Ley 8/2021, de 2 de junio, al año de su entrada en vigor,* Dykinson, Madrid, 2022, pp. 369-408.

MORENO FLÓREZ, R. Mª, *Problemática jurídica de las personas con discapacidad intelectual,* Dykinson, Madrid, 2022.

PALACIOS, A., *El modelo social de discapacidad: orígenes, caracterización y plasmación en la Convención Internacional sobre los Derechos de las Personas con Discapacidad,* Cinca, Madrid, 2008.

PÉREZ MONGE, M., "La guarda de hecho a partir del nuevo paradigma de la Convención", en *Principios y preceptos de la reforma legal de la discapacidad. El derecho en el umbral de la política,* Marcial Pons, Madrid, 2021, pp. 241-276.

ROCA GUILLAMÓN, J., "La Guarda de hecho, Problemática jurídica de las personas con discapacidad", Dykinson, Madrid, 2022, pp. 127-136.

SÁNCHEZ GONZÁLEZ, M., "El nuevo régimen de la Guarda de hecho", en *Problemática jurídica de las personas con discapacidad intelectual,* Dykinson, Madrid, 2022, pp. 153-160.

VAQUER ALOY, A., "El sistema de apoyos como elemento para el ejercicio de la capacidad jurídica", en *Reformas legislativas para el apoyo a las personas con discapacidad. Estudio sistemático de la Ley 8/2021, de 2 de junio, al año de su entrada en vigor*, Dykinson, Madrid, 2022, pp. 505-538.

VARIOS, *Reformas legislativas para el apoyo a las personas con discapacidad. Estudio sistemático de la Ley 8/2021, de 2 de junio, al año de su entrada en vigor*, Dykinson, Madrid, 2022.

Capítulo 4

El ejercicio de la capacidad jurídica de los menores emancipados con discapacidad en el Derecho civil de Cataluña

NÚRIA GINÉS CASTELLET

Profesora titular de Derecho civil en ESADE Law School

Universidad Ramon Llull

1. LA REFORMA DE 2021 EN MATERIA DE EJERCICIO DE LA CAPACIDAD JURÍDICA DE LAS PERSONAS CON DISCAPACIDAD: EL APOYO A LAS PERSONAS CON DISCAPACIDAD Y LA PROTECCIÓN DE LOS MENORES

Como ya destaqué en su momento[1], el principio axilar de la reforma introducida por la Ley 8/2021, de 2 de junio, por

---

1 GINÉS CASTELLET, N., "La contratación de personas con discapacidad cognitiva tras la Ley 8/2021: algunas reglas y muchas incertidumbres", en *Cuestiones actuales del Derecho de Familia. Una visión inclusiva e interdisciplinar*, Tirant Lo Blanch, Valencia, 2022, p. 147. Ello también es señalado de forma prácticamente unánime por la doctrina: por todos, RUIZ-RICO RUIZ, J.M., "Capacidad jurídica y discapacidad. Las vías impugnatorias de los actos celebrados por la persona del discapacitado. La desaparición del principio de protección del interés del discapacitado", en *La reforma civil y procesal en materia de discapacidad. Estudio sistemático de la Ley 8/ 2021, de 2 de junio*, Atelier, Barcelona, 2022, p. 74. No obstante, sí parece que hay que distinguir entre la titularidad de la capacidad jurídica y su ejercicio: entre otros, QUESADA SÁNCHEZ, A.J., "Principios básicos de la reforma legal" en *La reforma civil y procesal en materia de discapacidad. Estudio sistemático de la Ley 8/ 2021, de 2 de junio*, Atelier, Barcelona, 2022, p. 58. Y es que, como afirma en otro capítulo de la misma obra, *"en la medida en que se pueda influir en el ejercicio de la capacidad jurídica de una persona, parece razonable entender que, de alguna manera, lo denominemos como lo denominemos, sigue modificándose el margen de ejercicio de la capacidad jurídica a la hora de actuar en el tráfico"* (QUESADA SÁNCHEZ, A.J., "Cuestiones generales sobre el sentido de la 'discapacidad' en la nueva ley", en *La reforma civil y procesal en materia de discapacidad. Estudio sistemático de la Ley 8/ 2021, de 2 de junio*, Atelier, Barcelona, 2022, p. 30). Anteriormente, MUÑIZ ESPADA, E., "Análisis de la seguridad jurídica en la proyectada reforma de la discapacidad, *Revista Jurídica del Notariado*, 111, julio-diciembre 2020, p. 293, ya había señalado que *"con incapacitación o sin ella, la realidad, si se restringen, de cualquier modo los actos que puede realizar con plena autonomía y autogobierno el discapaz, es una limitada capacidad de obrar"*. Muy contundente, RUBIO GARRIDO, T., "La

la que se modifica la legislación civil y procesal para el apoyo a las personas con discapacidad en el ejercicio de su capacidad jurídica, es el de partir de la base de que "*toda persona, con o sin discapacidad, al alcanzar la mayoría de edad, es automáticamente capaz de ejercer sus derechos y obligaciones*"[2], con los apoyos que, en cada momento y circunstancia, sean precisos. También se apuntaba a que "*esa plena (o pretendidamente plena) equiparación entre personas sin discapacidad y personas con discapacidad (sea cual sea el tipo o grado de discapacidad) no se ha llevado al campo de la minoría/mayoría de edad. Los menores de edad no son equiparados a los mayores de edad, ni siquiera cuando solo unas horas separan un estadio de otro*"[3]. Y así se afirma diáfanamente en el texto del preámbulo del anteproyecto de ley de modificación del Código civil de Cataluña —en adelante, CCCat—en materia de apoyos al ejercicio de la capacidad jurídica de las personas (versión de 11 de abril de 2023) -en adelante anteproyecto de 2023-, según el cual el ajuste a los principios de la Convención de la ONU sobre los derechos de las personas con discapacidad (Nueva York, 2006) de las instituciones de protección de las personas

---

Ley 8/2021, de 2 de junio, sobre personas con discapacidad: ¿un ejemplo de buenismo y adanismo?", *Indret* 3/2022, p. 329.

2 Claramente se establece en el texto del preámbulo del anteproyecto de ley de modificación del Código civil de Cataluña en materia de apoyos al ejercicio de la capacidad jurídica de las personas, versión de 11 de abril de 2023, -en adelante, anteproyecto de 2023- que "*tota persona major d'edat té, per tant, capacitat jurídica per ser titular de drets i obligacions i també per exercir-los. Aquesta capacitat no es pot restringir per raó de cap discapacitat.*"

3 GINÉS CASTELLET, N., *ob. cit.*, pp. 150-151. Eso es algo que critica parte de la doctrina: así, RUIZ-RICO RUIZ, J.M., *ob. cit.*, pp. 90-91, que propone reinterpretar el nuevo 1.263 CC a la luz de este nuevo paradigma, menos protector, también para los menores con discapacidad, y que, en todo caso, la interpretación de cuáles son aquellos contratos permitidos a los menores por los usos sociales debería ser más laxa.

contempladas dentro del título segundo del Libro segundo, relativo a la persona y la familia, del Código civil de Cataluña requiere de una profunda transformación de este título, *"que parteix de la separació neta entre la situació de la minoria d'edat i la de les persones majors d'edat"*.

Y es que las personas menores de edad merecen de por sí, esto es, por ser menores de edad, con independencia de su aptitud cognitiva concreta para un concreto acto jurídico -aptitud que, a partir de una determinada edad, aun dentro de la minoría, puede ser igual o superior que la de un mayor de edad-, ser protegidos, amparados y sustituidos por su legal representante (progenitor/es con potestad parental o tutor/a), que ostentará esta representación hasta el mismo día en que cumplan los dieciocho años, a no ser que antes hubieran sido emancipados (arts. 154, 199 y 225 CC y arts. 222-1, 222-47, 236-1 y 236-18 CCCat). Todo ello se justifica en aras de un principio supremo en este ámbito de la minoría de edad, el del interés superior del menor (art. 3 Convención de la ONU sobre los Derechos del Niño de 20 de noviembre de 1989, ratificada por España el 30 de noviembre de 1990 y con entrada en vigor el 5 de enero de 1991, y se insiste en la Observación general núm. 14 de 2013 del Comité de Naciones Unidas de los Derechos del Niño), que se explicita en el art. 211-6 CCCat, intitulado "interés superior del menor", y se refiere a lo largo del articulado del Código civil para indicar el criterio a tomar en consideración a la hora de tomar decisiones sobre el menor (arts. 92, 94, 172 bis, 178, 203, 213, 214.... CC).

Una vez alcanzada la mayoría de edad, ese criterio objetivo del interés superior es ahora fulminado, sea cual sea la situación personal concreta del mayor de edad, o al menos es lo que se pretende en las remodelaciones, ya habidas o por haber, de nuestras legislaciones civiles (me refiero concretamente a la estatal -CC- y la autonómica catalana -CCCat-). Y es que el legislador ha establecido que el criterio principal para la provisión y ejecución de los apoyos para personas con discapacidad que los requieran para ejercer, en igualdad de condiciones, su capacidad jurídica, es su "voluntad, deseos y preferencias". Esta expresión se utiliza repetidamente en el Código civil en relación con la toma de decisiones judiciales que afectan a personas con discapacidad, a diferencia del criterio del interés superior del menor que se aplica en casos de menores, y también en diversas disposiciones del Código civil y del Código civil de Cataluña para la previsión y aplicación de medidas de apoyo para personas mayores con discapacidad. El respeto de los derechos de la persona con discapacidad, junto con su voluntad y preferencias, solo se aborda en el artículo 270 del Código civil y en disposiciones equivalentes del Código civil de Cataluña (arts. 226-2.4 y 226-3.1), donde se tratan las medidas de control de la curatela (o asistencia en el Código civil de Cataluña) para garantizar ese respeto a los derechos del mayor con discapacidad y prevenir conflictos de intereses o influencias indebidas. Por tanto, en el Código civil solo se hace referencia a sus derechos e intereses en el contexto de las salvaguardias contra abusos en el ejercicio de medidas de apoyo, según se establece en la Ley 8/2021. Aunque parece evidente que esos abusos no solo pueden darse en el marco del ejercicio de las medidas de apoyo establecidas, es en ese marco donde se prevé la atención a los derechos de la persona mayor con discapacidad y no solo a sus deseos, voluntad y preferencias. En la Ley de Enjuiciamiento Civil, sí existe una encomendación concreta al Ministerio Fiscal para que vele, además de por el respeto a la voluntad, deseos y preferencias de la persona con discapacidad, por sus derechos. Por el contrario, y según hemos visto, en el caso de menores no emancipados, el principio predominante sigue siendo el del mejor interés del menor, como se establece en diversos artículos del Código civil y del Código civil de Cataluña.

Para que no quede ninguna duda al respecto, en el texto del preámbulo del anteproyecto de 2023 se afirma como una regla básica de la nueva regulación que la puesta en práctica de las medidas de apoyo pertinentes no debe sustentarse bajo ningún concepto en el interés superior objetivo de la persona concernida, sino en su dignidad y en sus derechos[4].

En relación con los menores emancipados, las normas nos indican que son equiparados a los mayores de edad, con algunos matices y salvaguardas para los actos de mayor trascendencia, en todo caso, los que se refieren explícitamente en los artículos de la emancipación y aquellos para los que la ley exige de modo expreso la mayoría de edad. Dice el artículo 247 CC que "la emancipación habilita al menor para regir su persona y bienes como si fuera mayor; pero…" y el artículo 211-7 CCCat que el menor emancipado actúa jurídicamente como si fuera mayor de edad, aunque con el "complemento" o asistencia requeridos para los actos establecidos en el art. 211-12.

A partir de aquí, la duda que se suscita es sobre el trato que hay que aplicar a los menores emancipados con discapacidad: ¿qué pesa, o debería pesar, más? ¿Qué siga siendo menor, a pesar de ser emancipado, o que tenga discapacidad?

Veamos primero cuál es el trato jurídico que se dispensa en la regulación catalana vigente a los menores emancipados, y luego abordaremos algunas de las cuestiones que se plantean, o pueden plantearse, en el caso de los menores emancipados con una discapacidad que reclama, o reclamaría, de medidas de apoyo para el ejercicio de su capacidad jurídica en condiciones de igualdad.

---

4 Que, en atención a la literalidad y a la finalidad de la nueva regulación, el criterio de un presumible interés superior de la persona con discapacidad debe quedar descartado es algo que se pone de relieve en la doctrina. Por todos, QUESADA SÁNCHEZ, A.J., "Principios básicos de la reforma legal", *ob. cit.*, p. 63 y RUIZ-RICO RUIZ, J.M., *ob. cit.*, pp. 94-99.

2. LA EMANCIPACIÓN HOY EN DÍA EN EL CÓDIGO CIVIL DE CATALUÑA

2.1. Sentido actual

La primera cuestión que plantearse es si sigue siendo oportuno mantener una institución que sirve para avanzar, para algunos menores (los que sean emancipados), el estatuto jurídico del mayor de edad, en su mayor parte. Se ha señalado que, en el entorno comparado, lo que se hace es ampliar la capacidad contractual de los menores como colectivo en función de la edad, del tipo de acto, de su capacidad natural, etc., y que solo unos pocos países (Portugal, España, Francia, Italia, Holanda...) han optado por conservar la figura de la emancipación[5], que se aplica de forma singular y limitada a algunos menores, y no al colectivo de menores en general. Parece ser que uno de los principales motivos –y en algún caso (Italia, Portugal), el único– de ese mantenimiento es el hecho de facilitar la celebración del matrimonio a personas menores, aunque en otros países simplemente se permite a los menores casarse en determinadas circunstancias, lo que, a su vez, comporta una ampliación de su capacidad de actuar jurídicamente, esto es, un efecto similar a la emancipación, sin serlo propiamente[6].

En este marco, cabe decir que el derecho catalán se ha decantado, a la vez, por las dos opciones: 1) por un lado, mantiene la posibilidad, prevista para casos individuales, de la emancipación formal, por concesión de los progenitores o del tutor

---

5 VARIOS, *Elementos de Derecho civil,* tomo I, volumen 2, 6ª edición, Dykinson, Madrid, 2010, p. 135.

6 FERRER i RIBA, J., "Comentari als articles 211-7 a 211-13", en *Comentari al llibre segon del Codi civil de Catalunya. La persona física i les institucions de protecció de la persona,* Atelier, Barcelona, 2017, p. 97.

o por concesión judicial; y 2) por otro, la ley acepta y fomenta la capacidad de los menores para tomar decisiones jurídicas "según su edad y capacidad natural" (art. 211-5 CCCat). Esto se aplica a cuestiones relacionadas con los derechos personales, así como a la gestión de bienes o servicios apropiados para su edad y en otras situaciones contempladas por la ley. Este reconocimiento de la autonomía de los menores, cuando dejan de ser estrictamente niños y pasan a ser adolescentes, a partir de los dieciséis años, se extiende a la gestión de los ingresos que generan por su actividad (arts. 222-42 y 236-25.c) CCCat), y pueden, incluso, llegar a obtener el estatus de emancipado por la vía de hecho si logran independencia económica (art. 211-11 CCCat). Esto hace que la emancipación formal sea menos necesaria en estos casos[7].

Una vez tomada esta decisión por el legislador catalán del 2010 (año de aprobación y entrada en vigor del libro segundo del Código civil de Cataluña), se regula la emancipación como acto y estado jurídico de extensión de la capacidad jurídica del menor en cuanto a su ejercicio, ejercicio que sí se ve restringido en la minoría de edad del sujeto, equiparándola, con algunas limitaciones, a la del mayor de edad[8], y lo hace de manera global e integral, regulando las formas, procedimiento y efectos de la emancipación[9].

---

7 En el mismo sentido, que ya apuntó DE CASTRO y BRAVO, F., *Derecho civil de España,* tomo II, parte primera, Instituto de Estudios Políticos, Madrid, 1952 (edición facsímil de Civitas, Madrid, 1984), p. 220, FERRER i RIBA, J., *ob. cit.*, pp. 97-98.

8 FERRER i RIBA, J., *ob. cit.*, p. 96.

9 Lo que no ocurría con la regulación anterior, en que la emancipación era abordada de un modo incompleto, solo en relación con sus efectos (artículo 159 Codi de Familia-CF-) y la curatela (arts. 237 y 243 CF), debiendo aplicarse la normativa del Código civil en relación con las causas y vías de emancipación: CARRERA i DOMÉNECH, J., "Comentaris al capítol IV. L'extinció de la potestat i els

Según los datos estadísticos, no es totalmente residual pero no puede decirse que sea una institución frecuente[10]. De entrada, el estrecho margen de tiempo en el que puede operar (de dos años máximo, entre los dieciséis y los dieciocho años) no facilita ciertamente su aplicación[11]. Además, justamente a partir de los dieciséis años el menor no emancipado adquiere, aquí sí como colectivo o categoría genérica, un espacio de autonomía no desdeñable, y respecto a los bienes adquiridos con su actividad, su capacidad para actuar jurídicamente sobre ellos es prácticamente igual a la que tendría si estuviera emancipado[12]. Todo ello provoca que el ámbito en que puede ser útil la emancipación quede, en la práctica, muy

---

efectes de l'emancipació", en *Comentaris al Codi de Família, a la Llei d'unions estables de parella i a la Llei de situacions convivecials d'ajuda mútua,* Tecnos, Madrid, 2000, p. 724.

10 Las estadísticas del Consejo General del Notariado apuntan, en los últimos años, a una clara y acusada tendencia de descenso: a nivel estatal y en relación con emancipaciones y habilitaciones de edad otorgadas ante notario (excluidas pues las judiciales y las de hecho), se ha pasado de estar cerca de las 2.000 (1.875) en 2007 a las 603 en 2022 (los datos de 2023 aún no son definitivos). Aun así, sigue teniendo una cierta presencia en nuestro panorama jurídico-social.

11 GÓMEZ LAPLAZA, M.C., "Comentario a los artículos 314 a 324", en *Comentarios al Código civil,* tomo II, vol. 2º, José María Bosch Editor, Barcelona, 2000, p. 2.094 y MARTÍNEZ DE AGUIRRE ALDAZ, M., "Comentario a los artículos 314 a 324" en *Código civil comentado,* tomo I, Civitas, Madrid, 2011, p. 1.324.

12 ARROYO i AMAYUELAS, E., "L'edat de la persona i els seus efectes jurídics" , en *Dret civil. Part general i dret de la persona,* 5ª edición, Atelier, Barcelona, 2022, p. 184, aunque respecto a los bienes que gana con su actividad, no respecto a todos sus bienes. Siendo menor, de todos modos, los otros bienes de los que pueda ser titular sin que los haya obtenido a partir de su actividad serán, como norma, adquiridos a través de donación o título sucesorio, en cuyo caso su administración será la que haya ordenado el donante o causante (arts. 222-41 y 236-25 CCCat), pero, si no hay esa disposición expresa, como

reducido, quizá –se ha dicho– para poder dar cabida al anhelo que puedan tener algunos menores en algunas circunstancias de contraer matrimonio y que se estime digno de amparo por quienes pueden concederles la emancipación[13], o tal vez para otorgar completa libertad personal y relacional a menores que se encuentran en núcleos familiares desestructurados o recompuestos en que las responsabilidades parentales no se desarrollan de una manera satisfactoria[14], o también para que pueda gestionar y decidir ya por sí mismo, con la asistencia necesaria, sobre todo su patrimonio, y no solo sobre los bienes que haya podido adquirir a través de su actividad generadora de beneficio[15].

2.2. ¿Qué es la emancipación?

En el Derecho civil catalán, el concepto de emancipación es puramente técnico, y no se incluye en el listado de causas de emancipación, como todavía se sigue haciendo en el Código civil en su art. 239 (después de la reforma de 2021), la mayoría de edad. Por tanto, en el Código civil de Cataluña, la emancipación solo es para menores adolescentes entre los dieciséis y los dieciocho años a los que se les ha concedido singularmente el

---

regla, pasarán a ser administrados, hasta la mayoría de edad de su titular, por sus legales representantes.

13 GÓMEZ LAPLAZA, M.C., *ob. cit.*, p. 2.095.

14 ORTUÑO MUÑOZ, P., "Capítulo I. Personalidad civil y capacidad" en *Persona y Familia. Libro Segundo del Código civil de Cataluña,* Sepín, Las Rozas, 2011, pp. 76-77; FERRER i RIBA, J., *ob. cit.*, p. 98.

15 Según LETE DEL RIO, J.M., "Comentario a los artículos 314 a 324", en *Comentarios al Código civil y Compilaciones Forales,* tomo IV (artículos 181 a 332), 2ª edición, EDERSA, Madrid, 1985, p. 503, el fundamento primario de la emancipación es la de que "*el menor ha llegado a una madurez suficiente para regirse con independencia*".

estado jurídico de "cuasi-mayores de edad", esto es, el derecho a obrar como si ya fueran mayores, con algunas restricciones[16].

La emancipación es, pues, un estado transitorio previo a la mayoría de edad en cuya virtud el menor maduro que la obtiene adquiere una ampliación de su capacidad para actuar sus derechos y deberes, en definitiva, una mayor capacidad de obrar (de ejercer por sí mismo su capacidad jurídica, si se prefiere)[17]. De hecho, como ya se ha venido diciendo, se le equipara prácticamente a la persona mayor de edad (art. 211-7 CCCat)[18]. De este modo, el menor se independiza y deja de estar sometido a la potestad parental o a la tutela, en su caso, pese a no haber alcanzado aún la mayoría de edad. Es pues una situación intermedia entre la mayor y la menor edad[19], pero mucho más cercana en cuanto a sus efectos a la primera que a la segunda, ya que, en el ámbito personal, comporta una equiparación cuasi-plena con el mayor de edad y, por tanto, una autonomía prácticamente completa (con la excepción de aquellos casos en que se requiera explícitamente la mayoría de edad, por ejemplo, en el art. 212-3 CCCat), y, en el ámbito patrimonial, el menor emancipado pasa a tener la administración y decisión sobre todos sus bienes, provengan de donde provengan, sobre los que podrá actuar y decidir por sí mismo, aunque, para algunos de los actos de mayor relevancia (los que vengan enumerados en la ley), no por sí solo, porque requerirá del acompañamiento o asistencia en forma de asentimiento de las personas en cada caso competentes (cónyuge o conviviente

---

16 FERRER i RIBA, J., *ob. cit.*, p. 104.

17 PUIG BLANES, F. de P., "Comentarios al título I del Libro II" en *Comentarios al Código civil de Cataluña,* tomo I, Civitas- Thomson Reuters, Cizur Menor (Navarra), 2011, pp. 125-126.

18 DE CASTRO y BRAVO, F., *ob. cit.*, p. 220.

19 GÓMEZ LAPLAZA, M.C., *ob. cit.*, p. 2.094 y MARTÍNEZ DE AGUIRRE ALDAZ, M., "Comentario a los artículos 314 a 324", *ob. cit.*, p. 1.323.

estable plenamente capaz, progenitores o curador –defensor judicial en el anteproyecto de 2023–), o simplemente quedará excluido si se requiere expresamente la mayoría de edad (por ejemplo, arts. 431-4 y 432-3.1 *in fine* CCCat). La razón de estas restricciones o limitaciones se halla en el deseo del legislador de seguir protegiendo a quien, pese a estar emancipado, aún no ha llegado a los dieciocho años y, por tanto, sigue siendo todavía menor de edad[20].

2.3. Formas de emancipación y reglas comunes

Como el art. 239 CC (antiguo art. 314), el art. 211-8 CCCat establece un listado de formas de emancipación, concretamente de dos: 1) Consentimiento de los titulares en ejercicio de la potestad parental o de la tutela; y 2) Resolución judicial[21]. A ello debe sumarse la "emancipación" por vida independiente del menor, pero técnicamente no es una verdadera emancipación[22]; de hecho, como hemos visto, el art. 211-8

---

20 ARROYO i AMAYUELAS, E., *ob. cit.*, p. 184.

21 ORTUÑO MUÑOZ, P., *ob. cit.*, p. 79, pone de manifiesto que esta forma de emancipación es la que presenta mayor repercusión, en el contexto de crisis de pareja de los progenitores o en casos de mayor problemática como abusos sexuales, malos tratos o una situación de riesgo que aconseje la emancipación, si no cabe la tutela administrativa. Concretamente, este autor, pp. 83-84, ofrece un listado no taxativo de causas frecuentes en la concesión judicial de la emancipación, tales como la inserción del menor en una familia desestructurada que no puede ocuparse de él como sería necesario, la existencia de graves discrepancias entre el menor maduro y sus progenitores (por motivos variopintos como divergencias religiosas, embarazos, imposición de traslados de residencia no deseados, etc.), incapacidad del progenitor o progenitores de hacerse cargo del menor por enfermedad, adicciones, internamientos u otros.

22 LÓPEZ SAN LUIS, R., *La capacidad contractual del menor*, Dykinson, Madrid, 2001, p.74.

no la enumera, y es que, según el tenor literal del art. 211-11, este menor "se considera" emancipado ("se reputará para todos los efectos como emancipado" dice el art. 243 CC), pero no lo es formalmente y, por ello, se le aplicará el trato de un emancipado solo mientras viva de forma económicamente independiente de sus progenitores o tutor, y estos no se opongan a esta independencia[23].

En todo caso, para obtener la emancipación (o su trato), el menor ha de tener dieciséis años cumplidos y se extinguirá, sea lo que fuere, a los dieciocho (en 2022, la edad media en las emancipaciones y habilitaciones por vía notarial fue de 16.86 años).También se demanda siempre la voluntad del menor que se emancipa y es que, en ningún supuesto, el menor podrá ser emancipado si no lo quiere; sea la emancipación por consentimiento de los padres o del tutor o sea por resolución judicial, siempre intervendrá su consentimiento (arts. 211-9.1 y 211-10.1)[24].

Una vez se obtiene la emancipación formal, habiendo cumplido con todos los requisitos legalmente exigibles y con la excepción del menor de vida independiente (art. 211-11)[25]–que

---

23 FERRER i RIBA, J., *ob. cit.*, p. 104. Pone de relieve ORTUÑO MUÑOZ, P., ob. cit., p. 86, que estamos ante situaciones puramente fácticas que, en muchas ocasiones, escapan del control de los servicios sociales y de las autoridades judiciales y que no son infrecuentes en las grandes ciudades. La permisividad de los padres o tutores junto con esa falta de control hace que pueda ser difícil detectar esos casos; aun así, aplican las mismas normas (o casi) que para la emancipación formal en cuanto a los efectos.

24 FERRER i RIBA, J., *ob. cit.*, p. 105.

25 ORTUÑO MUÑOZ, P., *ob. cit.*, p. 85. Señala LÓPEZ SAN LUIS, R., *ob. cit.*, p. 75, cómo la doctrina que se ha ocupado de la regulación de la situación del menor independiente (antiguo art. 319 CC) se muestra sorprendida de la facilidad y poca exigencia para la revocación de esta situación asimilada a la emancipación y sostiene que,

no es tal excepción, ya que no es formal–, es irrevocable (art. 211-8.2 CCCat), lo que implica varias cosas[26]. La irrevocabilidad parte de que la emancipación ha sido concedida de forma válida. Por ello, si es por consentimiento de los legales representantes del menor, es preciso tener en cuenta su posible invalidez si concurren causas de nulidad (simulación, falta de forma solemne) o anulabilidad (vicios del consentimiento) del acto de voluntad que da pie a la emancipación por consentimiento, y si es por resolución judicial, cabrá tomar en consideración las causas de nulidad de las actuaciones procesales. Si es así, la emancipación puede perder su eficacia, pero porque nunca la debió tener, no por una causa sobrevenida como una posible revocación, que aquí no se permite (RDGRN 15 de abril de 2011, JUR\2012\105479).

No se tomarán, pues, en consideración cambios sobrevenidos de las circunstancias para ponderar una revocación de la emancipación[27], ni siquiera la posterior conducta (ingrata, irresponsable) de la persona emancipada, aun cuando haya circunstancias de abuso o temor fundamentado de abuso del nuevo estado.

Cuestión distinta plantearía el supuesto en que el menor emancipado perdiera más adelante facultades cognitivas o mentales. En función de la gravedad e interferencia en su aptitud para actuar jurídicamente, parece que se podría obtener

---

al menos, debería exigirse la concurrencia de una causa justificativa de la oposición de los padres a una independencia que antes habían consentido. LETE DEL RIO, J.M., *ob.cit.*, p. 520 y SÁNCHEZ GÓMEZ, A., "Comentario a los artículos 314 a 324" en *Comentarios al Código civil,* 3ª edición, Aranzadi- Thomson Reuters, Cizur Menor (Navarra), 2009, p. 468.

26 FERRER i RIBA, J., *ob. cit.*, p. 105.

27 SERRANO ALONSO, E., "Comentario a los artículos 314 a 324" en *Comentario del Código civil,* tomo 2, Bosch, Barcelona, 2000, p. 703.

la implementación de medidas de apoyo adecuadas a su estado, pero tampoco se retrotraería la situación de emancipación. Luego volveremos sobre ello.

La emancipación existe y provoca sus efectos desde el momento de su válida concesión, pero una plena eficacia *erga omnes* requiere su inscripción en el Registro civil, ya que, si no hay inscripción, no hay efectos oponibles a terceros de buena fe (art. 211-8.2 CCCat, y art. 70.4 III LRC). Así pues, los actos y contratos llevados a cabo por progenitores y tutores, como si aún fueran los representantes legales de los menores emancipados, con terceros que desconocían esta emancipación serán válidos y eficaces para estos terceros (RDGRN 14 de mayo de 1984, RJ\1984\4077)[28]. Y a la inversa, hay que pensar que una emancipación nula pero que ha sido inscrita en el Registro civil sí podría llegar a producir efectos frente a terceros que han confiado en la información registral[29].

Como se indica, la inscripción no es constitutiva[30], pero hace prueba plena (RDGRN 2 de enero de 1992, RJ\1992\1497), y la ley la impone cuando es emancipación formal (arts. 211-9.2 CCCat, art. 55.3 LJV y arts. 34 y 35 LRC). Se admite la inscripción *a posteriori*, cuando ya es mayor de edad, y ello es así justamente porque solo la inscripción (y no la escritura o la resolución judicial) hace prueba plena.

Como novedad de la Ley del Registro civil, cabe destacar que permite inscribir la situación del menor independiente del art. 211-11 CCCat (y 243 CC). No es obligatoria, como en el caso de la emancipación formal, pero, al igual que en esta,

---

28 PUIG BLANES, F. de P., *ob. cit.*, p. 127.

29 LETE DEL RIO, J.M., *ob. cit.*, pp. 515-516, SÁNCHEZ GÓMEZ, A., *ob. cit.*, p. 467 y MARTÍNEZ DE AGUIRRE ALDAZ, M., “Comentario a los artículos 314 a 324”, *ob. cit.*, p. 1.328, recogiendo todos ellos la opinión de GORDILLO CAÑAS.

30 ORTUÑO MUÑOZ, P., *ob. cit.*, p. 79.

no es oponible a terceros de buena fe si no está inscrita. Y si fuera revocada (recordemos que, en este caso, sí se admite la revocación por padres o tutor/a), el mismo menor, sus progenitores o quienes hubieran sido titulares de la tutela deben pedir la cancelación de la inscripción, si esta se hubiere producido, y, mientras no se lleve a cabo esta cancelación, la situación de menor de vida independiente revocada sigue produciendo efectos ante terceros de buena fe, como si no se hubiera revocado, y los contratos celebrados no se podrán anular en su daño.

2.4. Efectos: reglas generales para el ejercicio de la capacidad jurídica por las personas menores de edad emancipadas

Estas reglas generales se contienen, dentro del ordenamiento catalán, en los arts. 211-7, 211-12 y 211-13 CCCat, y son las mismas, sea cual sea la causa de emancipación, fuere cual fuere el camino escogido para alcanzarla (con la salvedad quizá de la situación del menor de vida independiente, que presenta algunos matices, pero, como hemos dicho, no es técnicamente una verdadera emancipación).

Emanciparse quiere decir liberarse, independizarse de cualquier potestad a la que se estuviera sometido (potestad parental, tutela). A partir de entonces, el menor, aun siendo todavía menor, deja de estar bajo ningún tipo de potestad y, por tanto, tiene plena libertad personal, ya que cesa su sujeción a obediencia respecto de sus padres o tutor –que ya no lo es– (arts. 222-36.2 y 236-17.3). Además, con el cese de la potestad parental o tutelar, deja también de estar sometido a representación legal y ello implica que puede tomar y poner en práctica sus decisiones sobre su persona y sus bienes, así pues, en todos los ámbitos de la vida. De este modo, ya puede decidir sobre cuestiones que hasta entonces competían a los titulares de la potestad parental o tutelar, tales como dónde residir (arts. 222-39.1 y 236-17.2), con quién convivir (arts. 222-39.2 y 236-17.1 CCCat) o qué estudiar y cómo formarse (arts. 222-37.2 y 236-17.1 CCCat). En caso de crisis de pareja de los progenitores, la emancipación supone extinción de la guarda con todo lo que ello comporta a nivel de regulación de la crisis matrimonial o de pareja (atribución del uso de la vivienda familiar, prestación alimenticia en pareja estable, etc.) y, en todo caso, el emancipado es quien puede decidir sobre sus relaciones personales con los padres y otros parientes, estén o determinadas por resolución judicial[31].

Y, en lo que aquí nos ocupa, cuando se trata de decisiones que implican ejercicio de su capacidad jurídica, es al menor emancipado a quién corresponde tomarlas, es él quien personal y directamente puede ejercer su capacidad jurídica, no ya quien hasta entonces era titular de la potestad parental o tutelar, y es que una consecuencia del cese de dichas potestades es, como se ha dicho, la extinción de la representación legal aplicada al menor no emancipado, dado que no se le reconoce aptitud para ejercer su capacidad jurídica por ser menor. El hecho de que ya no cuente con representante legal explica que se le reconozca al menor emancipado capacidad para ser parte en el proceso (art. 7.1 y 2 *a contrario* LEC) de modo que puede comparecer en juicio por sí mismo y por sí solo (art. 247 II CC), aunque, eso sí, en Cataluña hay que tener en cuenta lo dispuesto en el art. 236-27.1j) CCCat, puesto que, para renunciar, allanarse a la demanda, desistir o transigir en cuestiones relativas a los bienes o derechos relacionados en el mismo art. 236-27.1, el menor podrá seguir actuando por sí mismo, pero no por sí solo, ya que se requerirá el asentimiento de las personas mencionadas en el art. 211-7.2 CCCat.

---

[31] FERRER i RIBA, J., *ob. cit.*, p. 99.

2.4.1. Principio básico: equiparación al mayor de edad

El punto de partida es que el menor emancipado, por la emancipación, pasa a ser considerado como equivalente a un mayor de edad, "actúa jurídicamente como si fuera mayor de edad" dice el art. 211-7 CCCat y, en términos parecidos, el art. 247 CC dispone que "la emancipación habilita al menor para regir su persona y bienes como si fuera mayor". No es mayor de edad, sigue siendo un menor, pero la emancipación le confiere un nuevo estatus, el de ser igualado al mayor de edad en relación con su actuación jurídica en el ámbito civil. Esta equiparación de la persona menor emancipada a la persona mayor de edad se produce tanto en la esfera personal como en la patrimonial (explícitamente, art. 247 CC), pero, como ya se ha señalado con anterioridad, en relación con los bienes, no es una plena asimilación ya que, para los actos señalados en la ley, el menor emancipado, a diferencia de lo que ocurre con el mayor de edad, puede actuar por sí mismo pero no por sí solo, ya que se requiere, para la plena eficacia de aquellos actos, so pena de su anulabilidad, de la intervención de determinadas personas prestando su asentimiento al acto decidido por el menor. Usando terminología anterior a la reforma de 2021, se dice que el menor emancipado tiene capacidad de obrar general, pero no capacidad de obrar plena[32], porque sufre ciertas restricciones, por ser menor, que no se aplican al mayor de edad.

En el ámbito personal, al quedar fuera de la potestad parental o de la tutela, su capacidad es prácticamente plena[33] y así,

---

32 Por todos, FERRER i RIBA, J., *ob. cit.*, p. 99.

33 GÓMEZ LAPLAZA, M.C., *ob. cit.*, p. 2.141, señala la incongruencia que puede suponer que se establezcan más precauciones en el ámbito patrimonial que en el personal, ya que las decisiones en esta última esfera pueden llegar a tener más relevancia que las patrimoniales.

entre otras cosas, está legitimado para contraer matrimonio (art. 46.2 CC) o para constituir una pareja estable (art. 234-2 a) CCCat) y consecuentemente con ello, otorgar negocios jurídicos o realizar actos jurídicos relacionados con el matrimonio o la pareja estable (capítulos matrimoniales, pactos en previsión de ruptura de pareja, convenios reguladores o pactos fuera de convenio, solicitud de declaración de nulidad, separación o divorcio...). En relación con las relaciones paternofiliales, si el menor emancipado es el progenitor, puede establecer la relación mediante el reconocimiento de sus hijos sin requerir de aprobación judicial (art. 235-11.2 CCCat) y, una vez establecida, por este u otros medios, se le reconoce capacidad para ejercer la potestad sobre sus hijos menores, sin necesitar de la asistencia de sus propios progenitores (art. 236-16.2 b) CCCat). Y como hijo por naturaleza, se le legitima para ejercer las acciones de reclamación o de impugnación de la filiación o de impugnación del reconocimiento (arts. 235-20.1, 235-21.1, 235-26.1 i 235-27.1) CCCat) y si fuera adoptivo, podrá desde la emancipación emprender acciones que le permitan averiguar la identidad de sus progenitores biológicos (art. 235-49.2 CCCat). Y en todo caso, puede pedir él mismo alimentos si los necesita (SAP de Pontevedra de 8 de noviembre de 2021, JUR\2022\39620).

2.4.2. La capacidad del menor emancipado en el ámbito patrimonial

En la esfera patrimonial, al menor emancipado se le reconoce capacidad para contratar (art. 1.263 CC, *a sensu contrario*). A partir de la obtención de la emancipación, es el menor, y no sus padres o su antiguo tutor, el que celebra los contratos y negocios en su esfera jurídica. Esa es la regla general, pero, como se ha venido diciendo, hay restricciones, referidas, por un lado, a los actos para los que, según las normas sobre emancipación, se requiere la asistencia de determinadas personas (arts. 211-7.2 y 211-12 CCCat) y, por otro, a aquellos actos para los que la ley precisa que se requiere mayoría de edad, esto es, tener dieciocho o más años de edad, lo que, a todas luces, no cumple el menor emancipado, ya que, por muy emancipado que esté, sigue siendo menor de edad.

En todo caso, el menor emancipado, en correspondencia con el reconocimiento de su capacidad para actuar jurídicamente "como si fuera mayor", asume responsabilidad civil y delictual[34], y es que la salida de la potestad parental o tutelar comporta que los padres o el tutor dejen de ser responsables de los daños causados por el hijo o pupilo (art. 1.903 CC)[35]. En el caso resuelto por la STS de 22 de enero de 1991 (RJ\1991\304), la madre del menor, que había causado daños al demandante al conducir una motocicleta y que convivía con ella, alegó, para intentar liberarse de su responsabilidad por hechos ajenos del art. 1.903 CC, que su hijo estaba ya emancipado de hecho cuando tuvo lugar el accidente al vivir de su trabajo, lo que no fue acogido por el TS porque no se cumplían los presupuestos del entonces art. 319 CC, básicamente que el hijo menor de edad viviera independiente de su madre.

2.4.2.1. Actos que requieren asistencia, según el art. 211-12 CCCat

La capacidad de actuar del menor emancipado está limitada por la necesidad de obtener el complemento de capacidad (asentimiento, en el futuro) para realizar, con plena eficacia,

---

34 SÁNCHEZ GÓMEZ, A., *ob. cit.*, p. 471.

35 ORTUÑO MUÑOZ, P., *ob. cit.*, p. 85, defiende, sin embargo, que, si se trata de un menor de vida independiente, *"los actos del menor pueden generar responsabilidad civil a cargo de los progenitores que han consentido la vida independiente, sin adoptar las cautelas necesarias para el cumplimiento de sus obligaciones parentales".*

un número de actos de gestión patrimonial que la ley considera potencialmente arriesgados u objetivamente perjudiciales[36].

Es el art. 211-12 el que establece cuáles son esos actos, que solo afectan, como se ha dicho, a la esfera patrimonial. En efecto, se trata de una serie de actos atinentes a la gestión de su patrimonio que el menor emancipado no puede realizar válidamente por sí solo, sino que la ley exige, para su plena validez y eficacia, un complemento de capacidad (en la regulación actualmente vigente y aún sin adaptar al nuevo patrón sobre el ejercicio de la capacidad jurídica de las personas establecido por las leyes de adecuación del ordenamiento jurídico español a lo requerido por la Convención de Nueva York de 2006) o, en un futuro previsible, si se logran aprobar las leyes de modificación del Código civil de Cataluña para lograr esa plena adaptación en el ordenamiento autonómico catalán, el asentimiento (más que el consentimiento de que habla el Código civil ya ajustado) de determinadas personas al acto, que debe concurrir junto con el consentimiento del menor emancipado: en el Código civil de Cataluña, por este orden, el cónyuge o conviviente en pareja estable mayor de edad, padres o curador (defensor judicial en el anteproyecto de 2023) –art. 211-7.2– y en el Código civil, padres o defensor judicial, en el ámbito general de las restricciones –art. 247– y el cónyuge mayor de edad en el supuesto del art. 248 CC, que no es de aplicación en Cataluña. Como excepciones a la capacidad de actuar jurídicamente de la persona, deben interpretarse de forma restrictiva[37], pero aun así la relación de actos es extensa

---

[36] Como ya señaló DE CASTRO y BRAVO, F., *ob. cit.*, p. 221, estas limitaciones no dimanan de que, para estos actos, se exija una mayor capacidad, sino que la ley, a pesar de declarar al menor emancipado equiparado al mayor de edad, a continuación, no le habilita para realizar estos actos por sí solo.

[37] PUIG BLANES, F. de P., *ob. cit.*, p. 132.

y de trascendencia, lo que hace que una parte importante de la gestión patrimonial (compárese el art. 211-12 CCCat con el art. 247 CC[38]) no la pueda desempeñar el menor emancipado sujeto al derecho catalán "como si fuera mayor de edad", ya que no puede actuar por sí solo so pena de impugnabilidad del acto, y ello sea cual sea su concreta capacidad natural y situación personal (es una regla genérica y objetiva). La identificación de los actos se realiza, de un lado, por remisión al listado de los actos para los que los progenitores, en el ejercicio de su potestad parental y representación legal de sus hijos menores no emancipados, necesitan de autorización complementaria para su válida perfección (arts. 236-27.1 y 236-30 CCCat)[39] y, de otro, de forma directa en un caso concreto, el de aceptar el cargo de administrador de una sociedad.

La doctrina ha tratado de encontrar una base común a estas excepciones y actos y, a pesar de que en el listado hay actos de naturaleza, contenido e incluso riesgo diverso, parece que todos ellos presentarían el rasgo compartido de ser actos que tienen la virtualidad de poder ser dañinos para el patrimonio del menor. Esto es, se pretende proteger al menor emancipado de sus propias decisiones sobre sus bienes si estas implican un riesgo de cierta probabilidad de poder causar daño en la fortuna del menor, sea esta abundante o no; su interés objetivo por encima de su voluntad, deseos y preferencias, y sin

---

38 Un análisis extenso de lo que suponen las restricciones previstas en el Código civil en el art. 247 CC (que reproduce el antiguo 323) puede encontrarse en PÉREZ DE CASTRO, N., *El menor emancipado,* Tecnos, Madrid, 1988, pp. 162-258.

39 DEL POZO CARRASCOSA, P., VAQUER ALOY, A. y BOSCH CAPDEVILA, E., *Derecho civil de Cataluña. Derecho de Familia,* 2ª edición, Marcial Pons, Madrid, 2016, pp. 469-472 y FLORENSA i TOMÀS, C.E., "Comentaris als articles 236-27 a 236-32", en *Comentari al llibre segon del Codi civil de Catalunya. Família i relacions convivencials d'ajuda mútua,* Atelier, Barcelona, 2014, pp. 921-927.

querer permitirle, en este amplio campo de actuación, que asuma riesgos y cometa errores, al menos por sí solo. Y ello sin entrar a valorar ninguna cuestión de capacidad natural: probablemente, la capacidad natural del menor emancipado de, por ejemplo, diecisiete años y ocho meses será la misma cuatro meses después el día que cumpla los dieciocho años, pero ese día podrá realizar por sí solo todos los actos relacionados por el art. 211-12 y con anterioridad necesitará un complemento o asentimiento.

Como decíamos, el listado de actos es amplio, e incluye:

1) Actos de disposición o asimilados que impactan o pueden impactar negativamente en la composición del patrimonio, alterándolo de forma substancial o empobreciéndolo o evitando su enriquecimiento: así, la enajenación, gravamen o subrogación en un gravamen preexistente -salvo que sea para financiar su adquisición- o renuncia de la propiedad y otros derechos reales sobre determinados bienes: inmuebles, establecimientos mercantiles, derechos de propiedad intelectual e industrial y otros bienes de extraordinario valor[40], y acciones o participaciones sociales, aquí sí, sin referencia a su mayor o menor valor. Como actos asimilados, cabe mencionar el arrendamiento de bienes inmuebles por un plazo largo, superior a 15 años[41], los actos de disposición de la situación

[40] El uso del adjetivo indefinido "otros" referido a la locución final "bienes de extraordinario valor" parece dar a entender que el resto de bienes enumerados también debería ser de "extraordinario valor", excluyendo, pues, de la regla a los inmuebles, establecimientos mercantiles y derechos de propiedad intelectual e industrial que no lo tengan.

[41] Señala PUIG BLANES, F. de P., *ob. cit.*, p. 131, que es "esa larga duración y vinculación del arriendo" lo que fundamenta que se exija esa asistencia o "complemento". Aunque el Código civil no incluye explícitamente el arrendamiento entre los actos que requieren

procesal (renuncia, desistimiento, allanamiento, transacción) si se refieren a los bienes anteriores, la renuncia a derechos de crédito o a adquisiciones procedentes de actos de liberalidad y el préstamo de dinero[42].

2) Actos de asunción o posible asunción de riesgo crediticio: tomar dinero en préstamo, avalar, afianzar o constituir garantías de obligaciones ajenas, aceptar legados o donaciones modales u onerosas, y participar en sociedades no limitativas de la responsabilidad de sus miembros[43]. En este punto, cabe incluir también la restricción concreta que de forma directa establece el art. 211-12.1b), la de

---

asistencia, la doctrina suele englobarlo cuando se trata de arrendamientos de duración considerable: MARTÍNEZ DE AGUIRRE ALDAZ, M., "Comentario a los artículos 314 a 324", *ob. cit.*, p. 1.337.

42 El art. 247 CC (antiguo 323 CC) solo dice que el menor emancipado no puede tomar dinero a préstamo, pero nada dice sobre dar dinero a préstamo, lo que ha sido interpretado por la doctrina en el sentido que sí se permite al menor emancipado ser prestamista, aunque no prestatario, al menos por sí solo: ya DE CASTRO y BRAVO, F., *ob. cit.*, p. 225; MARTÍNEZ DE AGUIRRE ALDAZ, M., "Comentario a los artículos 314 a 324", *ob. cit.*, p. 1.337. También se ha opinado que ello implica además que asimismo podría tomar prestados bienes fungibles que no sean dinero y que se admite la compra a plazos de todo tipo de cosas, y otros (apertura de crédito en cuenta corriente, aceptar o emitir letras de cambio para obtener un préstamo, etc.) –DE CASTRO y BRAVO, F., *ibidem,* GÓMEZ LAPLAZA, M.C., *ob. cit.*, p. 2.143 y SERRANO ALONSO, E., *ob. cit.*, p. 710–, lo que es una muestra –se dice– de la falta de ajuste de la norma a la realidad actual –SÁNCHEZ GÓMEZ, A., *ob. cit.*, p. 471–, pero lo cierto es que la redacción sigue siendo actualmente la misma, incluso tras la importante reforma del Código civil de 2021.

43 Justamente es la falta de limitación en la responsabilidad el motivo de que se requiera aquí la concurrencia de la persona legitimada para la válida celebración del acto, según PUIG BLANES, F. de P., *ob. cit.*, p. 132.

aceptar el cargo de administrador de una sociedad, por la responsabilidad que se asume con dicho cargo[44].

Quedan fuera de la exigencia del complemento o asentimiento los actos relativos a bienes o derechos adquiridos por un acto de liberalidad si el disponente lo ha excluido expresamente: en ese caso, se considera que la voluntad del disponente debe prevalecer sobre el fin de protección del menor emancipado para actos de riesgo patrimonial, por lo menos respecto de esos bienes y derechos, por muy importantes y cuantiosos que sean (quizá todo, o casi todo, el patrimonio del emancipado).

2.4.2.2. Actos excluidos del ámbito de actuación del menor emancipado por su minoría de edad

Por otro lado, en el segundo ámbito de excepciones, hay que tener en cuenta que, a veces, para actos no incluidos en los arts. 211-7.1 y 211-12 CCCat, la ley requiere explícitamente la capacidad del mayor de edad o incluso superior, y ello supone la exclusión del menor emancipado[45], que no puede realizar estos actos ni siquiera con el complemento, asentimiento o consentimiento de otras personas: así, se exige ser mayor de edad para el otorgamiento de donaciones por causa de muerte

---

[44] Esta regla ya se podía encontrar en el Codi de Família de 1998, y algún autor había manifestado en aquel momento sus dudas sobre la efectividad práctica de la norma habida cuenta de la legislación mercantil del momento y su interpretación por la Dirección General de Registros y del Notariado: CARRERA i DOMÉNECH, J., *ob. cit.*, p. 729.

[45] MARTÍNEZ DE AGUIRRE ALDAZ, M., "Comentario a los artículos 314 a 324", *ob. cit.*, p. 1.336, opina que ello no está tan claro y que no se puede dar una respuesta genérica a la cuestión, sino que habrá que interpretar cada norma que reclame la mayoría de edad para decidir en cada supuesto.

sin escritura pública (art. 432-3.1 CCCat), el otorgamiento de pacto sucesorio (art. 431-4 CCCat) o el ejercicio del comercio como empresario individual (art. 4 CCom), e incluso una edad superior a la simple mayoría de edad (veinticinco años) para la adopción (art. art. 235-30.1 b) CCCat).

La duda que se planteaba la doctrina en torno a la interpretación de otros indicadores distintos a la exigencia concreta de mayoría de edad o incluso edad superior como, por ejemplo, cuando en la ley se alude a la necesidad de "capacidad de obrar plena" o similar debería desaparecer ya que lo previsto es que en el art. 211-3 –según el anteproyecto de 2023– ya no se diga que la capacidad de obrar plena se adquiere con la mayoría de edad, en correspondencia con el nuevo modelo de capacidad jurídica de las personas. Aun así, y mientras tanto, el texto del anteproyecto de 2023 da la razón en casi todos los casos a la interpretación realizada por algunos autores[46] de que, en esos supuestos, había que excluir al menor emancipado, porque en prácticamente en todos ellos se sustituye la referencia a la plena capacidad de obrar por la de mayoría de edad.

Obviamente, si la ley demanda capacidad para contratar o para obligarse, no hay duda de que la de menor emancipado es suficiente (arts. 432-3.2, 623-5.1 CCCat), en virtud de lo dispuesto, como se ha indicado, en el art. 1.263 CC, *a contrario*.

---

[46] FERRER i RIBA, J., *ob. cit.*, p. 100.

2.4.3. La asistencia o asentimiento: el actual "complemento de capacidad"

2.4.3.1. ¿Qué es?

Se trata de un mecanismo de protección específico para el menor emancipado, y que consiste en que, para la plena validez y eficacia de determinados actos (los que indica la ley, según hemos visto) que quiera realizar el menor emancipado (la iniciativa siempre le corresponde a él), necesitará de la asistencia de alguna o algunas personas en la realización de estos actos, su asentimiento o visto bueno[47].

Es el menor emancipado quien toma la iniciativa de llevar a cabo el acto y quien debe prestar el consentimiento para su celebración, puesto que es él quien será parte del negocio jurídico, si se trata de esto, y quien, en todo caso, asume las consecuencias jurídicas del acto o negocio[48].

La intervención de la persona que debe asistir es indirecta; lo que se pide es que dé su autorización a un acto que le es ajeno y cuyos efectos no asume ni siquiera indirectamente (no está obligado a rendir cuentas, porque no gestiona patrimonios ajenos). Eso sí, debe dar autorización o negarla, en su caso, siempre en atención al interés del menor emancipado y, por ello, debe ponderar si el acto es o no perjudicial para el menor, pero solo eso, no si es necesario o útil. Si no

---

47 PÉREZ DE CASTRO, N., *ob. cit.*, pp. 142-150 y MARTÍNEZ DE AGUIRRE ALDAZ, M., "Comentario a los artículos 314 a 324", *ob. cit.*, p. 1.338. Decía DE CASTRO y BRAVO, F., *ob. cit.*, p. 236, que se corresponde con *"una declaración de conformidad con el acto, valorado por quien tiene tal facultad como equiparable con el acto de un mayor de edad"*.

48 GÓMEZ LAPLAZA, M.C., *ob. cit.*, p. 2.146.

lo es (lesivo), aunque tampoco sea estrictamente beneficioso, su valoración debe ser positiva y prestar su conformidad y solo si está justificado (en ese potencial daño o lesión), puede negarse a prestarla (art. 211-13 al final CCCat)[49].

2.4.3.2. ¿Quién debe prestar la asistencia?

Se ha puesto de manifiesto que el complemento o asistencia es función que tradicionalmente ha sido asignada a la figura del curador[50], y así sigue siendo literalmente en la versión todavía vigente del libro segundo del Código civil de Cataluña (arts. 223-4.1 y 223-5). Con el fin de evitar tener que acudir a un nombramiento judicial cada vez que un menor obtiene singularmente su emancipación, por las causas legalmente previstas, la ley dispone que este complemento o asistencia corresponde, en primer término y de forma automática, a las personas que más cerca pueden estar del menor, por este orden (art. 222-17.2 CCCat)[51], su cónyuge o su conviviente en pareja estable (arts. 234-1 y 234-2 CCCat) siempre que sea mayor de edad, sus padres (supuesto este que es el más frecuente en los casos de emancipación) y, en último extremo, en defecto de consorte o pareja estable y de progenitores, el curador nombrado a tal efecto (art. 223-5 CCCat).

En el caso del cónyuge como prestador de asistencia, se requiere que se trate de una relación matrimonial plena y, por tanto, cesa la legitimación del cónyuge en caso de separación legal o de hecho. A diferencia del régimen del Código civil (art. 248), en el Código civil de Cataluña, el consorte mayor de edad intervendrá en todos aquellos actos en que el menor emancipado casado lo requiera y no únicamente

---

49 FERRER i RIBA, J., *ob. cit.*, p. 101.

50 ARROYO i AMAYUELAS, E., *ob. cit.*, p. 186.

51 FERRER i RIBA, J., *ob. cit.*, p. 101.

cuando afecte a bienes comunes. Lo mismo ocurre si se trata de una pareja estable: el miembro mayor de edad asiste al menor emancipado en todos los actos necesarios y, obviamente, no debe haber separación, porque en ese caso, simplemente no hay pareja estable (art. 234-4 CCCat).

En defecto de lo anterior (no hay matrimonio ni pareja estable con mayor de edad que pueda intervenir), compete a los padres prestar el "complemento de capacidad", siempre que, hasta su extinción justamente por la emancipación, hubieran tenido la titularidad y ejercicio de la potestad parental. Si el ejercicio lo tenían ambos progenitores, el menor debe ser asistido por los dos, o por uno con el consentimiento del otro[52], y si solo uno lo tenía, por este sin que se necesite la participación del otro. Si los dos padres habían sido privados o suspendidos de la potestad parental, entonces no pueden prestar asistencia.

Y en ese caso, y en todos los que no concurran los sujetos anteriores en el supuesto, en la regulación actual se nombrará, cuando sea necesaria su intervención (art. 223-5 CCCat), un curador en expediente específico de constitución de la curatela en jurisdicción voluntaria (arts. 43 a 45 LJV), y que no tiene por qué ser la misma persona que anteriormente hacía de tutor o administrador patrimonial.

En el Derecho que viene (proyecto y anteproyecto de modificación del Código civil de Cataluña), y con el designio expreso de ajustar el ordenamiento catalán al actual patrón de trato jurídico de la capacidad de las personas, con o sin discapacidad, la curatela desaparece tanto en el ámbito de la protección de las personas con discapacidad como en el de la protección de los menores emancipados: en el primer caso, ya ha sido sustituida por la asistencia para las personas mayores de edad con discapacidad que requieran de apoyo para el

---

52 PUIG BLANES, F. de P., *ob. cit.*, p. 126.

ejercicio de su capacidad jurídica en condiciones de igualdad (arts. 226-1 a 226-8, según resultan del Decreto-Ley 19/2021, de 31 de agosto, por el cual se adapta el Código civil de Cataluña a la reforma del procedimiento de modificación judicial de la capacidad, adaptación parcial y de urgencia que requiere, como su propio preámbulo indica, de una posterior revisión, aún por realizar, más completa y pausada de todo el ordenamiento catalán) y en el segundo, está previsto su reemplazo por la figura del defensor judicial en una próxima pero todavía pendiente remodelación de la regulación catalana. En todo caso, la reforma de fondo es que ya no se tratará, como aún se indica en el art. 223-4 y otros CCCat, de completar o complementar la capacidad del asistido o del menor emancipado sino de prestar el asentimiento, conformidad o autorización a un acto que ni el curador ni las otras personas que pueden prestarlo coadyuvan a celebrar: solo le dan el marchamo de visto bueno a un producto ya elaborado y perfeccionado. Me parece que, aun cuando todavía se sigue hablando de complemento de capacidad y de completar la capacidad en los artículos hoy vigentes, y en espera de esas anunciadas remodelaciones, hay que reinterpretar la regulación actual a la luz de los principios ya hoy vigentes en materia de ejercicio de la capacidad jurídica de las personas y entender ese complemento en el sentido explicado de asentimiento o conformidad *ex* arts. 211-7, 211-2 y 222-4.4 del texto de anteproyecto de 2023.

2.4.3.3. Modo y tiempo para prestar la asistencia

Lo cierto es que no se establecen requisitos de forma ni de tiempo para la prestación de la asistencia requerida. Basta con que, de algún modo, la persona legitimada asista al menor en el acto y preste su conformidad al mismo[53]. Lo habitual es que

---

[53] DE CASTRO y BRAVO, F., *ob. cit.*, p. 236.

se haga al tiempo de su celebración, pero se admite que se pueda realizar antes e incluso para un conjunto de actos siempre que sean "de la misma naturaleza o referidos a la misma actividad económica, aunque sean futuros" y se especifiquen "las circunstancias y características fundamentales" (art. 211-12.2)[54]. No se tolera tan fácilmente que pueda darse *a posteriori*, salvo que el menor lo confirme, ya que –se entiende– no se le puede privar sin su aquiescencia de la opción de impugnar el acto (art. 211-12.3 CCCat)[55].

La ley prevé que, en el supuesto de que las personas legitimadas no se encuentren en condiciones de prestar la asistencia, por imposibilidad, jurídica (declaración de fallecimiento, declaración de ausencia, haber estado sujeto a medidas de apoyo en el ejercicio de su propia capacidad...) o fáctica (enfermedad, ausencia de hecho prolongada...), o desacuerdo, o si niegan injustificadamente su asistencia o "complemento de capacidad", la persona emancipada pueda solicitar autorización judicial para actuar solo (art. 211-3 CCCat). En cuanto a la negativa sin causa justificada, cabe aquí recordar que solo podrá rehusarse la asistencia si se acredita que el acto es perjudicial para el menor y no se puede entrar en criterios de utilidad y necesidad[56], que sí se aplican en el caso del menor no emancipado, porque, como ya se ha dicho, aquí el menor ya tiene capacidad para decidir por sí mismo (en eso consiste la emancipación).

---

54 PUIG BLANES, F. de P., *ob. cit.*, p.132.

55 DE CASTRO y BRAVO, F., *ob. cit.*, p. 237. FERRER i RIBA, J., *ob. cit.*, p. 132.

56 No parece pues que aquí deba demostrarse que el acto es en interés del menor, como sí defiende ORTUÑO MUÑOZ, P., *ob. cit.*, p. 90, sino solamente en el sentido que no le es dañoso.

2.4.3.4. *Consecuencias de la falta de asistencia cuando es necesaria*

Como se ha venido diciendo, la asistencia o "complemento de capacidad" es una técnica de protección del menor emancipado, en cuanto que sigue siendo menor y porque es menor. Por ello, y partiendo de que el ordenamiento ya le reconoce, a diferencia del menor no emancipado, capacidad para obrar jurídicamente y para regir su persona y bienes, pudiendo, pues, actuar por sí mismo, se considera que los actos realizados sin la asistencia necesaria *ex lege* son válidos, pero pueden ser invalidados y dejados sin efecto, declarándose explícitamente su carácter anulable (art. 211-12.3 CCCat)[57].

Legitimación para esa acción de anulabilidad la tiene el propio emancipado cuando ya deja de ser menor, aunque algún autor critica esa demora y defiende que debería poder impugnar antes de la mayoría de edad[58], y la persona que había de prestar la asistencia, hasta que es mayor el emancipado (arts. 211-12.3 y 223-8 CCCat).

Lo pueden hacer en un plazo que es de caducidad, y que es de cuatro años. Para la persona emancipada, el *dies a quo* es el día en que cumple los dieciocho años. Pero para quien había de prestar el complemento obviado, la ley es confusa. Textualmente, el plazo de cuatro años, a contar –parece ser– desde la celebración del acto, aplicaría también en este caso[59], pero

---

57 DE CASTRO y BRAVO, F., *ob. cit.*, p. 237, GÓMEZ LAPLAZA, M.C., *ob. cit.*, p. 2.147 y SERRANO ALONSO, E., *ob. cit.*, p. 710.

58 FERRER i RIBA, J., *ob. cit.*, p. 133. Y esta es la tesis que se acoge en los textos para una reforma futura: el art. 211-12.3 del anteproyecto de 2023 dice expresamente que los actos hechos sin el asentimiento requeridos son anulables a instancia de la persona menor emancipada desde que se celebra el acto y hasta cuatro años después de su mayoría de edad.

59 Así se interpreta sin más por algunos autores: PUIG BLANES, F. de P., *ob. cit.*, pp.132-133.

no parece lógico que, una vez alcanzada la mayoría de edad por la persona emancipada, su cónyuge, conviviente, padres o curador sigan teniendo legitimación para impugnar el acto. Por ello, parece mejor interpretar, pese a la literalidad del precepto, que solo tendrán esa legitimación mientras sea menor, en un plazo que nunca alcanzará los cuatro años, sino que será como máximo de dos años[60].

Si se anula el acto, las consecuencias de la nulidad son las generales de restitución de las prestaciones, incluyendo las que se refieren a menores (1.304 CC): por tanto, el menor emancipado solo deberá restituir al cocontratante mayor aquello en lo que se enriqueció, no necesariamente la prestación íntegra que recibió[61].

Como acto anulable, puede ser objeto de convalidación o confirmación[62] solo por el emancipado, como autor del acto, mientras es menor con el asentimiento de la persona que le debe asistir y, a partir de su mayoría de edad, él solo[63].

---

60 Esta interpretación es la que se acoge en el art. 211-12.3 del texto del anteproyecto de 2023.

61 PÉREZ DE CASTRO, N., *ob. cit.*, p. 283

62 GÓMEZ LAPLAZA, M.C., *ob. cit.*, p. 2.147.

63 PÉREZ DE CASTRO, N., *ob. cit.*, pp. 285 y 286 y FERRER i RIBA, J., *ob. cit.*, pp. 134 y 135. La SAP de Valencia de 2 de mayo de 2001 (JUR\2001\196570) afirma, en un caso de anulabilidad de un contrato de compraventa de unos inmuebles titularidad de la menor celebrado por su madre, como titular única de la potestad parental (su padre había muerto y los bienes le venían por su herencia), sin la pertinente autorización judicial, que la menor emancipada es quien puede, a partir de su emancipación, convalidar el contrato por medio de su confirmación, y en este caso, se entiende que el contrato fue confirmado tácitamente (art. 1.311 CC) por la percepción desde la fecha en que obtuvo la emancipación de los pagos mensuales que configuraban el precio aplazado de la compraventa.

3. EL MENOR EMANCIPADO CON DISCAPACIDAD SUJETO A MEDIDAS DE APOYO

Aunque ciertamente no será un supuesto muy frecuente, no se puede descartar que un menor emancipado, mientras aún es menor, y debido a una enfermedad que se desarrolla posteriormente, a un accidente o a otro motivo, presente luego de la emancipación una discapacidad que interfiera en las posibilidades de ejercicio de su capacidad jurídica de tal modo que se estime preciso, por él o por las personas legitimadas, dotarlo de las medidas de apoyo necesarias[64].

Me parece aún mucho más improbable, aunque en teoría también podría llegar a darse, el supuesto en que un menor no emancipado para el que se han previsto medidas de apoyo para cuando llegue a su mayoría de edad en el contexto del art. 254 CC (algo parecido se prevé para el Código civil de Cataluña en el art. 222-32.1 del texto del anteproyecto de 2023) luego sea, o se pretenda que lo sea, emancipado por alguna de las vías legalmente previstas. Habría que analizar si eso se estima posible en la práctica, pero, de entrada, la ley no parece impedirlo.

En todo caso, partimos aquí del supuesto en que un menor que ha sido emancipado cuenta también con medidas de apoyo para el ejercicio de su capacidad jurídica o se quiere que las tenga, no en el contexto de su emancipación, sino en el contexto de su discapacidad, y nos centraremos en el supuesto en que la provisión de medidas de apoyo es posterior a la emancipación.

---

64 QUESADA SÁNCHEZ, A.J., "Cuestiones generales sobre el sentido de la "discapacidad", en la nueva ley", *ob. cit.*, pp. 32 y 33, destaca que la nueva normativa, en relación con la Ley 8/2021, tiene como destinatario a toda aquella persona que requiera del apoyo diseñado, tenga o no la condición administrativa de persona con discapacidad, siempre que sean *"mayores de edad o menores emancipados"*.

En esta situación, como se ha indicado por la doctrina[65], aunque en referencia a la regulación anterior a las importantes reformas de 2021, el menor emancipado accede a un nuevo estatus –provisión de medidas de apoyo– superpuesto al anterior de emancipado, pero sin que este se revoque. Por tanto, en teoría, deben convivir los mecanismos de protección aplicados a la persona emancipada debidos a su minoría de edad, y que ya hemos visto para el ordenamiento catalán en el apartado anterior, con las técnicas no tanto de protección como de apoyo por su discapacidad.

3.1. El apoyo a los menores emancipados con discapacidad: algunas ideas generales

En el Código civil, los menores emancipados con discapacidad son incorporados y mencionados en las reglas dedicadas al sistema de apoyos para las personas mayores con discapacidad: arts. 249, 255, 271 CC. Se ha destacado que se trata de *"una singularidad de la reforma"* y *"una novedad en el Derecho comparado"* que destina las normas sobre el ejercicio de la capacidad jurídica de las personas con discapacidad a los adultos[66].

En cambio, en el sistema del Código civil de Cataluña, la provisión de medidas de apoyos para personas con discapacidad

---

65 FERRER i RIBA, J., *ob. cit.*, p. 105.

66 ALBIEZ DOHRMANN, K.J., "La capacidad jurídica para contratar de las personas con discapacidad tras la ley 8/2021, de 2 de junio", en *La reforma civil y procesal en materia de discapacidad: estudio sistemático de la Ley 8/2021, de 2 de junio,* Atelier, Barcelona, 2022, p. 504. No estoy de acuerdo con la afirmación vertida por el mismo autor, *ibidem,* según la cual los menores emancipados con discapacidad sin apoyos no están sujetos a los límites de los arts. 247 y 248 CC: siguen siendo menores emancipados y, además, vulnerables, además de por su minoría, por su discapacidad, especialmente si es intelectual o psíquica.

solo se prevé para mayores de edad, dejando fuera de la regulación, o eso parece, tanto a los menores de edad no emancipados con discapacidad como a los menores emancipados con discapacidad. Para el primer supuesto, el enfoque del Código civil de Cataluña coincide con el del Código civil: hay que entender que se asume que las instituciones propias de protección del menor no emancipado –potestad parental, tutela y defensa judicial– ya cubren, dada su extensión y amplitud, las necesidades de amparo del menor que presente discapacidad[67].

Pero en el segundo caso, no es así: en el Código civil, se prevé explícitamente que el menor emancipado con discapacidad pueda ser provisto de medidas de apoyo para el ejercicio de su capacidad jurídica del mismo modo que lo puede ser el mayor con discapacidad, aunque, eso sí, habrá que ver cómo se combinan y coordinan esas posibles medidas de apoyo con las normas sobre complemento o asistencia para los actos enumerados en el art. 247 CC: por ejemplo, ¿podrá convivir un curador *ex* arts. 268 y ss. CC con un defensor judicial *ex* art. 247 y 235.3 CC?

Por su parte, en el Código civil de Cataluña, las reglas sobre la asistencia (el equivalente a la curatela para personas con discapacidad del Código civil) tienen como destinatarios única y exclusivamente –al menos, en su literalidad– a las personas mayores de edad que la necesiten para el ejercicio de su capacidad jurídica en condiciones de igualdad (art. 226-1.1 CCCat). Para los menores emancipados, no hay previsión de medidas de soporte más allá de lo establecido en general para ellos, sin

---

67 Así lo expresa GARCÍA RUBIO, M.P., "Contenido y significado general de la reforma civil y procesal en materia de discapacidad", Sepín, Artículo monográfico junio 2021 (SP/DOCT/114070), p. 7: *"Los menores de edad con discapacidad tendrán la misma protección de todos los menores y el principio general que debe presidir la legislación y la actuación en este caso es el del mejor interés del menor"*.

distinguir entre menores emancipados con o sin discapacidad: las reglas son las mismas para todos ellos y, de entrada, no parece que puedan acogerse a la regulación de las medidas de apoyo para el ejercicio de la capacidad jurídica de personas con discapacidad que lo precisen. En su caso, y según la regulación actual, podrían y deberían contar con el complemento de capacidad para los actos enumerados en el art. 211-12, emitido por el cónyuge o conviviente en pareja estable mayor, por sus progenitores o, a falta de todos ellos, por el curador (art. 211-7.2), y es que estipula el art. 223-1 CCCat que deben ponerse en curatela, si procede, entre otros (aunque los otros casos han quedado desfasados por el nuevo marco de tratamiento civil de las personas con discapacidad, a la espera de la prometida remodelación de la normativa catalana al respecto), los menores de edad emancipados, si los progenitores han muerto o han quedado impedidos para ejercer la asistencia que prevé la ley, salvo que se trate de un menor emancipado casado o conviviente en pareja estable con una persona mayor de edad, que será el que prestará, en este caso, la asistencia debida.

En el caducado proyecto de ley de actualización, incorporación y modificación de determinados artículos del Código civil de Cataluña -que ya había entrado, antes de su caducidad, en la fase de tramitación parlamentaria-, en que se proponía, entre otros aspectos, una remodelación de la regulación actual de la emancipación en el Código civil de Cataluña, junto con el anteproyecto de 2023, que plantea modificar dos de los artículos que se deberían haber ya remodelado según el anterior proyecto decaído, ya no se habla de complemento de capacidad sino de asentimiento de las personas legitimadas para ello, que siguen siendo el cónyuge o conviviente estable mayor de edad y los progenitores, pero ya no el curador, puesto que, igual que el Código civil, el papel del curador en la emancipación se ha trasladado al defensor judicial (en el anteproyecto de 2023, no en el anterior proyecto de ley de actualización ya caducado), entendiendo que esa asistencia al menor emancipado –que, recordemos, puede actuar, como regla, como un mayor de edad, con las salvedades legalmente establecidas– es ocasional, aunque pueda ser recurrente (arts. 250 VI, 295 CC, referidos al defensor judicial de la persona con discapacidad, pero que también aplican al defensor judicial de la persona menor –arts. 235 y 236 CC–). Se explica en el cuerpo del preámbulo del anteproyecto de 2023 que, teniendo el carácter marginal que tiene, en la práctica, la curatela de las personas menores no emancipadas, se decide la supresión de su regulación específica, y los casos en que podía ser aplicada, siempre de carácter puntual y no permanente, se llevan a la defensa judicial. Con ello, si sigue adelante el anteproyecto de 2023, la curatela se eliminará del Código civil de Cataluña, siendo sustituida por la asistencia para personas mayores de edad con discapacidad (art. 222-23) y por la defensa judicial para los menores emancipados, a la que, según el art. 223-5 del texto del anteproyecto, se le aplicarán las normas de la tutela, en las que prevalece el interés superior del menor (art. 221-1.2 del anteproyecto de 2023), y no las de la asistencia, a las que se remite el art. 223-5 para la defensa judicial de las personas con discapacidad que requieren apoyo para el ejercicio de su capacidad jurídica (solo mayores de edad, según el art. 222-1 del anteproyecto, y el art. 226-1 CCCat en su versión vigente), en que el criterio rector es el de la voluntad, preferencias y deseos de las personas concernidas y nunca su interés superior (arts. 222-33, 222-34... del anteproyecto de 2023).

Tanto en esta última tesitura como en la actual, la pregunta es obvia: ¿qué pasa con un menor emancipado sujeto al derecho civil catalán al que, si fuera mayor, sin lugar a duda se le provendría de medidas de apoyo porque las necesita para el ejercicio de su capacidad jurídica en condiciones de igualdad?

Prima facie, se puede caer en la tentación de afirmar que, siendo menor emancipado, las técnicas de protección ya vistas serían suficientes para darle amparo también en esa hipotética situación de discapacidad, pero eso sería falaz: en función de su grado de discapacidad y de la afectación que supusiera a su capacidad cognitiva y/o volitiva, las medidas de protección del menor emancipado –que, recordemos, se basan solo en su minoría de edad, y para nada en su nivel de capacidad natural– podrían ser, vistas única y exclusivamente desde esa discapacidad, o excesivas o insuficientes, o simplemente no apropiadas.

Si aquellas medidas de protección del emancipado son excesivas, pero no dejan de ser apropiadas para sus necesidades en cuanto a su discapacidad, me parece que no quedaría justificada una provisión adicional de apoyos basados en esa discapacidad, porque la asistencia que le es prestada en cuanto menor emancipado ya sirve para apoyarle en lo que precisa en cuanto persona con discapacidad. Eso sí, teniendo en cuenta que, al llegar a la mayoría de edad, automáticamente quedarían eliminadas aquellas restricciones y asistencia debidas a su minoría, cabría en todo caso plantearse aplicar aquí la posibilidad prevista para los menores no emancipados en el art. 254 CC (y en el futuro, si llega a ser ley el anteproyecto de 2023, en el art. 222-32.1 CCCat, aunque con un plazo menor: dos años en el Código civil –"en los dos años anteriores a la mayoría de edad"– y aquí uno –"de una persona menor de edad no emancipada de más de diecisiete años"–) de solicitar la previsión judicial de una futura medida de apoyo a aplicar en cuanto sea mayor.

Si el mecanismo de protección del menor emancipado no es suficiente o no es adecuado para la discapacidad que presenta este menor, creo que debería poder ser dotado de los recursos de apoyo que requiera *ex* art. 226-1 y ss. CCCat, aunque, literalmente, estos recursos solo estén previstos para los mayores de edad, o bien los que él mismo haya podido establecer o, en su defecto, cabría acudir al auxilio judicial para la previsión de estos soportes.

Si se requiere actuación judicial (a falta, como se ha dicho, de previsión por el mismo menor emancipado), me parece que la asistencia a prestar a la persona emancipada, en cuanto menor y en cuanto persona con discapacidad, debería, en la medida de lo posible, ser proporcionada por la/s misma/s persona/s. Cierto es que, en el caso del menor emancipado, solo en defecto de cónyuge o conviviente o progenitores aptos, debe procederse a la constitución judicial de la curatela (arts. 211-7.2 y 223-5 CCCat) y que, en otro caso, la asistencia es automática (no se requiere ninguna resolución judicial que prevea la posible intervención del cónyuge o conviviente mayor o de los progenitores) y, en cambio, en la hipótesis de provisión de medidas formales de apoyo en defecto de la voluntad del asistido, la constitución es siempre judicial (art. 226-2 CCCat).

Para la designación judicial del asistente, el criterio primordial es siempre la voluntad, deseos y preferencias del asistido, del que solo se puede prescindir en casos muy excepcionales (art. 226-2.3 CCCat) o, si no puede manifestarlas, la mejor interpretación de la que sería su hipotética voluntad y preferencia, según su trayectoria vital, sus manifestaciones previas de voluntad en contextos similares, los datos que puedan aportar personas de su confianza y otras consideraciones pertinentes al caso. Aparte de ello, no hay una legitimación concreta para ser nombrado ni un orden de prelación. Aunque con algunos ajustes y precisiones, el criterio es el mismo en el anteproyecto de 2023 (art. 222-34 CCCat).

En cambio, en el nombramiento judicial de curador para el menor emancipado, el criterio del juez se ve más acotado, ya que sí se establece un orden de prelación para su designación, del que la autoridad judicial solo se puede apartar motivadamente (art. 222-10. 2 y 3, por remisión del art. 223-10 CCCat). En el anteproyecto de 2023, sin embargo, sí se deja libertad a la autoridad judicial para nombrar defensor judicial (que sustituye al curador del emancipado) a la persona que se estime más conveniente e idónea, tomando en consideración el hecho que determina la designación (art. 223-2.2 CCCat). Bajo la actual normativa, quizá pueda ser más complejo hacer coincidir, en su caso, en la misma persona o personas, los papeles de asistente del sujeto en cuanto persona con discapacidad y de curador en cuanto menor emancipado, pero, si acaba viendo la luz el texto del anteproyecto de 2023, parece que podría ser más fácil.

3.2. El criterio rector para el apoyo de los menores emancipados con discapacidad

Otra cuestión en absoluto menor –al contrario– a resolver sería la de decidir cuál debe ser el criterio que debe orientar la actuación de la persona que, en su caso, presta apoyo al menor emancipado no como tal sino como persona con discapacidad.

Como hemos visto, en el Código civil, se contempla expresamente la posibilidad de dotar de medidas de apoyo al menor emancipado y, por tanto, cabe pensar que podrían llegar a coexistir la curatela en cuanto persona con discapacidad con la defensa judicial en cuanto menor emancipado. Pues bien, en el primer caso (curador *ex* art. 268 y ss. CC), según el Código civil, su actuación debería venir orientada por el respeto a la voluntad, deseos y preferencias de la persona a la que se presta apoyo (arts. 249 II, 250 II, 269 IV) y desarrollarse estrictamente en el marco que ha de ser fijado por la resolución judicial de nombramiento de curador (art. 269 IV) y en el segundo (defensor judicial del menor emancipado), por la atención al interés del menor (art. 236 CC) y debe ceñirse a lo establecido en los artículos 247 y 248 CC, sin que se requiera ninguna resolución judicial que establezca el marco de actuación.

Por su parte, en el Código civil de Cataluña, no se contempla explícitamente la opción de establecer medidas de apoyo a través de la asistencia al menor emancipado, porque solo se dispone para mayores de edad, y ello, de entrada, los excluye. No obstante, ya hemos visto que me parece que, si se da el caso y las normas de protección del menor emancipado no bastan para ese apoyo o ayuda que precisa el menor con discapacidad, debería, aunque la ley no lo diga expresamente, poder establecerse una asistencia, voluntaria o judicial, de apoyo al menor emancipado con discapacidad. Ahora bien, se plantea aquí lo mismo que para el Código civil: la actuación del asistente se ha de llevar a cabo bajo el prisma del respeto a los derechos, la voluntad y las preferencias de la persona asistida (art. 226-1.4 CCCat) y, en cambio, el curador del emancipado ha de obrar bajo el principio del mejor interés del menor (art. 221-1, por remisión del 223-10 CCCat). Lo mismo ocurrirá si se lleva adelante la proposición de reforma del anteproyecto de 2023, como ya se ha dicho anteriormente.

Cierto es que una parte no desdeñable de la doctrina[68] defiende ya que el sistema de apoyos de la persona con discapacidad

---

68 PEREÑA VICENTE, M., "La protección jurídica de adultos: el estándar de intervención y el estándar de actuación: entre el interés y la voluntad", en La voluntad de la persona protegida. Oportunidades, riesgos y salvaguardias, Dykinson, Madrid, 2018, pp. 138-140. Se manifiesta de acuerdo con lo defendido por PEREÑA VICENTE, aunque advierte sobre la dificultad que presenta la concreción de ese mejor interés y su adecuada coordinación con la voluntad de la persona con discapacidad, PETIT SÁNCHEZ, M., "La adopción de medidas de apoyo para las personas con discapacidad: armonización entre la autonomía de la voluntad y el mejor interés", *Revista de Derecho Civil*, 7, 5, 2020, pp. 299-300 y p. 310: afirma esta autora que "*el mejor interés de la persona con discapacidad debe ser la razón de cualquier medida de apoyo, y la determinación de su voluntad, deseos y preferencias será el medio preferente e idóneo para conseguir ese mejor interés*" (p. 311); por tanto, interés como estándar de intervención y voluntad como estándar de actuación. También PAU PEDRÓN, A., "De la incapacitación al apoyo: el nuevo régimen de la discapacidad intelectual en el código civil", *Revista de Derecho civil*, 5, 3, 2018, pp. 8-9, sostiene que no puede ningunearse de forma categórica el parámetro del interés de la persona protegida: *"hay que situarlo detrás de la «voluntad, deseos y preferencias de la persona»"*, pero, al fin y al cabo, *"situarlo"*, de tal modo que *"en la contraposición de los criterios del*

no puede renunciar totalmente al principio de interés superior, sino que este principio deberá ponderarse en determinados casos, o bien como criterio supletorio si no es posible

---

«interés» y la «voluntad», hay que dar preferencia a esta última", pero si la voluntad no puede manifestarse ni ser reconstruida, *"entrará en juego el criterio del interés"*. Le sigue DE SALAS MURILLO, S.,"¿Existe un derecho a no recibir apoyos en el ejercicio de la capacidad?", *Revista Crítica de Derecho Inmobiliario,* 780, julio 2020, pp. 2.233-2.234, que, desde luego, no parece que quiera dar cabida al estándar del interés en aquellos supuestos en que la voluntad sí puede conocerse pero es o puede ser muy perjudicial para la persona con discapacidad intelectual o mental y, probablemente, si no tuviera la carencia o déficit cognitivo o volitivo que requieren del apoyo, no decidiría así (es decir, cuando la decisión dañina viene causada precisamente por esa carencia). En todo caso, advierte el mismo PAU PEDRÓN, A., *ob. cit.*, pp. 9-10, que hay que diferenciar la prevalencia de la voluntad sobre el interés de otro concepto cercano, pero no igual, el de la *"supremacía del interés de la persona con discapacidad"*, que debe primar si entra en colisión con otro interés, de persona sin discapacidad. Como señala DE SALAS MURILLO, *ob. cit.*, pp. 2.234-2.235, habría que preguntarse si acaso eso, en una lectura radical de lo que se dice en la Observación, no sería una discriminación injustificada de la persona con discapacidad que ha recibido los apoyos necesarios o que ella cree necesarios. Como dice la autora, obviamente no es así, pero hay que ver en ello una muestra más del reconocimiento por el ordenamiento de la vulnerabilidad de estas personas, que las hace acreedoras de un trato especial. En igual sentido, CUADRADO PÉREZ, C., "Modernas perspectivas en torno a la discapacidad", *Revista Crítica de Derecho Inmobiliario,* 777, enero 2020, p. 41. Ver también CASTÁN PÉREZ-GÓMEZ, S., "La curatela ¿una nueva institución?", en *El ejercicio de la capacidad jurídica por las personas con discapacidad tras la Ley 8/2021 de 2 de junio,* Tirant Lo Blanch, Valencia, 2022, p. 225; SANCHO GARGALLO, I., "El juez en el nuevo sistema de apoyos", en *El ejercicio de la capacidad jurídica por las personas con discapacidad tras la Ley 8/2021 de 2 de junio,* Tirant Lo Blanch, Valencia, 2022, p. 64 y CORRIPIO GIL-DELGADO, M.R., "El nuevo marco civil de apoyos a la discapacidad en el ejercicio de la capacidad jurídica", *Revista Crítica de Derecho Inmobiliario,* 790, 2022, p. 703.

llegar a determinar la voluntad de la persona o bien como criterio atemperador de las decisiones que puedan suponer un peligro o daño grave y, especialmente, si estas decisiones son tomadas por personas cuya discapacidad dificulta o entorpece o directamente impide que pueda ser debidamente calibrada su trascendencia y consecuencias[69]. Y es que, como ya apunté en su momento, si resulta que la persona en cuestión, por sus características y situación personal, no puede llegar a comprender el alcance de lo que quiere hacer o bien no controla sus decisiones justamente por el trastorno que presenta, "*no puede buscarse la solución solo en esos conocimiento y voluntad que, por definición, están comprometidos*"[70]. Aun así, el criterio fundamental (y único para los que no siguen la opinión acabada de reflejar) es el de los deseos, voluntad y preferencias de la persona con discapacidad.

Para el caso que tratamos (menor emancipado con discapacidad y dotado de apoyos), mi opinión es que, mientras no cambie el patrón y el menor siga siendo considerado merecedor de una especial tutela y miramiento, a diferencia de lo que ocurre actualmente en relación con las personas mayores con discapacidad, debe primar el principio aplicable por su minoría y, por tanto, debe atenderse a su mejor interés, porque

---

69 ALEMANY GARCÍA, M., "Igualdad y diferencia en relación con las personas con discapacidad. Una crítica a la Observación General nº 1 (2014) del Comité (UN) de los derechos de las personas con discapacidad", A*nales de la Cátedra Francisco Suárez,* 52, 2018, p. 217-218 y DE LORA DELTORO, P., "Ulises y las demencias: igualdad, diversidad y «modelo social» de la discapacidad", *Revista Jurídica de les Illes Balears,* 21, 2022, p.79.

70 GINÉS CASTELLET, N., *ob. cit.*, p. 161, siguiendo a MARTÍNEZ DE AGUIRRE ALDAZ, C., "Curatela y representación, cinco tesis heterodoxas y un estrambote" en *Claves para la adaptación del ordenamiento jurídico privado a la Convención de Naciones Unidas en materia de discapacidad,* Tirant lo Blanch, Valencia, 2019, pp. 268-269.

es menor, aunque esté emancipado, y además es un menor vulnerable en cuanto persona con discapacidad. Es lo que se ha venido llamando vulnerabilidad agravada o *hipervulnerabilidad*, esto es, cuando en una misma persona se da más de un elemento de vulnerabilidad, aquí minoría y discapacidad psíquica, y ello implica que la posibilidad de un daño, que el análisis de vulnerabilidad contempla y quiere evitar, sea mayor, precisamente por esa concurrencia de elementos y, por ello, podría ser que las normas de protección por una de las causas de vulnerabilidad no sean suficientes dada esa multiplicación de factores[71]. En este caso, pues, me parece que habría que elevar el nivel de protección.

Por ello, para el supuesto que analizamos, creo más pertinente que la curatela (en el Código civil) o la asistencia (en el Código civil de Cataluña) que pudiera ser establecida para el menor emancipado como apoyo por su discapacidad se ejerzan principalmente bajo la orientación del criterio del interés superior del menor (por más protector que de apoyo), aunque, eso sí, tomando también en consideración sus deseos, voluntad y preferencias, como criterio acompañante al principal.

---

71 MARTÍNEZ DE AGUIRRE ALDAZ, C., "La recepción de la idea de vulnerabilidad en el derecho civil español. Materiales para un debate", en *Vulnerabilidad patrimonial: retos jurídicos*, Thomson-Reuters Aranzadi, Cizur Menor (Navarra), 2022, pp. 46-47.

4. BIBLIOGRAFÍA

ALBIEZ DOHRMANN, K.J., "La capacidad jurídica para contratar de las personas con discapacidad tras la ley 8/2021, de 2 de junio", en *La reforma civil y procesal en materia de discapacidad: estudio sistemático de la Ley 8/2021, de 2 de junio,* Atelier, Barcelona, 2022, pp. 493-559.

ALEMANY GARCÍA, M., "Igualdad y diferencia en relación con las personas con discapacidad. Una crítica a la Observación General nº 1 (2014) del Comité (UN) de los derechos de las personas con discapacidad", A*nales de la Cátedra Francisco Suárez,* 52, 2018, pp. 201-222.

ARROYO i AMAYUELAS, E., "L'edat de la persona i els seus efectes jurídics", en *Dret civil. Part general i dret de la persona,* 5ª edición, Atelier, Barcelona, 2022, pp. 167-188.

CARRERA i DOMÉNECH, J., "Comentaris al capítol IV. L'extinció de la potestat i els efectes de l'emancipació", en *Comentaris al Codi de Família, a la Llei d'unions estables de parella i a la Llei de situacions convivecials d'ajuda mútua,* Tecnos, Madrid, 2000, pp. 721-731.

CASTÁN PÉREZ-GÓMEZ, S., "La curatela ¿una nueva institución?", en *El ejercicio de la capacidad jurídica por las personas con discapacidad tras la Ley 8/2021 de 2 de junio,* Tirant Lo Blanch, Valencia, 2022, pp. 219-256.

DE CASTRO y BRAVO, F., *Derecho civil de España,* tomo II, parte primera, Instituto de Estudios Políticos, Madrid, 1952 (edición facsímil de Civitas, Madrid, 1984).

CORRIPIO GIL-DELGADO, M.R., "El nuevo marco civil de apoyos a la discapacidad en el ejercicio de la capacidad jurídica", *Revista Crítica de Derecho Inmobiliario,* 790, 2022, pp. 669-713.

CUADRADO PÉREZ, C., "Modernas perspectivas en torno a la discapacidad", *Revista Crítica de Derecho Inmobiliario,* 777, enero 2020, pp. 13-90.

FERRER i RIBA, J., "Comentari als articles 211-7 a 211-13", en *Comentari al llibre segon del Codi civil de Catalunya. La persona física i les institucions de protecció de la persona,* Atelier, Barcelona, 2017, pp. 96-138.

FLORENSA i TOMÀS, C.E., "Comentaris als articles 236-27 a 236-32", en *Comentari al llibre segon del Codi civil de Catalunya. Família i relacions convivencials d'ajuda mútua,* Atelier, Barcelona, 2014, pp. 918-952.

GARCÍA RUBIO, M. P., "Contenido y significado general de la reforma civil y procesal en materia de discapacidad", Sepín, Artículo monográfico junio 2021 (SP/DOCT/114070), pp. 1-17.

GINÉS CASTELLET, N., "La contratación de personas con discapacidad cognitiva tras la Ley 8/2021: algunas reglas y muchas incertidumbres" en *Cuestiones actuales del Derecho de Familia. Una visión inclusiva e interdisciplinar,* Tirant Lo Blanch, Valencia, 2022, pp. 145-199.

GÓMEZ LAPLAZA, M.C., "Comentario a los artículos 314 a 324" en *Comentarios al Código civil,* tomo II, vol. 2°, José María Bosch Editor, Barcelona, 2000, pp.2.089-2.149.

LETE DEL RIO, J.M., "Comentario a los artículos 314 a 324", en *Comentarios al Código civil y Compilaciones Forales,* tomo IV (artículos 181 a 332), 2ª edición, EDERSA, Madrid, 1985, pp. 499-535.

LÓPEZ SAN LUIS, R., *La capacidad contractual del menor,* Dykinson, Madrid, 2001.

DE LORA DELTORO, P., "Ulises y las demencias: igualdad, diversidad y «modelo social» de la discapacidad", *Revista Jurídica de les Illes Balears,* 21, 2022, pp. 67-87.

MARTÍNEZ DE AGUIRRE ALDAZ, M., "Comentario a los artículos 314 a 324", en *Código civil comentado,* tomo I, Civitas, Madrid, 2011, pp. 1.323-1.339.

MARTÍNEZ DE AGUIRRE ALDAZ, C., "Curatela y representación, cinco tesis heterodoxas y un estrambote", en *Claves para la adaptación del ordenamiento jurídico privado a la Convención de Naciones Unidas en materia de discapacidad,* Tirant lo Blanch, Valencia, 2019, pp. 253- 270.

MARTÍNEZ DE AGUIRRE ALDAZ, C., "La recepción de la idea de vulnerabilidad en el derecho civil español. Materiales para un debate", en *Vulnerabilidad patrimonial: retos jurídicos,* Thomson-Reuters Aranzadi, Cizur Menor (Navarra), 2022, pp. 33-54.

MUÑIZ ESPADA, E., "Análisis de la seguridad jurídica en la proyectada reforma de la discapacidad, *Revista Jurídica del Notariado,* 111, julio-diciembre 2020, pp. 277-325.

ORTUÑO MUÑOZ, P., "Capítulo I. Personalidad civil y capacidad", en *Persona y Familia. Libro Segundo del Código civil de Cataluña,* Sepín, Las Rozas, 2011, pp. 57-90.

PAU PEDRÓN, A., "De la incapacitación al apoyo: el nuevo régimen de la discapacidad intelectual en el código civil", *Revista de Derecho civil,* 5, 3, 2018, pp. 5-28.

PEREÑA VICENTE, M., "La protección jurídica de adultos: el estándar de intervención y el estándar de actuación: entre el interés y la voluntad" en *La voluntad de la persona protegida. Oportunidades, riesgos y salvaguardias*, Dykinson, Madrid, 2018, pp. 119-141.

PÉREZ DE CASTRO, N., *El menor emancipado,* Tecnos, Madrid, 1988.

PETIT SÁNCHEZ, M., "La adopción de medidas de apoyo para las personas con discapacidad: armonización entre la autonomía de la voluntad y el mejor interés", *Revista de Derecho Civil,* 7, 5, 2020, pp. 265-313.

DEL POZO CARRASCOSA, P., VAQUER ALOY, A. y BOSCH CAPDEVILA, E., *Derecho civil de Cataluña. Derecho de Familia,* 2ª edición, Marcial Pons, Madrid, 2016.

PUIG BLANES, F. de P., "Comentarios al título I del Libro II" , en *Comentarios al Código civil de Cataluña,* tomo I, Civitas-Thomson Reuters, Cizur Menor (Navarra), 2011, pp. 115-154.

QUESADA SÁNCHEZ, A.J., "Cuestiones generales sobre el sentido de la 'discapacidad', en la nueva ley", en *La reforma civil y procesal en materia de discapacidad. Estudio sistemático de la Ley 8/ 2021, de 2 de junio,* Atelier, Barcelona, 2022, pp. 21-42.

QUESADA SÁNCHEZ, A.J., "Principios básicos de la reforma legal" , en *La reforma civil y procesal en materia de discapacidad. Estudio sistemático de la Ley 8/ 2021, de 2 de junio,* Atelier, Barcelona, 2022, pp. 43-72.

RUBIO GARRIDO, T., "La Ley 8/2021, de 2 de junio, sobre personas con discapacidad: ¿un ejemplo de buenismo y adanismo?", *Indret* 3/2022, pp. 323-337.

RUIZ-RICO RUIZ, J.M., "Capacidad jurídica y discapacidad. Las vías impugnatorias de los actos celebrados por la persona del discapacitado. La desaparición del principio de protección del interés del discapacitado", en *La reforma civil y procesal en materia de discapacidad. Estudio sistemático de la Ley 8/ 2021, de 2 de junio,* Atelier, Barcelona, 2022, pp. 73-100.

DE SALAS MURILLO, S., "¿Existe un derecho a no recibir apoyos en el ejercicio de la capacidad?", *Revista Crítica de Derecho Inmobiliario,* 780, julio 2020, pp. 2.227-2.268.

SÁNCHEZ GÓMEZ, A., "Comentario a los artículos 314 a 324", en *Comentarios al Código civil,* 3ª edición, Aranzadi- Thomson Reuters, Cizur Menor (Navarra), 2009, pp. 463-474.

SANCHO GARGALLO, I., "El juez en el nuevo sistema de apoyos", en *El ejercicio de la capacidad jurídica por las personas con discapacidad tras la Ley 8/2021 de 2 de junio,* Tirant Lo Blanch, Valencia, 2022, pp. 61-83.

SERRANO ALONSO, E., "Comentario a los artículos 314 a 324", en *Comentario del Código civil,* tomo 2, Bosch, Barcelona, 2000, pp. 695-713.

VARIOS, *Elementos de Derecho civil,* tomo I, volumen 2, 6ª edición, Dykinson, Madrid, 2010.

Capítulo 5

El paradigma de la discapacidad intelectual en el proceso legislativo español. Una aproximación a la reciente reforma del artículo 49 de la CE

ANA I. HERRÁN ORTIZ
Profesora Titular de Derecho civil
Facultad de Derecho. Universidad de Deusto

1. PERSPECTIVA GENERAL. DEL MODELO PATERNALISTA AL PRINCIPIO SOCIAL DE LA DISCAPACIDAD INTELECTUAL

La inquietud por asegurar a las personas con discapacidad un marco jurídico respetuoso con sus derechos no nace con la Convención sobre los derechos de las personas con discapacidad en 2006 (en adelante Convención de Nueva York de 2006)[1]; con anterioridad, Naciones Unidas adoptó las Normas Uniformes sobre la igualdad de oportunidades para las personas con discapacidad como un texto global no obligatorio para los Estados con el propósito de impulsar y promover la igualdad de oportunidades de las personas con discapacidad[2]. En efecto, en el mencionado texto, se establece de forma directa la consideración de la discapacidad como una cuestión de derechos humanos; no en vano se explica que dichas Normas uniformes encuentran su fundamento e inspiración política y moral en la Carta Internacional de Derechos Humanos. Así las cosas, las denominadas Normas uniformes llevan implícito el sólido compromiso moral y político de los Estados de adoptar medidas para lograr la igualdad de oportunidades. A mayor abundamiento, como se prevé en el propio texto, la finalidad de estas normas consiste en garantizar que las personas con discapacidad, en su calidad de miembros de sus respectivas sociedades, puedan tener los mismos derechos y obligaciones que los demás, habida cuenta que en todas las sociedades del

---

1 Instrumento de Ratificación de la Convención sobre los derechos de las personas con discapacidad, hecho en Nueva York el 13 de diciembre de 2006, BOE núm. 96, de 21 de abril de 2008.

2 UNESCO. Normas Uniformes sobre la igualdad de oportunidades para las personas con discapacidad, [en línea] 20 diciembre 1993, <https://www.ohchr.org/es/instruments-mechanisms/instruments/standard -rules-equalization-opportunities-persons-disabilities > [consulta:20/03/2024].

mundo están presentes obstáculos que impiden que las personas con discapacidad ejerzan sus derechos y libertades, y que dificultan su plena participación en las actividades de sus respectivas sociedades. Y precisamente por ello se atribuye a los Estados la responsabilidad de adoptar las medidas adecuadas para eliminar cuantos obstáculos y barreras impidan el pleno ejercicio de derechos por las personas con discapacidad.

A nuestro juicio, la virtud de estas Normas radica en aproximarse a la discapacidad a partir de tres conceptos o principios fundamentales, vinculados a los derechos humanos. En primer lugar, se centra esta declaración en la promoción del logro de la igualdad de oportunidades, entendido como proceso mediante el cual los diversos sistemas y servicios de la sociedad se ponen a disposición de toda persona, especialmente de las personas con discapacidad. Por otra parte, aboga este texto de Naciones Unidas por impulsar el principio de la igualdad de derechos, estableciendo a partir del mismo que las necesidades de cada persona tienen igual importancia, y que deben constituir la base de toda sociedad, de suerte que los recursos han de aplicarse para garantizar que todas las personas alcancen las mismas oportunidades de participación. Y por último, las personas con discapacidad, como miembros de la sociedad, deben recibir el apoyo que necesitan en el marco de derechos y servicios comunes de educación, salud, empleo y servicios sociales.

Tiempo después, y siguiendo la estela de las Normas Uniformes, pero con una ambición mayor, y desde la fuerza que concede el carácter vinculante de sus disposiciones, la Convención de Nueva York de 2006 adoptó e impulsó, en palabras y expresión de la doctrina, el cambio de paradigma en la consideración de la discapacidad, que a partir de ese momento se contempló desde la perspectiva de los derechos humanos[3].

---

[3] VELARDE LIZAMA, V., "Los modelos de la discapacidad: un recorrido histórico", *REVISTA EMPRESA Y HUMANISMO*, XV, 1, 2012, pp. 115-ss.

Y así, se gestó un cambio en la consideración de la discapacidad que implicó igualmente una transformación de las políticas públicas, provocó cambios normativos y transformó la respuesta social, que desde entonces situaba en el centro de toda iniciativa y política a la persona[4]. Se abandona así la consideración de las personas con discapacidad como objeto de políticas asistenciales, para avanzar en la idea de que nos encontramos ante sujetos de derechos, que deben participar en los procesos que les afectan, desde el respeto a su dignidad y a la autonomía como principios básicos para el desarrollo de su personalidad. Y es precisamente este pensamiento el que inspira la Convención, que en sus postulados exhorta a los Estados a acoger este principio, como fundamento de cualquier acción, iniciativa o transformación política y legislativa que implique a las personas con discapacidad.

Como con acierto expresa PÉREZ-DOMÍNGUEZ, si el modelo asistencial se enmarca fundamentalmente en el principio de igualdad de oportunidades, la referida Convención propone un tratamiento normativo más amplio e integrador de estrategias y técnicas de protección y apoyo que se conciben, esencialmente desde la igualdad de trato y la no discriminación[5]. Y así, en opinión del autor, la proclamación de la igual dignidad de las personas con discapacidad y, en consecuencia, de su plena autonomía individual, conlleva un necesario cambio normativo hacia la igualdad de trato en el marco de los derechos humanos frente a la acción asistencial fundada en la diferencia.

---

4 ASÍS ROIG, R., "La incursión de la discapacidad en la teoría de los derechos", en *Los derechos de las personas con discapacidad: perspectivas sociales, políticas, jurídicas y filosóficas*, Dykinson, Madrid, 2004, p. 62 y ss.

5 PÉREZ-DOMÍNGUEZ, F., "El tratamiento de la discapacidad por la Unión Europea: entre la pujanza de la tutela antidiscriminatoria y las limitaciones a la política social", *ReDCE*, 18, 36, Julio-Diciembre, 2021, pp.117-118.

Un repaso histórico a los diferentes modelos conceptuales que han abordado la discapacidad, de conformidad con los expertos que han estudiado esta cuestión, nos lleva a identificar principalmente tres modelos: el modelo de prescindencia, el modelo médico o rehabilitador y el modelo social[6]. Como tendremos oportunidad de exponer, cada modelo responde a un concreto momento histórico, y también se encuentra marcado por la diferente consideración que se otorga a la persona con discapacidad, lo que determina el distinto tratamiento que se dispensa a la discapacidad en cada uno de los modelos.

Así, en palabras de PALACIOS, el modelo de prescindencia se encuentra definido por dos elementos: la justificación religiosa de la discapacidad, y la consideración de que la persona con discapacidad no tiene nada que aportar a la comunidad[7]. En este sentido, y como expresa la autora, la idea de que la vida de una persona con discapacidad no merece la pena ser vivida, unida a la creencia acerca de su condición de carga, para los progenitores, la familia o la sociedad, determina que la solución adoptada inicialmente en aquel momento consista en prescindir de estas personas, mediante el recurso a prácticas eugenésicas, o bien se proceda a su exclusión y marginación social. Se explica esta respuesta, tal y como apuntábamos al inicio de la exposición, porque el concepto de persona que se adoptaba en la antigüedad no coincide con el que impera en nuestros días, por lo que en aquella sociedad los seres humanos con alguna deformidad o con discapacidad ni siquiera llegaban a adquirir la condición de personas.

---

6 Por todos, VELARDE LIZAMA, V., "Los modelos de la discapacidad: un recorrido histórico", *op. cit.*, p. 117.

7 Para profundizar en este estudio, véase PALACIOS, A., "El modelo social de discapacidad: orígenes, caracterización y plasmación en la Convención Internacional sobre los Derechos de las Personas con Discapacidad", *Colección CERMI*, 36, 2008.

Posteriormente, avanzado el siglo XX, las limitaciones físicas y mentales dejaron de ser consideradas castigos divinos y comenzaron a entenderse como enfermedades que debían someterse a tratamientos, por lo que, las personas afectadas por alguna discapacidad, ya no necesitaban ser marginadas de la sociedad. Esta idea tiene su origen en dos presupuestos, a saber: el primero, se encuentra vinculado a las causas de la discapacidad; y el segundo, se refiere a la propia realidad de la persona y su posición en la sociedad. En efecto, se abandona la concepción religiosa de las causas de discapacidad, que serán entonces de naturaleza científica o médica; y por otra parte, se supera la concepción social de las personas con discapacidad como personas inútiles, que nada pueden aportar a la comunidad.

Ahora bien, son muchas las críticas y objeciones que mereció este modelo, por concebir la discapacidad como un problema de la persona, que tiene su origen en una enfermedad, accidente o circunstancias negativas de salud, que se pensaba debían eliminarse o mitigarse a partir de los necesarios tratamientos médicos.

En definitiva, y recapitulando, desde el modelo rehabilitador se considera la discapacidad exclusivamente como un problema de la persona, directamente ocasionado por una enfermedad, trauma o condición de la salud, que requiere de cuidados médicos prestados por profesionales en forma de tratamiento individual. En consecuencia, el tratamiento de la discapacidad se encuentra encaminado a conseguir una cura, o una mejor adaptación de la persona, o un cambio en su conducta. La atención sanitaria se considera el elemento fundamental, y en el ámbito político, la respuesta principal se brinda mediante políticas de atención y cuidado de la salud.

Así las cosas, de forma paulatina, en el contexto internacional, fueron adoptándose documentos y textos, a partir de mediados del siglo XX, que impulsaron un nuevo paradigma de la discapacidad, centrado en la persona y sus derechos, y que pone el foco en los derechos humanos, en la dignidad de toda persona, y en la necesidad de asegurar la igualdad de oportunidades y derechos para todo ser humano. Y desde esta idea, el Comité de Bioética de España acertadamente centra la atención no solo ni necesariamente en el valor de reconocer la autonomía y la capacidad jurídica de la persona con discapacidad que la Convención de Nueva York de 2006 impulsa desde sus postulados, sino en los riesgos, el posible desamparo y las actuaciones abusivas que pueden ocultarse bajo este cambio de paradigma, por cuanto que la persona pudiera encontrarse en una especial situación de vulnerabilidad[8]. Por ello, propone con buen juicio el Informe alcanzar un necesario y deseable equilibrio entre el discurso excesivamente paternalista, que limita injustificadamente los derechos y libertades de la persona con discapacidad y un modelo extensivo de la autonomía que acabe por descuidar a la persona; de suerte que apelando a su autonomía y libertad, se enfrente a situaciones en las que carece de los recursos necesarios para el ejercicio de sus derechos con las correspondientes garantías.

En definitiva, esta transformación en el discurso de la discapacidad encontrará su principal adalid en la Convención de Nueva York de 2006 cuando denuncia que las personas con discapacidad "siguen encontrando barreras para participar en igualdad de condiciones con las demás en la vida social y que se siguen vulnerando sus derechos humanos en todas las partes del mundo". Por lo que proclama la importancia de preservar la autonomía e independencia individual de las personas con discapacidad, incluida la libertad de tomar sus propias decisiones, y el derecho a tener la oportunidad "de participar

---

8 Informe del Comité de Bioética de España sobre sobre la necesidad de adaptar la legislación española a la Convención de Derechos de las Personas con Discapacidad, de 20 de diciembre de 2017.

activamente en los procesos de adopción de decisiones sobre políticas y programas, incluidos los que les afectan directamente". De este modo, se traslada el foco y el compromiso a la sociedad y a los poderes públicos que deberán velar por que se superen las barreras y obstáculos que impiden el ejercicio pleno de derechos para las personas con discapacidad.

Así las cosas, proponemos en este trabajo un repaso al proceso legislativo español que acogió los postulados de la Convención, a partir de la transformación normativa que se siguió en la UE y que ha venido impulsada por iniciativas y acciones de la sociedad civil, y que ha llevado en nuestro país a la reciente reforma del art. 49 CE.

2. LA DISCAPACIDAD, UNA CUESTIÓN DE DERECHOS HUMANOS. LA CONVENCIÓN DE NUEVA YORK SOBRE LOS DERECHOS DE LAS PERSONAS CON DISCAPACIDAD

Como expresa DE SOUSA, con la adopción de la Convención de Nueva York de 2006 se refuerza conceptualmente la idea de los derechos humanos, de suerte que todas las personas con independencia de su discapacidad o situación particular son iguales, y se reconoce a todas ellas el ejercicio de sus derechos con independencia de su discapacidad, en iguales condiciones, como derechos inherentes, y como manifestación de la dignidad propia de toda persona[9]. Por ello, y como recuerda el autor, la invisibilidad hasta entonces de las personas con discapacidad en el sistema de protección de los derechos humanos, respondía a dos causas: por una parte, la dificultad

---

[9] DE SOUSA, F. V. de, *Direitos fundamentais das pessoas com deficiencia e Jurisprudência multinível*, Universidade Catolica Editora, Lisboa, 2021, pp. 12-13.

de aplicar genéricamente los derechos y libertades públicas a las personas con discapacidad que en la sociedad continuaban siendo invisibles, por lo que ni *de iure* ni de facto eran garantizados los derechos a la igualdad y no discriminación; y por otra, las propias políticas públicas de los Estados trataban a las personas con discapacidad como un objeto de protección y no como sujeto de pleno derecho. En este sentido, subrayar el especial valor de la Convención que se distingue de otros textos por dos aspectos esenciales, a saber: por la introducción de mecanismos de control y monitorización de la implementación de sus postulados y principios; y por la disposición de los mecanismos nacionales de seguimiento de su aplicación.

Coincidimos con el autor cuando expresa que no fue un camino fácil llegar a la adopción de la Convención de Nueva York de 2006, porque fue preciso vencer y graduar las diferencias socioculturales y sociopolíticas propias de los sistemas comúnmente adoptados para el tratamiento de la discapacidad en los diferentes Estados[10]. Sin embargo, su texto constituyó un punto de partida fundamental para orientar una respuesta o solución normativa común en las actuaciones de los Estados ante el tratamiento de la discapacidad como una cuestión de derechos humanos. De esta forma, el valor de la Convención se encuentra tanto en su naturaleza como instrumento jurídico vinculante en materia de derechos de las personas con discapacidad como en la visibilidad internacional que concedió a la protección de los derechos humanos de las personas con discapacidad; en verdad, la Convención, pormenoriza y detalla el contenido sustantivo del catálogo de derechos humanos, especificando y adaptando los derechos y libertades inherentes a las personas con discapacidad.

---

10 *Ibidem*, pp. 15-16.

Por todo lo anterior, la fortaleza de la Convención de Nueva York de 2006 reside, a nuestro juicio, en reafirmar de forma específica y con un enunciado expreso el catálogo de derechos humanos para las personas con discapacidad, complementando el marco normativo nacional de los Estados, que deberán obligatoriamente actuar en sus ordenamientos internos para acomodar sus sistemas jurídicos a los postulados de la misma, habida cuenta que posteriormente se verificará el cumplimiento de dichas previsiones a partir de los mecanismos nacionales e internacionales que articula la propia Convención.

Abundando en lo expresado, ha señalado la doctrina española con acierto que el propósito de la Convención de Nueva York de 2006 no fue otro que la adopción y establecimiento de un marco jurídico internacional vinculante para los Estados, que se comprometieron a respetar y a actuar en favor de las personas con discapacidad, especialmente en el contexto de los derechos humanos ya reconocidos[11]. Y desde esta interpretación, el propio texto de la Convención acoge esta exégesis a través del art. 1, al proclamar el reconocimiento, garantía y protección de los derechos consagrados en su texto y atribuidos a las personas con discapacidad en cuanto titulares de los derechos en condiciones de igualdad. Sin embargo, como se pondrá de manifiesto, no se trata de reconocer la titularidad de derechos, sino de proclamar el ejercicio mismo de estos derechos por las personas con discapacidad, como máxima expresión de la igualdad y la dignidad de toda persona. Precisamente percibir a la persona con discapacidad como sujeto de derechos y no como objeto de los mismos, implica concederle

---

[11] PÉREZ DE ONTIVEROS BAQUERO, C., "Sobre los derechos de las personas con discapacidad y el sistema español de modificación de la capacidad de obrar", *Derecho Privado y Constitución*, 23 enero-diciembre, 2009, pp. 336-337.

acceso al beneficio pleno de las libertades y derechos fundamentales que para toda persona constituyen derechos básicos.

Reconociendo la universalidad de los derechos humanos para toda persona, sin embargo, la Convención de Nueva York de 2006 acoge los mismos derechos comúnmente reconocidos en la Declaración Universal de Derechos Humanos, para responder específicamente a las necesidades de las personas con discapacidad. Así lo expresábamos en un trabajo anterior cuando advertíamos que este texto no articula un novedoso catálogo de derechos, ni prevé originales instrumentos legales para garantizar los derechos y libertades de las personas con discapacidad; y destacábamos que su singularidad radica en el protagonismo que se concede a los derechos, de suerte que el modelo de protección de la persona con discapacidad gira en torno a la persona, sus derechos y su dignidad[12].

En el contexto de la discapacidad cuatro valores representan los cimientos sobre los que asentar el reconocimiento del ejercicio de los derechos y libertades, a saber: la dignidad, la autonomía, la igualdad y la solidaridad[13]. Y en este mismo sentido, siguiendo a DE SOUSA[14], el principio de la dignidad humana inherente a las personas con discapacidad, se trata en

---

12 HERRÁN ORTIZ, A.I., "Hacia un nuevo modelo en el tratamiento jurídico de la discapacidad intelectual en el Código civil español: interés vs. voluntad de la persona", en *Cuestiones Actuales del Derecho de Familia. Una visión inclusiva e interdisciplinar*, Tirant lo blanch, Valencia, 2022, pp. 284-382.

13 QUINN, G. y DEGENER, T., "La autoridad moral para el cambio: los valores de derechos humanos y el proceso mundial de reforma en materia de discapacidad", en *Derechos humanos y discapacidad. Uso actual y posibilidades futuras de los instrumentos de derechos humanos de las Naciones Unidas en el contexto de la discapacidad*, Naciones Unidas, Nueva York y Ginebra, 2002, pp.19-20.

14 SOUSA, F. V. de, "A multifuncinalidade da dignidade da pessoa humana e as pessoas com deficiencia", *op. cit.*, pp. 49-63.

la Convención de Nueva York de 2006 como valor interpretativo transversal, y por ello, este principio de la dignidad es jurídicamente primordial, y multifuncionalmente complementa a los demás valores fundamentales de la Convención. En especial, la dignidad se encuentra inherente en la autonomía individual y la independencia personal, como principios que a su vez inspiran la igualdad de las personas con discapacidad en cuanto titulares de derechos.

Ciertamente, el reconocimiento de la dignidad a toda persona implica la necesidad de un tratamiento y una consideración igual para la persona con discapacidad, el respeto a su dignidad inherente configura la igualdad de toda persona, y debe valorarse de forma independiente respecto de sus circunstancias. De este modo, la dignidad de la persona con discapacidad no debe concebirse como un concepto aislado, pues necesariamente se conjuga y alcanza sentido en relación con los demás fines, valores y derechos establecidos por la Convención.

Conceptualmente el fundamento de la dignidad de la persona con discapacidad reside en el respeto debido a todas las personas, independientemente de sus condiciones, y de la noción de que todas contribuyen a la diversidad humana, debiendo así reducirse las desventajas de las personas con discapacidad, promoviendo su plena participación y con iguales oportunidades en todos los aspectos de la vida civil, política, económica o cultural. En consecuencia, y desde esta consideración jurídica y ética, el tratamiento jurídico de la persona con discapacidad no podía inspirarse en un paradigma paternalista que limitase la autonomía de las personas con discapacidad en la vida en sociedad.

Supuesto lo anterior, desde el principio universal de protección y promoción de la dignidad inherente a todo ser humano, que alcanza una naturaleza específica en el seno de la Convención, y se relaciona de forma independiente pero transversal, con los diversos derechos consagrados, se desprenden varias consideraciones: primera, el derecho a la autodeterminación de la persona con discapacidad en cuanto que tienen libertad de definir y conducir su propia vida, incluyendo los apoyos apropiados, en igualdad de condiciones con las demás personas; segundo, la libertad de adoptar sus propias decisiones, que ha de garantizarse sin interferencia y no negarse por causa de la discapacidad; y tercero, el derecho a la participación, en igualdad de condiciones que las demás personas, en la toma de decisiones de la vida, así como en la promoción de medidas adecuadas que faciliten el pleno disfrute de sus derechos. La noción de dignidad humana, explica DE SOUSA, debe implicar la igual consideración para todas las personas, teniendo en cuenta el principio de diversidad humana; y todo ello, además, relacionado con la idea de autonomía[15]. Luego se encuentran dentro de la capacidad decisoria personal propia, las dimensiones inherentes al objeto de desarrollo de la vida cotidiana en construcción permanente, independientemente de la propia discapacidad, esto es, las posibilidades de elegir y también la de errar en sus proyectos, decisiones y expectativas en condiciones de igualdad con otras personas. Así pues, el paradigma de la convención concluye: las personas con discapacidad tienen el derecho a ser respetadas en su dignidad que es consecuencia del respeto a su autonomía e independencia en el marco de la libertad de actuación para la determinación y conformación de la personalidad humana.

En definitiva, la virtud de la Convención de Nueva York de 2006 se encuentra en la proclamación del tradicional catálogo derechos humanos adaptado a la realidad y contexto de las personas con discapacidad; así como en la articulación de un sistema de verificación y control de cumplimiento por parte de los Estados de las exigencias normativas derivadas de la

---

15 *Ibidem*, p. 52-ss.

Convención[16]. En este sentido, y a partir de estas consideraciones, coincidimos con PÉREZ BUENO cuando asegura que uno de los grandes logros de esta Convención fue trasladar formalmente las políticas de inclusión de las personas con discapacidad al ámbito de los derechos fundamentales; con todo, el acceso a los derechos y libertades fundamentales de este colectivo no podía quedar desterrado a la política social, bien al contrario, como se desprende de la Convención de Nueva York de 2006, debe ser abordado de forma transversal en todas las políticas públicas y en el propio proceso legislativo, de suerte que puedan disponer de todas las garantías previstas para los derechos fundamentales[17].

Recapitulando, la incorporación de la Convención al derecho español, contribuyó a impulsar desde nuevas políticas y principios la inclusión de las personas con discapacidad, y otorgó visibilidad normativa, política y social a este colectivo. Pero también, y de conformidad con RODRÍGUEZ-PIÑERO Y BRAVO-FERRER impulsó una nueva lectura e interpretación del art. 49 CE, que a espera de la reforma legislativa, facilitó durante décadas la protección constitucional del ejercicio de los derechos por las personas con discapacidad, al amparo de los principios de igualdad y no discriminación[18].

De este modo, el impacto de la Convención de Nueva York de 2006 en nuestro Derecho se pone de manifiesto en las afirmaciones de CUENCA GÓMEZ, a cuyo tenor la integración de

---

16 Por todos, LORENZO GARCÍA, R. de, "Panorámica del impacto de la Convención en los Derechos de las Personas con Discapacidad en España", *Anales de Derecho y Discapacidad*, 1, 2016, pp.143-168.

17 PÉREZ BUENO, L.C., "Discapacidad, Derecho y Políticas de Inclusión", *Colección CERMI, 45*, Cinca, Madrid, 2010, p. 50-ss.

18 Por todos, RODRÍGUEZ-PIÑERO Y BRAVO-FERRER, M., "Artículo 49 CE", en *Comentarios a la Constitución Española*, Tomo I, BOE/Fundación Wolters Kluwer, Madrid, 2018, pp. 1404-1416.

los derechos constitucionales con los contenidos en la Convención constituye el mecanismo oportuno para realizar el objetivo fundamental que como mandato constitucional se ordena al sistema jurídico español, y que consiste en facilitar el libre desarrollo de la personalidad y la dignidad de toda persona, y por tanto, también de las personas con discapacidad[19].

3. DISCAPACIDAD Y DERECHO EN LA UNIÓN EUROPEA

3.1. Aproximación al tratamiento jurídico de la discapacidad en la UE. De la Carta Social Europea a la Carta de Derechos Fundamentales

Como recuerda DÍAZ-AMBRONA, en un principio, los derechos humanos y fundamentales no formaban parte de las prioridades más inmediatas de la Unión Europea[20], no olvidemos que la construcción europea se asentó inicialmente de forma prioritaria sobre una política económica común. Ahora bien, esta circunstancia no impidió que de forma paulatina las instituciones de la UE, y en especial el Tribunal de Justicia de las Comunidades Europeas desde 1969, fuesen favoreciendo medidas y políticas sobre la discapacidad, y gestionando una estrategia que culminó, como veremos, con la incorporación

---

19 CUENCA GÓMEZ, P., *Los derechos fundamentales de las personas con discapacidad. Un análisis a la luz de la convención de la ONU*, Universidad de Alcalá, Madrid, 2012.

20 DÍAZ-AMBRONA BARDAJÍ, I., "Los derechos de la persona en el ámbito comunitario", en *Derecho Civil Comunitario*, Colex, Madrid, 2006, 3ª Edición, pp. 81-97.

de este principio a algunos textos comunitarios previos a la Carta de derechos fundamentales[21].

Así, la Resolución del Consejo de 21 de enero de 1974, relativa a un programa de acción social constituye el primer texto que recoge en la UE una mención a la discapacidad. En dicho documento, al abordar acciones y políticas de empleo en la Comunidad, se dispone la necesidad de "iniciar la realización de un programa para la reintegración profesional y social de los minusválidos"; igualmente se prevé "una intervención del Fondo Social Europeo en favor de los trabajadores migrantes y en favor de los trabajadores minusválidos", y se contempla el diseño de "un programa de acción en lo que se refiere a los trabajadores minusválidos en una economía libre"[22]. Salvando las anacrónicas y superadas referencias a los trabajadores "minusválidos", el texto presenta el valor de advertir ya entonces la necesidad de articular mecanismos para la inclusión laboral y social de las personas con discapacidad, como instrumento esencial para el reconocimiento normativo de sus derechos en la UE.

Con posterioridad, la Carta Social Europea[23], en su art. 15, proclama el derecho de las personas con discapacidad a la

---

21 MORETÓN SANZ, Mª F., "Apuntes sobre la Constitución Europea y el derecho a la no discriminación de las personas con discapacidad", *Revista de Derecho de la UNED*, 1, 2006, p. 259.

22 RESOLUCIÓN DEL CONSEJO de 21 de enero de 1974 relativa a un programa de acción social, DOCE Nº C 13/1, de 12 de febrero de 1974.

23 Instrumento de Ratificación de la Carta Social Europea (revisada), hecha en Estrasburgo el 3 de mayo de 1996, BOE núm. 139, de 11 de junio de 2021.Obsérvese que la Carta Social Europea de 1961 fue ratificada por España el 6 de mayo de 1980 y entró en vigor para nuestro país el 5 de junio de ese mismo año. La Carta Social Europea (revisada) si bien fue firmada en 2000, ha entrado en vigor para España el 1 de julio de 2021.

autonomía, a la integración social y a la participación en la vida de la comunidad; y en aras de garantizar estos principios y derechos, los Estados parte se comprometen a adoptar medidas adecuadas para facilitar la orientación, educación y formación profesional de las personas con discapacidad, y de este modo, proveer su acceso al empleo y promover su plena integración y participación social.

En 1997 el Tratado de Amsterdam, incluyó por primera vez la cuestión de la discapacidad en el contexto de la no discriminación (art. 13)[24]; y posteriormente, será la Carta de derechos fundamentales de la UE[25] la que en su art. 21 señale que "Se prohíbe toda discriminación, y en particular, la ejercida por razón [...] de discapacidad...".

Recuerda en este sentido PÉREZ-DOMÍNGUEZ que esta previsión presenta mayor fuerza y supera jurídicamente a la contenida en el art. 13 TCE pues reconoce expresamente "la no discriminación por discapacidad como un derecho de alcance general, efectivo en cualquier ámbito, y no como el mero fundamento de medidas normativas concretas para combatirla"[26]. Igualmente, y de forma más específica, se proclama en el art. 26 de la Carta la integración de las personas con discapacidad, y el derecho "a beneficiarse de medidas que garanticen su autonomía, su integración social y profesional y su participación en la vida de la comunidad".

---

24 Tratado de Amsterdam por el que se modifican el Tratado de la Unión Europea, los Tratados constitutivos de las Comunidades Europeas y determinados actos conexos, firmado en Amsterdam el 2 de octubre de 1997, DOCE C340, 10 de noviembre de 1997.

25 CARTA DE LOS DERECHOS FUNDAMENTALES DE LA UNIÓN EUROPEA, DOCE C364/3, de 18 de diciembre de 2000.

26 PÉREZ-DOMÍNGUEZ, F., "El tratamiento de la discapacidad por la Unión Europea: entre la pujanza de la tutela antidiscriminatoria y las limitaciones a la política social", *op. cit.*, p. 113.

Se pone de manifiesto en esta previsión la inquietud de la UE por impulsar y promover la inclusión de las personas con discapacidad en la sociedad y en el ámbito profesional, a través de la promoción y garantía de su autonomía y de la participación en aquellas iniciativas y decisiones políticas, normativas y de cualquier índole que les afecten. Claro que bajo las previsiones del art. 26 de la Carta parece descansar un enfoque asistencial que nuevamente considera a las personas con discapacidad como objeto de protección y atención especial en lugar de como titulares plenos de derechos cuyo ejercicio debe garantizarse de forma efectiva en igualdad de condiciones.

Como expresa MORETÓN SANZ[27], la Carta de Niza en el año 2000 ya se pronunció sobre los principios de no discriminación e integración de las personas con discapacidad, en sus arts. 21 y 24 respectivamente, y aunque inicialmente presentó un alcance limitado, ha de reconocerse a este texto el valor de emprender un valioso camino para el reconocimiento de los derechos fundamentales, y en particular para las personas con discapacidad, que culminó satisfactoriamente con la firma del Tratado de Lisboa en 2007. Por su parte, el art. 10 del Tratado de Funcionamiento de la UE[28] recoge una cláusula para la eficacia transversal del principio de no discriminación en la UE, al disponer "que en la definición y ejecución de sus políticas y acciones, la Unión tratará de luchar contra toda discriminación por razón de sexo, raza u origen étnico, religión o convicciones, discapacidad, edad u orientación sexual". De este modo, y específicamente en el ámbito de la discapacidad, toda

---

27 MORETÓN SANZ, Mª F., "Apuntes sobre la constitución europea y el derecho a la no discriminación de las personas con discapacidad", *op. cit.*, pp. 256-ss.

28 Versiones Consolidadas del Tratado de la Unión Europea y del Tratado de Funcionamiento de la Unión Europea, DOUE C 202/01, de 7 de junio de 2016.

actuación, política o programa deberá estar transversalmente impregnada por el principio de no discriminación.

Este repaso a la configuración y reconocimiento de los derechos de las personas con discapacidad en la UE, nos sitúa ante la proclamación constitucional de los derechos fundamentales en el fallido Tratado de Constitución de la UE[29]. Y así, disponía el citado texto, a partir de los valores recogidos en el art. I-2 y en el art. II-81, que se prohíbe toda forma discriminación, y en especial, por razón de discapacidad; además, conforme al art. II-86, se reconoce el derecho de las personas con discapacidad a disponer de medios para garantizar su autonomía, su integración social y laboral, y su participación social. La relevancia de este reconocimiento no se encuentra solo en la proclamación misma, no olvidemos que antes ya se había pronunciado la UE al respecto, sino en los instrumentos normativos que se prevén, y por los cuales, conforme al art. III-124, podrán establecerse en una ley por el Consejo las medidas necesarias para luchar contra toda discriminación, y en particular, se cita la discapacidad; igualmente, podrán articularse por una ley europea los principios básicos y las medidas para apoyar en la UE las acciones emprendidas en los Estados y así, dar cumplimiento al objetivo de no discriminación.

El intento fallido de la Constitución Europea, dio paso a la firma y adopción del Tratado de Lisboa[30], que si bien en su texto no incorpora la Carta de Derechos fundamentales, sin embargo, dota de valor jurídicamente vinculante a sus disposiciones, al proclamar su art. 6 que "la Unión reconoce los derechos, libertades y principios enunciados en la Carta de

---

29 Tratado por el que se establece una Constitución para Europa, DOUE C 310/3, de 16 de diciembre de 2004.

30 Tratado de Lisboa por el que se modifican el Tratado de la Unión Europea y el Tratado Constitutivo de la Comunidad Europea, DOUE 2007/C306/01, de 17 de diciembre de 2007.

los Derechos Fundamentales de la Unión Europea de 7 de diciembre de 2000, tal como fue adaptada el 12 de diciembre de 2007 en Estrasburgo, la cual tendrá el mismo valor jurídico que los Tratados".

Antes, la Convención de las Naciones Unidas fue firmada en nombre de la Comunidad Europea el 30 de marzo de 2007, a reserva de su posible celebración en fecha posterior. Y así, finalmente en 2009 se procede a la aprobación y celebración por la UE de la mencionada Convención[31]. Sin duda, esta iniciativa constituye un hito en la política de la UE y en su compromiso con los derechos de las personas con discapacidad, no en vano desde entonces la estrategia de la UE y el marco normativo que en materia de discapacidad habían estado centrados principalmente en el principio de igualdad y el derecho a la no discriminación, se inspirarán además en la garantía de autonomía, el ejercicio de derechos y la participación social de las personas con discapacidad como mecanismos de inclusión social. Así, por ejemplo, la Resolución del Parlamento Europeo, de 7 de julio de 2016, sobre la aplicación de la Convención de las Naciones Unidas sobre los Derechos de las Personas con Discapacidad[32], destaca el alcance de la Convención de Nueva York de 2006 en la UE como instrumento que ha impulsado la reforma legislativa y ha forzado a los Estados miembros a

---

31 Decisión del Consejo de 26 de noviembre de 2009 relativa a la celebración, por parte de la Comunidad Europea, de la Convención de las Naciones Unidas sobre los derechos de las personas con discapacidad (2010/48/CE), DOUE 23/35, de 27 de enero de 2010. Para la UE, la Convención entró en vigor el 22 de enero de 2011 y todos los Estados miembros de la UE han firmado y ratificado la Convención.

32 Resolución del Parlamento Europeo, de 7 de julio de 2016, sobre la aplicación de la Convención de las Naciones Unidas sobre los Derechos de las Personas con Discapacidad, con especial atención a las Observaciones finales del Comité sobre los Derechos de las Personas con Discapacidad de las Naciones Unidas (2015/2258(INI)).

reexaminar la percepción social de las personas con discapacidad. Considera también el Parlamento Europeo que el valor de esta Convención radica fundamentalmente en su voluntad de promover un cambio en las actitudes culturales, de forma que se reconozca que son los obstáculos en el entorno social y económico los que limitan a las personas, y no la discapacidad propiamente dicha. En este mismo sentido, se insta en la citada Resolución a integrar la perspectiva de la discapacidad en todas las políticas y estrategias legislativas, y reclama a la Comisión y a los Estados miembros, que adopten las medidas necesarias para integrar la discapacidad en todos los textos legislativos, políticas y estrategias.

Por último, más recientemente, de nuevo el Parlamento Europeo adoptaba una Resolución el 13 de diciembre de 2022 sobre la igualdad derechos para las personas con discapacidad[33]. En la misma se proclama como primer principio el derecho a vivir de forma independiente y a ser incluido en la comunidad; y para ello, solicita a los Estados miembros "que adopten estrategias de desinstitucionalización y que garanticen que sus leyes, políticas y programas de desinstitucionalización estén en consonancia con el concepto de vida independiente establecido en la Convención de Nueva York de 2006". Y en este sentido, y como refuerzo del marco de igualdad y no discriminación a las personas con discapacidad en la UE se recuerda que ha de integrarse la perspectiva de la discapacidad en todas sus políticas, programas y estrategias, de suerte que se "considera que la armonización de la legislación de la Unión con la Convención de Nueva York de 2006 es fundamental para garantizar la igualdad y la no discriminación".

---

33 Resolución del Parlamento Europeo, de 13 de diciembre de 2022, sobre la igualdad de derechos para las personas con discapacidad (2022/2026(INI)).

Por tanto, resume esta resolución la tendencia instalada en el discurso sobre discapacidad de la UE, a saber: políticas y programas centrados en la persona, en su dignidad, en el libre desarrollo de su personalidad, y como extensión de estas ideas, se promueve la autonomía, la voluntad, e inclusión a partir de la participación social y política de las personas con discapacidad en la UE.

Por su parte, en esta misma línea de pensamiento, también el Consejo de Europa mostró su inquietud y preocupación por diseñar un marco normativo que impulsase en los Estados miembros políticas de igualdad de oportunidades y promoción de la voluntad y la autonomía de las personas con discapacidad en el contexto de los postulados de la Convención de Nueva York de 2006. Sin animo de exhaustividad, un repaso a algunas de sus iniciativas revela la progresiva transformación del modelo de discapacidad en el seno de esta institución; y así, se adopta una primera Recomendación R(92) 6 del Comité de Ministros a los Estados miembros, relativa a una política coherente para las personas con minusvalía[34], que conjuga en sus principios, programas y objetivos de los dos modelos discapacidad, el rehabilitador, pero también el de los derechos; proclamando de forma pionera la necesidad de establecer políticas coherentes en favor de las personas con discapacidad, que “garanticen la participación plena y activa en la vida comunitaria y les ayuden a llevar una vida independiente, según sus propios deseos”. Estas políticas, vendrían impulsadas a través de medidas que reconozcan responsabilidad a las personas en sus propios procesos de decisión, y les aseguren su plena participación social como ciudadanos.

---

[34] Recomendación R (92)6 de 9 de abril de 1992, del Comité de Ministros a los Estados miembros, relativa a una política coherente para las personas con minusvalía. Adoptada el 9 de abril de 1992 durante la 474ª reunión de Delegados de Ministros.

Por otra parte, se adoptó la Recomendación 1592 (2003) de la Asamblea Parlamentaria del Consejo de Europa "Hacia la plena integración social de las personas con discapacidad", que constituye una nueva manifestación de la inquietud de esta institución por abordar la discapacidad desde la perspectiva de la igualdad, si bien no será hasta la adopción de la Recomendación (2006)5 del Comité de Ministros a los Estados miembros sobre el Plan de Acción del Consejo de Europa para la promoción de derechos y la plena participación de las personas con discapacidad en la sociedad[35] cuando se acojan plenamente los valores de la Convención, y se proclame explícitamente el nuevo paradigma de discapacidad en el que en, palabras de propio documento, la persona con discapacidad "pasa de ser enfermo a ciudadano", de suerte que "ya no vemos a la persona con discapacidad como enfermo al que debe asistirse y que no aporta nada a la sociedad, sino como persona que necesita que se supriman los obstáculos actuales para ocupar el lugar debido como ciudadano plenamente participativo". Y desde este nuevo discurso y como principio fundamental se dirige a los Estados miembros para que sigan trabajando en el marco de los derechos humanos y de la lucha contra la discriminación, con el propósito de incrementar la autonomía, la libertad de elección y la calidad de vida de las personas con discapacidad, y de concienciar sobre la discapacidad como parte de la diversidad humana. Más tarde, se adoptará la Recomendación (2009)6 del Comité de Ministros a los Estados miembros sobre envejecimiento y discapacidad en el siglo XXI: marcos sostenibles para

---

35 Recomendación (2006)5 del Comité de Ministros a los Estados miembros sobre el Plan de Acción del Consejo de Europa para la promoción de derechos y la plena participación de las personas con discapacidad en la sociedad: mejorar la calidad de vida de las personas con discapacidad en Europa 2006-2015. Adoptada por el Comité de Ministros el 5 de abril de 2006, durante la 961ª reunión de Delegados de Ministros.

hacer posible una mejor calidad de vida en una sociedad inclusiva, que además de establecer un marco legal que promocione la autonomía, la vida independiente de las personas con discapacidad y la igualdad de acceso a servicio sociales y a la protección jurídica, promueve la construcción de un marco operativo que garantice un conjunto de medidas y servicios para promover la independencia de las personas con discapacidad, con especial atención a la implantación de buenas prácticas.

Y precisamente ambos marcos se sostienen sobre los principios fundamentales que inspiran los derechos humanos: igualdad de oportunidades y no discriminación desde el respeto y la aceptación de la discapacidad como parte de la diversidad humana; garantizando que la persona con discapacidad participe plenamente en todos los procesos de toma de decisiones que les afecten. Como recomendaciones a los Estados se propone el fomento de la autonomía y la vida independiente y activa, así como la mejora de calidad de los servicios y del acceso a servicios, no solo sociales, y a la protección jurídica de quienes prestan asistencia informal y cuidado a la persona con discapacidad. No obstante, para evitar vaivenes y que la protección dependa de las políticas de cada momento, será preciso garantizar económica y jurídicamente la protección de las personas con discapacidad y de su entorno.

El recorrido por este proceso legislativo en la UE pone de manifiesto, en el razonamiento de PÉREZ-DOMÍGUEZ[36], que las primeras iniciativas se enmarcan en la integración laboral y profesional de las personas con discapacidad, avanzando con el tiempo hacia el reconocimiento de la igualdad y plenitud de

---

36 Para un repaso histórico a la evolución del tratamiento de la discapacidad, véase PÉREZ-DOMÍNGUEZ, F., "El tratamiento de la discapacidad por la Unión Europea: entre la pujanza de la tutela antidiscriminatoria y las limitaciones a la política social", *ReDCE,* 36, Julio-Diciembre, 2021, pp.105-145.

derechos para terminar consolidando en sus políticas y programas, de conformidad con los principios y valores de la Convención de Nueva York de 2006, el modelo social y de derechos en el tratamiento de la discapacidad.

En definitiva, el examen del tratamiento de la discapacidad en la UE nos lleva a concluir que se produce inicialmente una identificación singular con el principio de no discriminación, lo que lleva consigo una limitada consideración de la discapacidad desde la idea de igualdad, extensiva también a la aplicación de acciones y políticas. Por ello, como tendremos oportunidad de comprobar, inicialmente las Estrategias europeas de discapacidad centraron su foco en la eliminación de barreras, aplicando precisamente esa mirada, y a partir del principio de no discriminación. Sin embargo, la UE superó esa limitada exégesis en el tratamiento de la discapacidad, para avanzar hacia políticas activas en favor de los derechos de las personas con discapacidad, no solo para fomentar la igualdad de oportunidades, sino para asegurar además el respeto a su dignidad y su autonomía como personas, así como la libertad y libre desarrollo de la personalidad como parte de su esencia como seres humanos.

3.2. Las Estrategias europeas para los derechos de las personas con discapacidad. Avanzando en la visibilidad y la igualdad

A partir de las anteriores reflexiones, sin embargo, se echaba en falta una proclamación más comprometida con los derechos de las personas con discapacidad, en particular desde la consideración de su autonomía, su libertad y dignidad como seres humanos. Cierto que desde que en el año 2009[37] la UE

---

[37] DECISIÓN DEL CONSEJO de 26 de noviembre de 2009 relativa a la celebración, por parte de la Comunidad Europea, de la Convención de las Naciones Unidas sobre los derechos de las personas con discapacidad (2010/48/CE), DOUE L 23/35, de 27 de enero de 2010.

aprobó la Convención de las Naciones Unidas sobre los derechos de las personas con discapacidad, se han venido sucediendo iniciativas, textos y estrategias que han fortalecido el sistema de atención y visibilidad a los derechos de las personas con discapacidad en la Unión Europea. Y en este sentido, el cambio de modelo en el reconocimiento de los derechos y demandas de las personas con discapacidad se fraguó inicialmente con la "Estrategia Europea sobre Discapacidad 2010-2020: un compromiso renovado para una Europa sin barreras"[38]. Esta iniciativa nace con la pretensión de impulsar la visibilidad de las dificultades y barreras a las que las personas con discapacidad se enfrentaban en la Unión Europea, y con el propósito de establecer un marco de políticas y acciones para la inclusión y la participación activa de las personas con discapacidad. Desde esta aspiración, la Estrategia tiene como objetivo eliminar las barreras que dificultan la inclusión y participación social de las personas con discapacidad, y de este modo se pretende "capacitar a las personas con discapacidad para que puedan disfrutar de todos sus derechos y beneficiarse plenamente de una participación en la economía y la sociedad europeas". Otra de las dimensiones en las que la Estrategia centra su atención es la no discriminación de las personas con discapacidad, y de este modo, se compromete la Comisión a promover la igualdad de trato de las personas con discapacidad a través de un doble enfoque: por una parte, se utilizará la legislación de la UE vigente para proteger ante cualquier forma de discriminación; y, por otra, se aplicará una política activa destinada a luchar contra la discriminación y promover la igualdad de oportunidades en

---

38 COMISIÓN EUROPEA. COMUNICACIÓN DE LA COMISIÓN AL PARLAMENTO EUROPEO, AL CONSEJO, AL COMITÉ ECONÓMICO Y SOCIAL EUROPEO Y AL COMITÉ DE LAS REGIONES. Estrategia Europea sobre Discapacidad 2010-2020: un compromiso renovado para una Europa sin barreras, COM (2010) 636 final, de 15 de noviembre de 2010.

las políticas de la UE. Reconoce igualmente la Comisión la necesidad de prestar atención al efecto perverso del impacto acumulativo de la discriminación que pueden experimentar las personas con discapacidad, por ejemplo, por razón de género, nacionalidad, u origen racial.

Esta actuación necesariamente debe ponerse en relación con la Estrategia EUROPA 2020[39], en la que se subraya que la atención a los vulnerables constituye una prioridad europea y nacional dentro del ámbito más amplio de la lucha contra la pobreza y la exclusión. Se proclama en la mencionada Estrategia que la Comisión procurará diseñar e implementar programas para impulsar la integración social de los más vulnerables y el apoyo a los grupos con riesgo específico de pobreza; para ello, se promoverán una educación innovadora, oportunidades de formación y empleo, y se actuará contra la discriminación de las personas con discapacidad.

En este sentido, el Pilar Europeo de derechos sociales expresa los principios y derechos esenciales para el buen y justo funcionamiento de los mercados laborales y de los sistemas de bienestar de la Europa del siglo XXI, y en particular, destaca como uno de sus objetivos la protección e inclusión social. Ciertamente, el principio 17 del Pilar Europeo, proclama la inclusión de las personas con discapacidad, y a tal efecto, señala que "Las personas con discapacidad tienen derecho a una ayuda a la renta que garantice una vida digna, a servicios que les permitan participar en el mercado laboral y en la sociedad y a un entorno de trabajo adaptado a sus necesidades"[40].

---

39 Comunicación de la Comisión EUROPA 2020 "Una estrategia para un crecimiento inteligente, sostenible e integrador", COM (2010) 2020 final, Bruselas, de 3 de marzo de 2010.

40 PARLAMENTO EUROPEO, CONSEJO Y COMISIÓN. Proclamación interinstitucional sobre el pilar europeo de derechos sociales, DOUE C 428/10, de 13 de diciembre de 2017.

Si bien en el texto se aprecia una marcada proximidad al modelo asistencial, no debemos, sin embargo, menospreciar los importantes pasos normativos que con ocasión de esta primera estrategia se han venido sucediendo en la UE; así, por ejemplo, la Directiva 2019/882, que en su Considerando 17 explícitamente menciona, de conformidad con la Estrategia Europea sobre Discapacidad 2010-2020, la accesibilidad como uno de sus ámbitos de actuación, e indica que se trata de una condición previa básica para la participación en la sociedad que persigue garantizar la accesibilidad de los productos y servicios[41].

Más recientemente, en 2021 la UE adopta un nuevo compromiso, y aprueba "Una Unión de la Igualdad: Estrategia sobre los derechos de las personas con discapacidad para 2021-2030"[42], orientada a mejorar la calidad vida de las personas con discapacidad, apreciando la diversidad propia de cada persona con discapacidad, e implementando mecanismos a partir de la Convención de Nueva York de 2006. Es precisamente esta circunstancia la que determina uno de los cambios y avances más significativos respecto a la anterior estrategia. Avanzado el proceso europeo de identificación y superación de barreras, especialmente en lo referido al acceso físico y de los recursos y servicios, se encuentra la UE inmersa en un proceso de impulso de los derechos y libertades de las personas con discapacidad. En este contexto, se han materializado algunas de las propuestas que ya se recogieron

---

41 Directiva (UE) 2019/882 del Parlamento Europeo y del Consejo de 17 de abril de 2019 sobre los requisitos de accesibilidad de los productos y servicios, DOUE L 151/70, de 7 de junio de 2019.

42 Comunicación de la Comisión al Parlamento Europeo, al Consejo, al Comité Económico y Social Europeo y al Comité de las Regiones. Una Unión de la Igualdad: Estrategia sobre los derechos de las personas con discapacidad para 2021-2030, COM (2021) 101 final, de 3 de marzo de 2021.

en la Estrategia y que permiten avanzar en la inclusión social, laboral y económica de las personas con discapacidad en la UE, como por ejemplo, la tarjeta europea de discapacidad[43]. Como expresa ESTARÁS FERRAGOUT la Estrategia 2020 surgió en un contexto histórico complicado, cuando la pandemia de COVID-19 demostró la fragilidad de los sistemas sanitarios y sociales mundiales, y puso en riesgo la supervivencia, la salud y la dignidad de todas las personas, y en particular, de las personas con discapacidad; por lo que en el marco de esta Estrategia el derecho a vivir de forma independiente y autónoma deberá constituir una prioridad en el desarrollo de estas políticas[44].

Con todo, a pesar de estos impulsos y esfuerzos de las instituciones europeas por facilitar y visibilizar los derechos de las personas con discapacidad y hacerlos valer en la UE, no han faltado importantes críticas y objeciones al verdadero alcance de estas políticas y acciones de las instituciones europeas. A este respecto, destacar el informe del Tribunal de

---

43 En el marco del compromiso adquirido por la UE en la Estrategia 21-30, se ha adoptado la Propuesta de Directiva del Parlamento Europeo y del Consejo por la que se establecen la Tarjeta Europea de Discapacidad y la Tarjeta Europea de Estacionamiento para personas con discapacidad, COM (2023) 512 final, de 6 de septiembre de 2023. Finalmente se ha alcanzado un acuerdo político el 9 de febrero de 2024 entre el Parlamento Europeo y los Estados miembros de la UE sobre la Directiva por la que se establecen la Tarjeta Europea de Discapacidad y la Tarjeta Europea de Aparcamiento para personas con discapacidad. Véase noticia en https://ec.europa.eu/social/main.jsp?catId=89&furtherNews=yes&newsId=10763&langId=en [consulta: 12/02/2024].

44 ESTARÁS FERRAGUT, R., "La discapacidad en la Unión Europea", *ANALES DE DERECHO Y DISCAPACIDAD. Revista científica de Derecho de la Discapacidad,* Número Especial, julio 2022, Año VII, 2022, p. 204.

Cuentas Europeo, que en 2023[45], de forma explícita concluye que resulta más bien limitada la repercusión práctica de la acción de la UE en la situación de las personas con discapacidad en los Estados miembros; señalando que no se aprecia en los últimos años una mejora significativa en la UE en lo que respecta a la brecha en el empleo por discapacidad o el riesgo de pobreza de las personas con discapacidad. Ciertamente de forma acertada denuncia el informe que "ni el marco de financiación de la UE para 2014-2020 ni el de 2021-2027 contemplan una categoría específica de gasto en relación con el apoyo a las personas con discapacidad". De lo que se desprende que el sistema de seguimiento de la Comisión no se ha diseñado para proporcionar información sobre la medida en que la financiación de la UE contribuye a mejorar la situación de las personas con discapacidad.

Abundando en lo expresado, y siguiendo las recomendaciones del precitado informe, la UE debe avanzar legislativamente en una revisión normativa que evalúe su acomodo a las disposiciones de la Convención de Nueva York de 2006 y que impulse una mejora legal para la igualdad de las personas con discapacidad; en igual medida, y ante la evidencia de diferentes criterios en los Estados miembros, urge armonizar los principios e indicadores que determinen la condición de persona con discapacidad[46], y por último, entendemos que es

---

45 Tribunal de Cuentas Europeo. Informe especial 20/2023. Apoyo a las personas con discapacidad. El impacto práctico de la acción de la UE es limitado, [en línea], 2023, <https://www.eca.europa.eu/ECAPublications/SR-2023-20/SR-2023-20_ES.pdf>, [consulta: 22/03/2024].

46 A estos efectos, destacar la labor que la "Plataforma de discapacidad" está llamada a desempeñar para el apoyo y colaboración entre la Comisión y los Estados en la aplicación de la Estrategia 21-30, y que ha de confiarse que contribuirá a "apoyar la implementación de la Estrategia de Derechos de las Personas con Discapacidad, así

fundamental prever mecanismos eficaces que evalúen y contrasten la efectividad de las políticas y acciones normativas y económicas para impulsar los derechos de las personas con discapacidad en la UE en el marco de la Estrategia 2021-30.

Ciertamente, la preocupación por garantizar los derechos de las personas se ha extendido a todas las instituciones de la UE, de suerte que el propio Parlamento Europeo en 2022 aprobó una Resolución sobre la igualdad de derechos de las personas con discapacidad[47], que se articula sobre tres principios fundamentales, a saber: el derecho a la igualdad ante ley y por ende a una vida independiente de las personas con discapacidad; la garantía de participación en la vida pública y política; y el derecho a un empleo y un entorno social y educativo inclusivo.

Por ello, cabe esperar que en los tiempos venideros la UE se haga eco de este compromiso, y proceda a adoptar normativa que de forma transversal impacte sobre los derechos de las personas con discapacidad, a los efectos de incorporar en la misma cuantas medidas, mecanismos y políticas públicas y normativas sean precisas para dar forma al principio de igualdad ante la ley, y al mandato de generar espacios en la UE de inclusión para las personas con discapacidad[48].

---

como estrategias, planes o políticas nacionales en materia de discapacidad" y a la "preparación de iniciativas políticas o propuestas legislativas en materia e discapacidad" (art. 5). Véase Decisión de la Comisión Europea de creación del grupo de expertos "Plataforma de Discapacidad", C (2021) 7591 final, de 27 de octubre de 2021.

47 Resolución del Parlamento Europeo, de 13 de diciembre de 2022, sobre la igualdad de derechos para las personas con discapacidad [en línea], <https://www.europarl.europa.eu/doceo/document/TA-9-2022-0435_ES.pdf> [consulta: 12/02/2024].

48 Sigue, por ejemplo, pendiente la aprobación de Propuesta de Directiva del Consejo por la que se aplica el principio de igualdad de trato entre las personas independientemente de su religión

4. POLÍTICAS Y ESTRATEGIAS NACIONALES DE DISCAPACIDAD. DEL DISCURSO REHABILITADOR AL PARADIGMA DE LA VIDA INDEPENDIENTE

Jurídicamente la primera Estrategia Española sobre la discapacidad de 2012 encuentra su soporte en la Convención de Nueva York de 2006, en la Estrategia Europea 2010, y en la Ley 26/2011, de 1 de agosto, de adaptación normativa a la Convención Internacional sobre los Derechos de las Personas con Discapacidad[49]. Con este texto normativo despierta el Gobierno español de un largo letargo en el que se había limitado hasta entonces su preocupación por la discapacidad a cuestiones relacionas con el acceso a la salud, el empleo o la accesibilidad. Desde luego, no se percibía sensibilidad alguna por incorporar a las personas con discapacidad a los procesos de decisión sobre sus vidas, ni por promover su independencia y autonomía, así como tampoco por respetar su condición de titulares de derechos. Este último enfoque comienza en el Derecho español con la adopción de la Convención, si bien no será hasta 2021[50] cuando se materialice normativamente el tratamiento de la discapacidad como una cuestión de derechos humanos, a partir de la reforma del Cc, con la supresión de la incapacitación y la implementación del sistema de apoyos, respetuoso con la dignidad, los deseos y voluntad de las personas con discapacidad. Cierto que entre los principios que inspiran la Estrategia se cita el de "vida independiente" como situación en

---

o convicciones, discapacidad, edad u orientación sexual, COM (2008) 426 final, de 2 de julio de 2008.

49 Ley 26/2011, de 1 de agosto, de adaptación normativa a la Convención Internacional sobre los Derechos de las Personas con Discapacidad. BOE núm. 184, de 2 de agosto de 2011.

50 Ley 8/2021, de 2 de junio, por la que se reforma la legislación civil y procesal para el apoyo a las personas con discapacidad en el ejercicio de su capacidad jurídica. BOE núm. 132, de 3 de junio de 2021.

la que la persona con discapacidad ejerce el poder de decisión sobre su propia existencia y participa activamente en la vida de su comunidad, conforme al derecho al libre desarrollo de la personalidad. Sin embargo, parece que nos encontramos más ante una proclamación abstracta o una aspiración, que ante un logro u objetivo concreto, habida cuenta que la verdadera transformación normativa para cumplir con este principio no verá la luz hasta el año 2021. Por otra parte, no sorprende el retraso en este avance normativo, por cuanto que entre los ámbitos de actuación no se contemplaba ningún mecanismo referido a la implementación de instrumentos jurídicos que doten de autonomía y vida independiente a las personas con discapacidad, como garantías para asegurar su dignidad en el ejercicio de sus derechos y el libre desarrollo de su personalidad, de conformidad con lo expresado con la Convención de Nueva York de 2006.

Concluye la Estrategia 2012[51] afirmando que "realizada la adaptación normativa a la Convención Internacional sobre los derechos de las personas con discapacidad, procede la aprobación de la Estrategia española sobre discapacidad 2012-2020, que profundiza en el proceso aplicativo de la citada Convención". Curiosa observación, cuando entonces, en el ámbito del Derecho civil, tal y como hemos expresado, se encontraba pendiente la reforma del proceso de incapacitación, y no se habían articulado los mecanismos y apoyos para garantizar la vida independiente de las personas con discapacidad y el respeto a su autonomía y sus decisiones.

---

51 ESTRATEGIA ESPAÑOLA SOBRE DISCAPACIDAD 2012-2020, aprobada por el Consejo de Ministros el 14 de octubre de 2011,[en línea], <https://www.mdsocialesa2030.gob.es/derechos- sociales/discapacidad/docs/Estrategia Espanola Discapacidad 2012 2020.pdf>, [consulta: 22/02/2024].

Con todo, la fortaleza de este documento reside en orientar e implementar, desde las líneas marcadas por la UE y por la Convención de Nueva York de 2006, un plan de acción vertebrado en torno a concretos objetivos, cuya implementación se articula mediante específicas acciones y tareas, calendarizadas, que contemplan acciones en el ámbito de la accesibilidad, el empleo, la cultura, la sanidad o la formación.

El discurso que subyace en esta iniciativa y en sus acciones es el propio de un sistema centrado en la atención y la prestación de servicios a la persona con discapacidad, pero carente de sensibilidad con el reconocimiento de su autonomía, o el pleno ejercicio de sus propios derechos. En definitiva, las actuaciones propuestas centran sus esfuerzos en el ámbito de la educación, la salud, el empleo, pero en la práctica, no entienden la discapacidad como una cuestión de derechos humanos, a pesar de que entre los principios que inspiran la Estrategia se encuentra la igualdad y la prohibición de discriminación. Como expresa TOBOSO-MARTÍN, el discurso de la autonomía de la persona con discapacidad y el modelo rehabilitador convivían tanto socialmente como en algunas de las políticas, porque a pesar de los innegables esfuerzos legislativos, el modelo de derechos no había calado aun socialmente, y por ende, podemos decir que también ha sido lento el proceso de incorporación de estos principios a la política legislativa española, hasta llegar a la citada Ley 8/2021[52].

Sin duda, el discurso sobre la discapacidad, centrado en la persona y en su autonomía encuentra acomodo en la Estrategia española sobre discapacidad 2022, no en vano, constituye una auténtica declaración de intenciones, que en nuestro Derecho refuerza y apuntala la idea de que la discapacidad constituye

---

52 TOBOSO-MARTÍN, M., "De los discursos actuales sobre la discapacidad en España", *Política y Sociedad*, 2, 2013, pp. 681-706.

una cuestión de derechos humanos[53], superando así el modelo que sustentaba la anterior Estrategia 2012, que desconociendo la incorporación al Derecho español de la Convención de Nueva York de 2006, no acogió el modelo de discapacidad enfocado desde los derechos humanos. Por el contrario, la Estrategia actualmente en vigor, haciendo propios los principios y postulados de esta Convención, que abogan por la inclusión de la persona con discapacidad, acoge como principios sobre los que cimentar este nuevo modelo social de la discapacidad en el sistema jurídico español aquellos que ya sustentaron el texto internacional. De este modo, se reconoce la necesidad de implementar una visión transversal en la política normativa, de suerte que se rechaza la configuración de políticas "específicas" para las personas con discapacidad, porque nos encontramos ante una realidad compleja, con numerosas dimensiones, y con obligaciones y alcance en todos los ámbitos públicos y en todas las esferas sociales.

Desde este razonamiento, la Estrategia 2022 se impulsa y sostiene sobre dos ejes o principios que vertebran y organizan las diferentes acciones y objetivos que propone, así: un primer eje o pilar se articularía en torno a la participación activa, la igualdad y el pleno ejercicio de derechos humanos; y un segundo pilar, se enfocaría en la perspectiva de género, y la colaboración y cooperación institucional que fomenten acciones y políticas que garanticen iguales servicios y recursos para todas las personas con discapacidad, cualquiera que sea su lugar de residencia.

---

53 Estrategia española sobre discapacidad 2022 – 2030. Para el acceso, goce y disfrute de los derechos humanos de las personas con discapacidad (Versión 03/05/2022), [en línea], <https://www.mdsocialesa2030.gob.es/derechos-sociales/discapacidad/docs/estrategia-espanola-discapacidad-2022-2030-def.pdf >, [consulta: 03/04/2024].

Ahora bien, la mayor debilidad de la actual Estrategia se encuentra, a nuestro juicio, en el seguimiento, implementación y evaluación del cumplimiento de los objetivos; ciertamente, es escasa la atención que se presta a la gobernanza de estas acciones, de la que únicamente se dispone que la responsabilidad de desarrollo e implementación de la Estrategia se atribuye a la Dirección General de Derechos de las Personas con Discapacidad, en coordinación con dos comisiones[54], definiendo como mecanismos para su cumplimiento la realización de informes bianuales, y la programación bianual de actuaciones. Es por ello, que en el marco de un programa de actuaciones tan ambicioso, y con objetivos tan específicos, era de esperar una mayor atención a la verificación y control del cumplimiento de dichas acciones y políticas.

Por otra parte, una de las reivindicaciones de los programas y estrategias de la UE era precisamente el enfoque transversal de la discapacidad, y es la perspectiva transversal de derechos humanos en el tratamiento de la discapacidad la que ha protagonizado las políticas públicas para el reconocimiento de los derechos de las personas con discapacidad. Como manifestación de esta reivindicación, el I Plan Nacional para el Bienestar Saludable de las Personas con Discapacidad 2022-2026[55], en el marco de la Estrategia sobre discapacidad 2022, se compromete a "promover el derecho de todas las personas y, en particular, de las personas con discapacidad a gozar el más alto nivel de salud posible, sin discriminación alguna..."; y desde este compromiso, se articulan un conjunto

---

[54] Se refiere el documento a la Comisión de Seguimiento de la Estrategia en el marco del Consejo Nacional de Discapacidad, y a la Comisión delegada de Servicios Sociales en el marco del Consejo Territorial de Servicios Sociales.

[55] I PLAN NACIONAL PARA EL BIENESTAR SALUDABLE DE LAS PERSONAS CON DISCAPACIDAD 2022-2026, <www.mdsocialesa2030.gob.es>, [consulta: 22/01/2024].

de acciones y objetivos para la prevención y promoción de la salud de las personas con discapacidad, con un enfoque de derechos humanos. Esto es, se concibe el Plan como una hoja de ruta que ha de contribuir a "hacer efectivos el derecho a la salud, la educación y la autonomía de las personas con discapacidad". En este sentido, y alineada con las Estrategias Europea (2021-30) y Española de los Derechos de las Personas con Discapacidad, configura este Plan sus acciones e iniciativas en torno a tres cuestiones fundamentales, a saber: los derechos de las personas con discapacidad; la garantía de vida independiente y autonomía, y la no discriminación e igualdad de oportunidades.

Más recientemente, el Real Decreto 193/2023, de 21 de marzo, por el que se regulan las condiciones básicas de accesibilidad y no discriminación de las personas con discapacidad para el acceso y utilización de los bienes y servicios a disposición del público, en coherencia con el modelo social y derechos de la discapacidad, articula desde una perspectiva universal, y con enfoque transversal, el derecho de acceso universal no solo desde la dimensión urbanística, de transportes o audiovisual, bien al contrario, hace extensiva la accesibilidad a todos los derechos, servicios y productos que en todas las esferas de la vida se ofrecen a los ciudadanos, como usuarios y consumidores[56]. Este avance legislativo constituye una buena muestra de que el legislador español ha sido permeable al discurso de los derechos y la vida autónoma de las personas con discapacidad, centrando su ámbito de actuación en el apoyo a la persona con discapacidad, para garantizar una posición

---

56 Real Decreto 193/2023, de 21 de marzo, por el que se regulan las condiciones básicas de accesibilidad y no discriminación de las personas con discapacidad para el acceso y utilización de los bienes y servicios a disposición del público, BOE núm. 69, de 22 de marzo de 2023.

de igualdad de oportunidades en la sociedad, de suerte que puedan desarrollar su vida de acuerdo con sus propias preferencias, decisiones y elecciones.

5. LA DISCAPACIDAD EN EL PANORAMA NORMATIVO ESPAÑOL. APROXIMACIÓN DESDE LA PERSPECTIVA DEL DERECHO CONSTITUCIONAL

5.1. Un breve repaso al proceso legislativo español en el tratamiento de la discapacidad. La incidencia de las políticas de la UE

En la última década del siglo XX comienza a abrirse paso en España el enfoque de los derechos y la no discriminación, que sitúa el foco especialmente en las "adaptaciones razonables" de los factores sociales y ambientales limitantes de la plena participación, y en la prohibición de determinadas conductas o prácticas que se consideran inaceptables por su carácter discriminatorio o excluyente[57]. Las propias personas con discapacidad han venido reivindicando, a través de sus entidades de representación, el impulso de una concepción de la discapacidad basada en el modelo social y de derechos, al plantear un paradigma de intervención social que se enfrentó abiertamente a la concepción tradicional de la discapacidad, tal y como había sido definida por el modelo rehabilitador[58].

---

57 JIMÉNEZ LARA, A. y HUETE GARCÍA, A., "Políticas públicas sobre discapacidad en España. Hacia una perspectiva basada en los derechos", *Política y Sociedad*, 47, 1, 2010, pp. 146-ss.

58 Véanse las iniciativas y propuestas de Comité Español de Representantes de Personas con Discapacidad, < https://cermi.es/ > , [consulta:23/01/2024].

Como recuerdan JIMÉNEZ y HUETE, el referente normativo de este enfoque de derechos en España se manifestó en la Ley 51/2003, de 2 de diciembre, de igualdad de oportunidades, no discriminación y accesibilidad universal de las personas con discapacidad que representó un impulso para las políticas de discapacidad mediante la incorporación de nuevas acciones y estrategias, vinculadas a combatir la discriminación y promover la accesibilidad universal, estableciendo nuevas garantías para hacer efectivo el derecho a la igualdad de oportunidades[59]. Siguiendo las afirmaciones recogidas en el propio Preámbulo de la Ley 51/2003, actualmente derogada por Real Decreto Legislativo 1/2013[60], convergían en aquel texto dos discursos o corrientes de pensamiento en torno a la discapacidad, a saber: la "no discriminación" y la accesibilidad universal; sobre ellas se edificó "un conjunto de disposiciones que persiguen con nuevos medios un objetivo ya conocido: garantizar y reconocer el derecho de las personas con discapacidad a la igualdad de oportunidades en todos los ámbitos de la vida política, económica, cultural y social".

En esta misma línea de pensamiento, se enmarca la Ley 39/2006 de 14 de diciembre, de Promoción de la Autonomía Personal y Atención a las personas en situación de Dependencia[61], nacida, como expresa su art. 1, con la finalidad de "garantizar el derecho a la igualdad de oportunidades y de

---

59 Ley 51/2003, de 2 de diciembre, de igualdad de oportunidades, no discriminación y accesibilidad universal de las personas con discapacidad. BOE núm. 289, de 3 de diciembre de 2003.

60 Real Decreto Legislativo 1/2013, de 29 de noviembre, por el que se aprueba el Texto Refundido de la Ley General de derechos de las personas con discapacidad y de su inclusión social, BOE núm. 289, de 3 de diciembre de 2013.

61 Ley 39/2006, de 14 de diciembre, de Promoción de la Autonomía Personal y Atención a las personas en situación de dependencia, BOE núm. 299, de 15 de diciembre de 2006.

trato, así como el ejercicio real y efectivo de derechos por parte de las personas con discapacidad en igualdad de condiciones respecto del resto de ciudadanos y ciudadanas, a través de la promoción de la autonomía personal, de la accesibilidad universal, del acceso al empleo, de la inclusión en la comunidad y la vida independiente y de la erradicación de toda forma de discriminación…".

Claro que esta pretensión legislativa, sin embargo, se encuentra ensombrecida porque la norma esconde aún vestigios que recuerdan al denostado modelo paternalista en el tratamiento de la discapacidad. Cierto que entre los principios y retos que animan al legislador se encuentran la necesidad de garantizar una vida autónoma, y la participación como ciudadanos en la vida pública; sin embargo, desde esta consideración paternalista y que contempla a la persona con discapacidad como objeto de protección, y no como sujeto de derechos, se configuran los principios que sustentan la ley y que se encuentran recogidos en el art. 3 del citado texto. Así, entre dichos principios destacan el carácter público de las prestaciones del Sistema para la Autonomía y Atención a la Dependencia, la atención a las personas en situación de dependencia de forma integral e integrada, la transversalidad de las políticas de atención a las personas en situación de dependencia, o la calidad, sostenibilidad y accesibilidad de los servicios de atención a las personas en situación de dependencia.

A nuestro juicio, se observa en la Ley 39/2006 la convergencia de los dos modelos de discapacidad, alcanzando un conciliador equilibrio entre los mecanismos asistenciales y el modelo basado en la protección de la persona con discapacidad, y el paradigma de los derechos, que se manifiesta particularmente en el catálogo de derechos y deberes de las personas en situación de dependencia; en el que destacan por una parte el derecho a disfrutar de los derechos humanos y libertades fundamentales, con pleno respeto a su dignidad e intimidad, y por otro, el reconocimiento del derecho a decidir sobre la tutela de su persona y bienes (art. 4 Ley 39/2006). Ahora bien, se mostraba especialmente crítico con el espíritu y los valores que inspiran este texto normativo, PÉREZ BUENO, al denunciar que no se albergan en el mismo ni los postulados ni los criterios que animan a la Convención de Nueva York de 2006, de suerte que por ejemplo, propone una revisión del concepto de dependencia, por entender que concurre en la norma un desequilibrio hacia visiones pasivas de la mal llamada "dependencia" en detrimento de la autonomía personal[62].

En este breve apunte al proceso legislativo español, a propósito del discurso sobre discapacidad, el Real Decreto Legislativo 1/2013, de 29 de noviembre, por el que se aprueba el Texto Refundido de la Ley General de derechos de las personas con discapacidad y de su inclusión social[63], representa un significativo avance en el modelo normativo de discapacidad. Por vez primera el legislador español repara en la necesidad de garantizar legalmente a las personas con discapacidad el libre desarrollo de su personalidad, y asegurar, en el marco de su dignidad como personas, el disfrute de los recursos y servicios disponibles en iguales condiciones que toda la ciudadanía y la posibilidad de contribuir según sus capacidades al progreso de la sociedad. En definitiva, se contempla el tratamiento normativo de la discapacidad desde la perspectiva de los derechos humanos, a partir de la legítima pretensión de una vida plena y de la necesidad de realización personal que mueve a todas las personas, y que como anhelos de las personas con discapacidad no pueden ser satisfechas si se hallan restringidos o

62 PÉREZ BUENO, L. C., "Discapacidad, Derecho y Políticas de Inclusión", Colección CERMI 45, Cinca, Madrid, 2010, p.59.

63 Real Decreto Legislativo 1/2013, de 29 de noviembre, por el que se aprueba el Texto Refundido de la Ley General de derechos de las personas con discapacidad y de su inclusión social, BOE núm. 289, de 3 de diciembre de 2013.

ignorados los derechos a la libertad, la igualdad y la dignidad. Esta transformación normativa en el tratamiento de la discapacidad se percibe, a nuestro juicio, especialmente en la proclamación misma de los principios que inspiran la norma, y que recogen los criterios y valores que se transmiten a partir de la Convención de Nueva York de 2006; así por ejemplo, entre otros, el valor de la dignidad, la autonomía individual, incluida la libertad de tomar las propias decisiones, y la independencia de las personas, desde el respeto por la diferencia (art. 3 Real Decreto Legislativo 1/2013, de 29 de noviembre).

Por ello, este texto legal presenta el valor no solo de adaptar la normativa española en diferentes ámbitos a los postulados y el modelo de discapacidad de los derechos impulsado por la citada Convención, sino que destaca por incorporar los principios y valores que en el ámbito internacional impulsó dicha convención. Ahora bien, sin desconocer el alcance del progreso normativo, sin embargo, quedaba aún pendiente en el proceso normativo español, como también reconocía el propio texto, la necesaria adaptación del Derecho civil a los postulados de la Convención de Nueva York de 2006, que sin embargo, se demorará más de lo deseable, y no llegará hasta junio de 2021 con la aprobación histórica de la Ley 8/2021[64].

64 En este contexto, y en el marco de la Ley 8/2021, como fruto del compromiso con la promoción de los derechos y la autonomía de las personas con discapacidad se formaliza entre la Fiscalía General del Estado y Asociaciones Bancarias, el Protocolo Marco de Colaboración para la efectividad de las Medidas de Apoyo a la Capacidad Jurídica de las Personas con Discapacidad en el Ámbito Bancario, <https://s2.aebanca.es/wp-content/uploads/2023/07/protocolo-marco-de-colaboracin-medidas-de-apoyo-a-personas-con-discapacidad.pdf>, [consulta: 14/01/2024].

Por último, como manifestación de la progresiva eliminación de todo tipo de barreras para la incorporación de las personas con discapacidad a la sociedad, y el pleno ejercicio de sus derechos, la Ley 4/2022, de 25 de febrero, de protección de los consumidores y usuarios frente a situaciones de vulnerabilidad social y económica[65], en cumplimiento del mandato constitucional contenido en el art. 51 CE, que establece que los poderes públicos garantizarán la defensa de las personas consumidoras y usuarias, protegiendo, mediante procedimientos eficaces, la seguridad, la salud y los legítimos intereses económicos de los mismos, articula un conjunto de medidas y recursos para asegurar la protección de los consumidores y usuarios más vulnerables, entendiendo por tales, entre otros, las personas con discapacidad. Y en este sentido, en particular, establece mecanismos para la protección de las personas con discapacidad en aspectos como el etiquetado inclusivo, o la protección a los más vulnerables en la prestación de servicios financieros.

Culmina así con esta normativa, un intenso proceso legislativo que comenzó en 2003, y que fue avanzando de forma paulatina sustentado en dos postulados normativos: uno, la eliminación de cualesquiera barreras en el ejercicio de derechos y libertades de las personas con discapacidad, y su participación social; y dos, la promoción y el impulso a la autonomía y la igualdad de las personas con discapacidad en los más diversos ámbitos de la vida.

---

[65] Ley 4/2022, de 25 de febrero, de protección de los consumidores y usuarios frente a situaciones de vulnerabilidad social y económica. BOE núm. 51, de 1 de marzo de 2022.

5.2. La (re)visión de la discapacidad desde la perspectiva del Derecho constitucional. A propósito de la esperada reforma del art. 49 de la CE

Desde que España ratifica la Convención de Nueva York de 2006, lentamente su sistema normativo fue permeable a los postulados del texto internacional, siendo una de las últimas iniciativas en cristalizar la necesaria reforma del Código civil español que desembocó en la aprobación de la Ley 8/2021. Con ello, parecía cumplirse el mandato internacional recogido en la mencionada Convención; y sin embargo, permanecía aún pendiente la reforma del texto constitucional, que no lograba alcanzar el necesario consenso político, ante la incredulidad social, y la legítima reivindicación de las personas con discapacidad.

En efecto, reconoce la Proposición de reforma del art. 49 CE[66], el impulso y tesón de las organizaciones de representación de las personas con discapacidad para llevar a cabo esta reforma, que no se limitó a una revisión de la redacción formal, sino que ha introducido importantes novedades de contenido, como tendremos oportunidad de exponer.

Tras los avatares legislativos descritos en el apartado anterior, se encontraba pendiente la reforma de la CE, cuyo art. 49, desafiando a los avances sociales en materia de discapacidad, desoyendo la reivindicación histórica de las entidades que representan a las personas con discapacidad, e ignorando el nuevo discurso jurídico que la Convención de Nueva York de 2006 había traído al ordenamiento español y al de la UE, permanecía anclado en una redacción y en unos principios

---

66 Proposición de Reforma del artículo 49 de la Constitución Española. Presentada por los Grupos Parlamentarios Popular en el Congreso y Socialista, BOCG núm. 56, 12 de enero de 2024.

que merecían el reproche de la doctrina[67] y la incomprensión de la sociedad en pleno siglo XXI.

Traemos a este estudio, por la necesidad de su análisis, la anterior redacción del art. 49 CE, ya reformada en febrero de 2024, y en la que se disponía que "Los poderes públicos realizarán una política de previsión, tratamiento, rehabilitación e integración de los disminuidos físicos, sensoriales y psíquicos, a los que prestarán la atención especializada que requieran y los ampararán especialmente para el disfrute de los derechos que este Título otorga a todos los ciudadanos". Sin entrar a valorar la expresión "disminuidos", inaceptable en el tiempo presente, y reprobada socialmente, la lectura del texto ya derogado del art. 49 de la CE nos permite concluir que el tratamiento de los derechos de las personas con discapacidad entonces se encontraba apoyado sobre el denominado modelo médico. No lo interpreta así, sin embargo, FERNÁNDEZ DE BUJÁN Y FERNÁNDEZ, cuando propone una exégesis extensiva del texto, que a su juicio, podría entrever la inspiración del más avanzado modelo social de la discapacidad[68]. En este mismo sentido, se expresaba el Consejo de Estado en su Dictamen al Anteproyecto de reforma del art. 49 CE[69], al señalar que la configuración del art. 49 de la CE en su redacción anterior "no ha impedido el natural desenvolvimiento de la protección y del impulso a la integración y ello por virtud de la

---

67 LORENZO GARCÍA, R. de, "Reforma social de la Constitución: Comentarios y Reflexiones al artículo 49", *Anales de Derecho y Discapacidad*, 3, Año III, 2018, p. 22.

68 FERNÁNDEZ DE BUJÁN Y FERNÁNDEZ, A., "Constitución y discapacidad: la protección de las personas con discapacidad como paradigma del estado social", *RJUAM*, 46, 2022-II, pp. 9-29.

69 Dictamen del Consejo de Estado 1030/2018, sobre el Anteproyecto de reforma del artículo 49 de la Constitución Española, [en línea], de 28 de febrero de 2019, <https://www.boe.es/buscar/doc.php?id=CE-D-2018-1030 > , [consulta: 22/01/2024].

incorporación que del Derecho internacional se opera en el Derecho interno no solo por la vía del artículo 96.1 de la Constitución y el artículo 1.5 del Código Civil, sino también por mor del artículo 10.2 de la Constitución". A mayor abundamiento, insiste en este argumento el Consejo de Estado en el referido Dictamen, al argumentar que habida cuenta que la Convención forma parte del Derecho interno por aplicación del art. 96.1 de la CE, la recepción en el ordenamiento jurídico español del cambio terminológico y conceptual del tratamiento de la discapacidad ya ha tenido lugar por virtud de las previsiones del propio texto constitucional. En consecuencia, y al margen del procedimiento formal de reforma constitucional, a juicio del Consejo de Estado, pese a permanecer inalterable el texto del art. 49 CE, su significación y alcance se ha transformado de acuerdo con este nuevo modelo internacional de discapacidad, introducido por la Convención de Nueva York de 2006. Así las cosas, y contrariamente a lo que reclamaban la doctrina, las entidades representativas y la sociedad, se concluye que la propia permeabilidad del precepto, apoyada en la aplicación de las normas constitucionales, asegura una mutación del significado y alcance del texto del art. 49 CE, de suerte que "aunque la revisión de la redacción del artículo 49 pueda dar a luz un texto más acorde con los criterios y la sensibilidad actuales, lo cierto es que, en su redacción actual, no impide dar respuesta a las pretensiones de actualización terminológica, conceptual y de política social en relación con la discapacidad".

No coincidimos con la interpretación expresada por el Consejo de Estado en su dictamen, dos son a nuestro juicio las principales reservas y recelos que presenta dicho razonamiento: por una parte, la Constitución como norma fundamental debe proyectar en su texto de manera formal y explícita, no solo inspiradora e inductiva, valores y principios socialmente asentados, e internacionalmente proclamados, más aún, cuando el proceso legislativo español, había virado, y contemplaba la discapacidad desde un nuevo enfoque, el de los derechos de la persona con discapacidad; y por otra parte, de igual modo que la adopción de la Convención de Nueva York de 2006 impulsaba un proceso legislativo respetuoso con los valores que inspiraban este texto, la CE no podía permanecer ajena a dicha transformación, y no solo por la necesidad de revisar la redacción, y acomodarla a la sensibilidad social en materia de discapacidad, sino por el compromiso constitucional de acoger formal y materialmente el discurso social y de derechos que desde el ámbito internacional y europeo se viene impulsando.

A este respecto, proponía la doctrina antes de la reforma, una lectura renovada del art. 49 CE, a tenor de la incorporación al ordenamiento español de la referida convención, y de la evolución del entorno internacional sobre los derechos de las personas con discapacidad desde los valores de igualdad, dignidad humana y autonomía personal. Así, el desarrollo legislativo y nuestra jurisprudencia constitucional y ordinaria han confirmado la integración de la discapacidad en los motivos de discriminación previstos en el art. 14 CE como vulneradores de la dignidad humana y han permitido una nueva lectura del art. 49 CE, más allá de la encomienda de tareas a los poderes públicos, desde una interpretación sistemática de la Constitución, y que extrae del texto su sentido más profundo, poniendo el acento en su último inciso, con la remisión al disfrute de los derechos que el Título II CE otorga a todos los ciudadanos. Ello permite, como ya se ha dicho, una lectura en clave subjetiva del art. 49 CE, en el sentido del art. 21 de la Carta de Derechos Fundamentales de la Unión Europea, reconociendo el derecho de la persona con discapacidad a la autonomía personal, a la integración social y profesional, al acceso en igualdad a los derechos cívicos y sociales de la ciudadanía y a la plena participación en la vida de la comunidad[70].

---

70 RODRÍGUEZ-PIÑERO Y BRAVO-FERRER, M., "Artículo 49 CE", *op.cit.*, pp. 1404-1416.

A propósito de la oportunidad de la reforma, subraya MONTILLA MARTOS que la "lectura renovada" de este precepto constitucional, a la luz de los textos internacionales de derechos humanos, no desplaza la necesidad de actualizar la redacción del art. 49 CE, habida cuenta que además de las anacrónicas y dolorosas menciones lingüísticas, el alcance jurídico de su contenido aborda la discapacidad como una enfermedad, y desconoce el principio fundamental por el cual las personas con discapacidad son titulares de derechos cuyo ejercicio en iguales condiciones ha de garantizarse como a toda persona, y no como meros destinatarios de políticas y programas asistenciales[71].

En definitiva, resume con acierto PÉREZ BUENO que en un sistema jurídico la aplicación del modelo de derechos de discapacidad no se entiende sin que se impregne la norma superior, aquella que ostenta la primacía del ordenamiento jurídico. Y por ello, concluye el autor, "no es indiferente, antes al contrario, que el texto constitucional de una nación o país, tenga presente la realidad de las personas con discapacidad, la acoja expresamente o la omita, y si la declara y regula, en qué términos lo hace, literales y conceptuales"[72]. A mayor abundamiento, como indica DE ASIS ROIG[73], el modelo social de discapacidad se apoya en los rasgos y circunstancias de las personas, pero también en los obstáculos y límites que social y jurídicamente se imponen a las personas con discapacidad, por lo

---

71 MONTILLA MARTOS, J. A., "La reforma del artículo 49 de la Constitución", *ANALES DE DERECHO Y DISCAPACIDAD. Revista científica de Derecho de la Discapacidad,* Número Especial, julio 2022, Año VII, pp. 212-213.

72 PÉREZ BUENO, L. C., "Artículo 49, primera reforma social de la Constitución Española. Consideraciones y propuestas desde la discapacidad organizada", *Actas de Coordinación Socio-sanitaria,* 27, 2020, pp. 11-12.

73 ASIS ROIG, R. de, "De nuevo sobre Discapacidad y Constitución", *Universitas,* 20, 2020, pp. 52-64.

que a juicio del mencionado autor, era entonces más necesaria que nunca la reforma constitucional, para acoger no solo un cambio terminológico, sino precisamente para articular constitucionalmente este nuevo modelo de discapacidad, impulsado por la Convención de Nueva York de 2006.

Con todo, a nuestro juicio, no es únicamente una cuestión de metamorfosis constitucional, que por inspiración de las normas y el contexto internacional deba considerarse a los efectos del texto del art. 49 CE; la CE como norma fundamental, como marco jurídico para la convivencia en una sociedad plural e inclusiva, tiene que ser precisamente reflejo formal y explícito de los valores y principios que su texto proclama, sin necesidad de realizar extraordinarias y forzadas interpretaciones. Ciertamente, nos resulta una reducción muy simplista identificar la reforma constitucional con un cambio formal, que no incide sobre su alcance o aplicación, ni sobre el modelo de discapacidad que promueve constitucionalmente la norma fundamental española.

En este mismo sentido, MONTILLA MARTOS, advierte que la realidad constitucional se ha transformado, en virtud de los tratados internacionales suscritos por España, de la legislación estatal y autonómica y de la propia jurisprudencia del TC y sin embargo, la norma constitucional permanece inalterada. Es por ello, razona el autor, que la CE debe adecuarse a esta evolución, porque la distancia y separación entre la realidad y la norma constitucional transformará a esta en un "texto venerado pero sin capacidad para regular la organización política de la sociedad ni para mostrar a la ciudadanía el marco de convivencia"[74].

---

74 MONTILLA MARTOS, J. A., "La reforma del artículo 49 de la Constitución", *op.cit.*, pp. 216-ss.

Así las cosas, para encontrar históricamente la primera iniciativa sobre reforma constitucional del art. 49, debemos retroceder al año 2005, cuando el entonces presidente del Gobierno José Luis Rodríguez Zapatero en el Día Internacional de la Discapacidad expresa su compromiso de llevar adelante la reforma constitucional[75]. Posteriormente, la adopción por parte del Estado español el 3 de mayo de 2008 de la Convención de Nueva York de 2006 acelera la necesidad de reformar el artículo 49 de la CE, con el propósito de adecuar el texto constitucional al nuevo marco internacional de discapacidad, y al nuevo modelo social y de derechos de la discapacidad. Cierto que la doctrina venía desde entonces asentando una reinterpretación del precepto precisamente a la luz del nuevo contexto internacional para los derechos de las personas con discapacidad; y por la cual, el art. 49 CE tenía el propósito y contenido de asegurar y proteger la autonomía y autodeterminación de la persona con discapacidad como medio para adoptar decisiones sobre el propio curso vital, y para reconocer su integridad como sujeto autónomo de derechos[76].

Sin embargo, esta interpretación no frenó las aspiraciones de reformar un texto que en su redacción y su contenido evidenciaba un acusado carácter prestacional, e ignoraba a la persona con discapacidad. Y así, no será hasta 2018 cuando el texto emanado de la Comisión para las Políticas Integrales de la Discapacidad del Congreso de los Diputados, para la reforma del art. 49 CE, sea trasladado por su Presidente a la Vicepresidenta Primera del Gobierno[77]. Ahora bien, recibido este texto,

---

75 Vid. https://imserso.es/documents/20123/1845956/154dia.pdf/c84c0af7-d3b8-fd41-e238-62fc036074f9 [consulta:16/02/2024].

76 RODRÍGUEZ-PIÑERO Y BRAVO-FERRER, M., "Artículo 49 CE", *op. cit.*, pp. 1410.

77 Disponía la citada propuesta de reforma del art. CE que: 1) Las personas con discapacidad son titulares de los derechos y deberes previstos en este título en condiciones de igualdad real y efectiva, sin

el Consejo de Ministros aprueba ese mismo año el Anteproyecto de reforma del art. 49 de la CE[78], en un tiempo en el que el contenido del art. 49 no resultaba aceptable ni coherente con la sensibilidad social ni con el tratamiento jurídico en la actualidad internacional de la discapacidad[79]; y desde luego, tampoco con los avances y progresos normativos en el tratamiento de la discapacidad en España y en la UE.

Como apunta PÉREZ BUENO, la diferencia entre ambos textos se encontraba fundamentalmente en las obligaciones que implican a los poderes públicos, que en el texto del Anteproyecto aprobado por el Gobierno encerraba menciones a la inclusión social, al respeto a la libertad de elección de las personas con discapacidad, al deber de diálogo civil con las organizaciones representativas de las personas con discapacidad en

---

que pueda producirse discriminación. 2) Los poderes públicos realizarán las políticas necesarias para garantizar una vida participativa, autónoma e independiente a las personas con discapacidad. 3) Se regulará la protección reforzada de las personas con discapacidad para el pleno ejercicio de sus derechos y deberes. 4) Las personas con discapacidad gozan de la protección prevista en los acuerdos internacionales que velan por sus derechos.

78 Véase Anteproyecto de reforma del artículo 49 de la Constitución, [en línea], < https://www.mpr.gob.es/prencom/notas/documents/071218_art49consti.pdf>, [consulta: 15/02/2024].

79 Reconocen las organizaciones representativas de las personas con discapacidad el importante amparo que en su momento significó para este colectivo el reconocimiento constitucional y la visibilidad que se articuló a través del art. 49 CE. Sin embargo, reconociendo el valor de este paso, han venido reclamando un nuevo avance constitucional que diera forma a la realidad social, política y jurídica en el tratamiento de la discapacidad en el momento presente. En https://cermi.es/noticia/las-personas-con-discapacidad-se-empoderan-no-aguantaba-mas-con-esa-palabra-en-la-constitucion [consulta: 26/01/2024].

la confección y despliegue de las políticas públicas, y a las necesidades específicas de las mujeres y niñas con discapacidad[80].

Varias cuestiones llaman nuestra atención del texto del anteproyecto. Por una parte, la explícita referencia a la discriminación, que encuentra su fundamento en la ausencia de mención del art. 14 CE y, que el Anteproyecto trata de paliar al recogerlo en el art. 49 CE. En efecto, se traslada la específica referencia a la no discriminación a las personas con discapacidad del propio art. 14 CE, sede del principio de igualdad constitucional, al art. 49 CE. Igualmente, acusa esta propuesta una falta de sistemática; porque el punto tercero debiera vincularse de forma inmediata a lo dispuesto en el primer apartado, habida cuenta que en ambos se configura la dimensión subjetiva de la discapacidad, desde la perspectiva de la titularidad y el ejercicio de derechos.

Y por último, entendemos que el apartado 4 constituye una concreción normativa para el ejercicio de derechos por las personas con discapacidad, de la disposición general prevista en el art. 10.2 CE, que proclama que las normas sobre derechos fundamentales y libertades públicas "se interpretarán de conformidad con la Declaración Universal de Derechos Humanos y los tratados y acuerdos internacionales sobre las mismas materias ratificados por España", sin ignorar que el propio art. 96.1° CE, prevé que "los tratados internacionales válidamente celebrados, una vez publicados oficialmente en España, formarán parte del ordenamiento interno". Obsérvese que este apartado cuarto desaparecerá finalmente de la Proposición de Reforma del artículo 49 de la Constitución Española presentada en 2024, como consecuencia de que el Dictamen del Consejo de Estado expresó con vehemencia

---

80 PÉREZ BUENO, L. C., "Artículo 49, primera reforma social de la Constitución Española. Consideraciones y propuestas desde la discapacidad organizada", *op. cit.*, pp. 11-25.

que la interpretación conjunta del art. 96.1 y del art. 49 de la Constitución ya garantizaba la protección en España de los derechos que los tratados internacionales reconocen a las personas con discapacidad, por lo que se consideraba estéril su inclusión en el art. 49 CE.

Llegados a este momento, los diferentes vaivenes e incidentes políticos y parlamentarios[81], frenaron la reforma constitucional que no se reaviva hasta 2021, cuando el Consejo de Ministros aprueba el Proyecto de reforma del artículo 49 de la CE, relativo a la protección y promoción de los derechos de las personas con discapacidad en España[82]. Curiosamente, este nuevo texto no acogerá, como era de esperar, las observaciones expresadas por el Consejo de Estado en su Dictamen, lo que pudo determinar que la tramitación se dilatase, ante la falta de acuerdo; y así, finalmente el proceso culmina al alcanzarse el consenso entre los representantes políticos cuando el día 12 de enero de 2024 los dos grupos parlamentarios mayoritarios presentan una Proposición de reforma constitucional[83]. Ahora sí, puede decirse que el texto de la proposición incorporaba las consideraciones y modificaciones formuladas por el Consejo de Estado, así como algunas demandas que se habían presentado por la doctrina y las organizaciones representativas de las personas con discapacidad, como por ejemplo, la incorporación del principio

---

81 Sobre la tramitación de la reforma del art. 49 CE, véase MONTILLA MARTOS, J. A., *op. cit.*, pp. 211-226.

82 Véase texto en https://www.lamoncloa.gob.es/consejodeministros/Paginas/enlaces/110521-enlace-constitucion.aspx [consulta:20/02/2024].

83 Proposición de Reforma del artículo 49 de la Constitución Española. XV LEGISLATURA, Boletín Oficial de las Cortes Generales. Congreso de los Diputados. núm. 56-1, de 12 de enero de 2024.

de accesibilidad universal[84]. Finalmente, en febrero de 2024 ve la luz la ansiada reforma constitucional, con la publicación de la nueva redacción del art. 49 CE[85].

Con acierto califica PÉREZ BUENO la modificación del art. 49 CE como "reforma social de la Constitución", en la que además del referido precepto, en un plan de modificación más ambicioso, proponía una revisión de largo alcance, que en el ámbito de la discapacidad alcanzaría también a la redacción del art. 14, con el propósito de mencionar expresamente la discapacidad, elevando al mayor rango posible la garantía de igualdad y de no discriminación por motivos asociados a la circunstancia de discapacidad[86]. Recordar a estos efectos, que en la actual redacción del citado precepto, no se menciona la discapacidad, aunque tácitamente se encontraría implícita en la medida en que se hace alusión a "cualquier otra condición o circunstancia personal o social". Cierto que no podemos ignorar la interpretación del TC, que en este sentido, ha declarado en reiteradas resoluciones que el art. 49 CE, debe interpretarse de manera conjunta con el art. 14 CE[87]; de esta forma, argumenta el TC, ambos configuran un doble mandato constitucional a los poderes públicos: por una parte, un mandato general de impedir cualquier forma de discriminación por razón de discapacidad; y por otra, un

---

[84] Por todos, TURTURRO PÉREZ DE LOS COBOS, S., "El modelo social de discapacidad: un cambio de paradigma y la reforma del artículo 49 CE". *Lex Social, Revista de Derechos Sociales,* 12, 1, 2022, pp. 63-64.

[85] Reforma del artículo 49 de la Constitución Española, de 15 de febrero de 2024. BOE núm. 43, de 17 de febrero de 2024.

[86] PÉREZ BUENO, L. C., "Artículo 49, primera reforma social de la Constitución Española. Consideraciones y propuestas desde la discapacidad organizada", *op. cit.*, pp. 17-18.

[87] Entre otras, STC 18/2017, de 2 de febrero. BOE núm. 59, de 10 de marzo de 2017 y STC 161/2021, 4 de octubre. BOE núm. 268, de 9 de noviembre de 2021.

mandato específico que impulse "las políticas que garanticen la plena autonomía personal y la inclusión social" de las personas con discapacidad. Ambos mandatos se complementan en aras de la protección constitucional de aquellas, y desde luego, a nuestro juicio, son exigibles a los poderes públicos, como instrumento necesario para la protección constitucional de la dignidad y la igualdad de toda persona.

No se ocultaba la dificultad de alcanzar una reforma como la que proponía la doctrina, que hubiera significado la categorización como fundamentales de los derechos sociales, entre ellos, el de inclusión social de las personas con discapacidad, para de este modo, dotarles del pleno reconocimiento y de la mayor protección posible. Sin embargo, como bien sabemos, esta propuesta no prosperó, tanto por carecer del necesario consenso político, como también, porque se aspiraba a dotar del protagonismo merecido a la reforma del art. 49 CE, habida cuenta de su alcance y significación en la configuración de un nuevo modelo constitucional de discapacidad[88].

Finalmente, y mediante una reforma calificada de histórica, se elimina de la CE la humillante referencia a las personas con discapacidad como "disminuidos físicos, sensoriales y psíquicos"; igualmente, se supera el modelo asistencial, para incorporar el modelo de derechos en nuestra norma fundamental, y se articulan constitucionalmente los principios de plena autonomía, inclusión y participación social, que deberán ser impulsados por los poderes públicos. Responde así el legislador constitucional a una legítima demanda de las entidades representativas y de la sociedad, que dignifica a la Constitución Española, y acerca sus principios a la realidad social y al contexto internacional de los derechos de las personas con discapacidad.

---

88 LORENZO GARCÍA, R. de, "Reforma social de la Constitución: Comentarios y Reflexiones al artículo 49", *op. cit.*, pp. 33-34.

6. A MODO DE REFLEXIÓN FINAL

En la UE el tratamiento de la discapacidad se encontró condicionado por dos factores: el primero, el propio germen que dio origen a la UE, enfocado en la construcción de un mercado económico común; y el segundo, la evolución en el discurso social y normativo de la discapacidad en los Estados miembros. Desde estas premisas, la adopción de la Convención de Nueva York de 2006 representó el compromiso más importante y ambicioso de cuantos ha desarrollado la Unión Europea en materia de discapacidad hasta el momento. Cierto que la Carta de Derechos Fundamentales de la UE, con el reconocimiento expreso de no discriminación de las personas con discapacidad en su artículo 21, representó igualmente un avance muy importante.

No obstante, si bien el modelo de discapacidad en la UE fue evolucionando hasta la reciente Estrategia de discapacidad 2021, el camino recorrido para la protección de los derechos de las personas con discapacidad muestra el importante progreso en el tratamiento de la discapacidad. Queda aún que la UE intensifique sus esfuerzos para dar cumplimiento real y efectivo a los postulados que impone la Convención, estableciendo mecanismos eficaces para el seguimiento y verificación de dicho cumplimiento. Con todo, llegados a este tiempo, se echa en falta la adopción de un texto que se ocupe exclusivamente y con carácter general, de garantizar el ejercicio pleno y en condiciones de igualdad de los derechos y de asegurar la no discriminación de los ciudadanos con discapacidad de la UE.

Si como expresábamos, la adopción de la Convención de Nueva York de 2006 representó un significativo progreso para la UE en el tratamiento de la discapacidad, en el ordenamiento jurídico español representó no solo un impulso para asentar normativamente sobre un nuevo paradigma la discapacidad en nuestro país, sino que evidenció también lo alejado que se encontraba el sistema jurídico español de los postulados, valores y principios que el texto internacional pretendía establecer en los Estados.

La dispersa maraña normativa que aún a día de hoy se disemina por el ordenamiento español regulando la discapacidad, no favorece un tratamiento ordenado, coherente y sistemático de los derechos de las personas con discapacidad en nuestro país. Y así, frente a esta dispersión normativa, la Convención ha intentado poner orden en nuestro panorama legislativo, sembrando en nuestro sistema jurídico nacional la semilla de un nuevo discurso sobre la discapacidad. En nuestro país se había iniciado ya una transformación normativa en el tratamiento y consideración de la discapacidad, y la adopción de la Convención de Nueva York de 2006 consiguió acelerar el proceso, y precipitó una sucesión de normas que han intentado acomodarse al nuevo paradigma social de la discapacidad. No olvidemos, sin embargo, que el referido texto internacional desde su adopción forma parte del ordenamiento español, sin que sea precisa adaptación o trasposición legislativa, como proclama el art. 96.1° CE. Bien es cierto, que el desorden legislativo y la acumulación de normas sobre discapacidad, hicieron necesaria la adopción de una ley general, para la armonización de los diferentes ámbitos legales sobre los que incide la discapacidad; nos referimos al Decreto Legislativo 1/2013, de 29 de noviembre.

Por otra parte, en la Constitución Española la única referencia a la discapacidad contenida en el art. 49 CE, se enmarca entre los principios rectores que se configuran como derechos sociales y no poseen, en sentido estricto, la consideración de derechos fundamentales, bien al contrario, se identifican con mandatos encaminados a exigir a los poderes públicos el cumplimiento de políticas y acciones públicas necesarias para la satisfacción de los derechos e intereses proclamados constitucionalmente; una técnica legislativa que se acomodaba al modelo asistencial o médico de discapacidad, pero que resultaba incompatible con el paradigma que propugnaba la Convención de Nueva York de 2006.

Por ello, la reforma constitucional del art. 49 CE se reivindicaba como el recurso necesario para resarcir el agravio histórico que venían padeciendo las personas con discapacidad, tanto con el empleo de un lenguaje cruel y doloroso, impropio de un texto constitucional en la sociedad contemporánea; como con el superado modelo de discapacidad médico o rehabilitador que acogía nuestro texto constitucional. En verdad, no podemos caer en la tentación de reducir la reforma constitucional a una revisión de redacción y lenguaje, porque aun siendo relevante esta reparación constitucional, sin embargo no puede ocultar que se produce una transformación constitucional de los principios que inspiran y animan el tratamiento de la discapacidad a partir de entonces. En efecto, las personas con discapacidad no se identifican como sujetos beneficiarios de políticas asistenciales y paternalistas; en su lugar, se reconoce la plenitud, igualdad y libertad en el ejercicio de los derechos y libertades fundamentales en idénticas condiciones que para toda persona. Ciertamente, la nueva redacción del art. 49 CE establece que una ley, desde los valores de autonomía personal y libre desarrollo de la personalidad, garantizará el ejercicio de derechos en iguales circunstancias y oportunidades que a toda persona. Se podrá argumentar que esta idea ya se encontraba implícita en los valores y principios constitucionales proclamados en el art. 14 CE y en el art. 53.3 CE, a lo que debe responderse que esta mención general no era suficiente; la dignidad de las personas con discapacidad, constitucionalmente solo se entenderá respetada cuando se garantice su igual participación social, y se asegure el ejercicio de derechos desde una vida autónoma, sin discriminación y en igualdad de condiciones.

Si la norma fundamental de un país se constituye como pilar jurídico de su desarrollo social, político y normativo, la reciente reforma del art. 49 CE ha contribuido a dignificar nuestro texto constitucional, y a edificar sobre un nuevo modelo de derechos y de autonomía de la persona el tratamiento constitucional de la discapacidad, de conformidad con los valores que internacionalmente vienen inspirando el reconocimiento y ejercicio de los derechos por las personas con discapacidad.

7. BIBLIOGRAFÍA

ÁLVAREZ GARCÍA, H., "La tutela constitucional de las personas con discapacidad", *Revista de Estudios Políticos,* 100, 2017, pp. 1027-1055.

ASIS ROIG, R. de, "De nuevo sobre Constitución y discapacidad", *Universitas,* 31, 2020, pp. 52-64.

BIEL PORTERO, I., *Los Derechos de las personas con discapacidad en el marco jurídico internacional y europeo,* Tesis Doctoral, Universidad Jaume I, [en línea], 2009, https://www.tdx.cat/handle/10803/384628#page=1, [consulta: 11/04/2024].

— "Los derechos humanos de las personas con discapacidad en perspectiva europea". Diálogos jurídicos España-México: volumen V, *Colección Estudis jurídics,* 21, 2015, pp. 59-86.

BIEL PORTERO, I. y REY ANEIROS, A., "Las personas con discapacidad ante la Unión Europea: del paternalismo inicial al reconocimiento de derechos", en *Los Tratados de Roma en su cincuenta aniversario. Perspectivas desde la Asociación Española de Profesores de Derecho Internacional y Relaciones Internacionales,* Marcial Pons, Madrid, 2008.

CAMPOY CERVERA, I., "La discapacidad y su tratamiento conforme a la Constitución Española de 1978". En *Igualdad, no discriminación y discapacidad: una visión integradora de las realidades española y argentina,* Dykinson, Madrid, 2007, pp. 145-208.

CORREIA GOMES, J., "Constitucionalismo, deficiência mental e discapacidade: um apelo aos direitos", *JULGAR,* 29, 2016, pp. 119.151.

CUENCA GÓMEZ, P., Los derechos fundamentales de las personas con discapacidad. Un análisis a la luz de la convención de la ONU, Universidad de Alcalá, Madrid, 2012.

— "El sistema de apoyo en la toma de decisiones desde la Convención Internacional sobre los Derechos de las Personas con Discapacidad: Principios Generales, Aspectos Centrales e Implementación en la legislación española", *REDUR,* 10, 2012, pp. 61-94.

ESTARÁS FERRAGUT, R. "La discapacidad en la Unión Europea", *ANALES DE DERECHO Y DISCAPACIDAD. Revista científica de Derecho de la Discapacidad,* Número Especial, julio 2022, Año VII, 2022, p. 201-2010.

FERNÁNDEZ DE BUJAN Y FERNÁNDEZ, A., "Constitución y discapacidad: la protección de las personas con discapacidad como paradigma del estado social", *RJUAM,* 46, 2022-II, pp. 9-29.

GARCÍA RUBIO, Mª P., "La reforma de la discapacidad en el Código civil. Su incidencia en las personas de edad avanzada", *AFDUAM,* 25, 2021, pp.81-109.

HERRÁN ORTIZ, A.I., "Hacia un nuevo modelo en el tratamiento jurídico de la discapacidad intelectual en el Código civil español: interés vs. voluntad de la persona". En *Cuestiones Actuales del Derecho de Familia. Una visión inclusiva e interdisciplinar,* Tirant lo blanch, Valencia, 2022, pp. 284-382.

JIMÉNEZ LARA, A. y HUETE GARCÍA, A., "Políticas públicas sobre discapacidad en España. Hacia una perspectiva basada en los derechos", *Política y Sociedad,* 47, 1, 2010, pp. 137-152.

LAFAYETTE, P., "Direitos humanos e o direito internacional da pessoa portadora de deficienciência", *Revista do Instituto de Pesquisas e estudos,* 42, 50, 2002, pp. 75-89.

LÓPEZ ÁLVAREZ, P., "La igualdad de trato de las personas con discapacidad en la Unión Europea", en *2003-2012: 10 Años de legislación sobre no discriminación de personas con discapacidad en España (Estudios en homenaje a Miguel Ángel Cabra de Luna),* CERMI- Cinca, Madrid, 2012, pp. 121-140.

LORENZO GARCÍA, R. de, "Panorámica del impacto de la Convención en los Derechos de las Personas con Discapacidad en España", *Anales de Derecho y Discapacidad,* 1, 2016, pp. 143-168.

— "Reforma social de la Constitución: Comentarios y Reflexiones al artículo 49", *Anales de Derecho y Discapacidad,* 3, Año III, 2018, p.11-40.

MONTILLA MARTOS, J. A., "La reforma del artículo 49 de la Constitución", ANALES DE DERECHO Y DISCAPACIDAD. *Revista científica de Derecho de la Discapacidad,* Número Especial, julio 2022, Año VII, pp. 211-226.

OLIVEIRA ASCENSÃO, J., "Pessoa, Direitos fundamentais e Direito da personalidade", *Revista da Faculdade de Direito da Universidade de Lisboa,* 1 y 2, 2002, pp. 9-32.

PÉREZ BUENO, L.C., "Discapacidad, Derecho y Políticas de Inclusión", *Colección CERMI,* núm. 45, Cinca, Madrid, 2010.

PÉREZ LUÑO, A. E., «Reflexiones sobre los valores de igualdad y solidaridad. A propósito de una Convención Internacional para promover y proteger los derechos y la dignidad de las personas con discapacidad». En *Los derechos de las personas con discapacidad: perspectivas sociales, políticas, jurídicas y filosóficas,* Dykinson, Madrid, 2004, pp. 35-57.

PÉREZ-DOMÍNGUEZ, F., "El tratamiento de la discapacidad por la Unión Europea: entre la pujanza de la tutela antidiscriminatoria y las limitaciones a la política social", *ReDCE,* 36, Julio-Diciembre de 2021, pp. 105-145.

PÉREZ DE ONTIVEROS BAQUERO, C., "La Convención internacional sobre los derechos de las personas con discapacidad y el sistema español de modificación de la capacidad de obrar", *Derecho Privado y Constitución,* 23, enero-diciembre, 2009, pp. 335-368.

QUINN, G. y DEGENER, T., *Derechos humanos y discapacidad. Uso actual y posibilidades futuras de los instrumentos de derechos humanos de las Naciones Unidas en el contexto de la discapacidad,* Naciones Unidas, Nueva York / Ginebra, 2002.

RANGEL ROSSO NELSON, R. C. et alt.,"Dos direitos das pessoas com deficiencia: um pasar de olhos pelos diversos ramos do direito na construção de um plexo normativo", *Revista de Direito constitucional e internacional,* 100, 2017, pp. 187- 218.

REY MARTÍNEZ, F., "Igualdad y prohibición de discriminación: de 1978 a 2018", *Revista de Derecho Político,* 100, septiembre-diciembre 2017, pp.125-171.

RODRÍGUEZ-PIÑERO Y BRAVO-FERRER, M., "Artículo 49 CE", en *Comentarios a la Constitución Española,* Tomo I, BOE/Fundación Wolters Kluwer, Madrid, 2018, pp. 1404-1416.

SÁNCHEZ BALLESTEROS, V., *La discapacidad en España tras la reforma de la Ley 8/2021.Las competencias de los Estados como garantes de su eficaz inclusión,* Dykinson, Madrid, 2023.

SEOANE, J. A., "La Respuesta Jurídica a la Discapacidad: El Modelo de los Derechos". En *La perspectiva de derechos humanos de la discapacidad. Incidencia en la Comunidad Valenciana,* Tirant lo blanch, Valencia, 2012.

SERRANO, J. L., "Algunas hipótesis sobre los principios rectores de la política social y económica", *Revista de Estudios Políticos,* 56, 1987, pp. 95-119.

SOUSA, F. V. de, "A multifuncinalidade da dignidade da pessoa humana e as pessoas com deficiencia", *Scientia Juridica*, LXVIII, 349, 2019, pp. 49-63.

—*A Convenção das Nações Unidas sobre os Direitos das Pessoas com Deficiência no Ordenamiento Jurçidico Português. Contributo para a Compreensão do Estuto Jusfundamental*, Almedina, Coimbra, 2018.

TÁVORA VÍTOR, P., "Capacidade e Incapacidades — Respostas do Ordenamento Jurídico Português e o artigo 12. da Convenção dos Direitos das Pessoas com Deficiência", *Sociedade e Trabalho*, 39, 2009, pp. 39-55.

TOBOSO-MARTÍN, M., "De los discursos actuales sobre la discapacidad en España", *Política y Sociedad*, 2, 2013, pp. 681-706.

TURTURRO PÉREZ DE LOS COBOS, S., "El modelo social de discapacidad: un cambio de paradigma y la reforma del artículo 49 CE", *Lex Social, Revista de Derechos Sociales*, 12, 1, 2022, pp. 37-65.

VELARDE LIZAMA, V., "Los modelos de la discapacidad: un recorrido histórico", *REVISTA EMPRESA Y HUMANISMO*, XV, 1, 2012, pp.115-136.

VICTOR, A. y HOSTMAELINGEN, N. (Ed.), *Direitos das pessoas com deficiência*, Edições Sílabo, Lisboa, 2017.

VICTORIA MALDONADO, J. A., "El modelo social de la discapacidad: una cuestión de derechos humanos", *Boletín Mexicano de Derecho Comparado*, XLVI, 138, septiembre-diciembre de 2013, pp. 1093-1109.

Capítulo 6

La autonomía de la voluntad de la persona con discapacidad intelectual en la prestación del consentimiento informado en el ámbito sanitario. Especial referencia a la normativa en Cataluña

ESTIBALIZ JORGE SILVA
Doctoranda en el Programa Derecho económico y de la Empresa
Facultad de Derecho. Universidad de Deusto

1. INTRODUCCIÓN

La Ley 8/2021, de 2 de junio, por la que se modifica la legislación civil y procesal en materia de discapacidad[1] (en adelante, Ley 8/2021) ha traído consigo numerosos cambios en lo que a concebir la voluntad de la persona con discapacidad se refiere. No obstante, siguen perdurando numerosas Leyes que contravienen los principios rectores de la citada Ley y, por lo tanto, la Convención de los Derechos de las Personas con Discapacidad[2] (en adelante, CDPD), entre las que destacamos la Ley 41/2002, de 14 de noviembre, básica reguladora de la autonomía del paciente y de derechos y obligaciones en materia de información y documentación clínica[3] (en adelante Ley 41/2002).

En este contexto, se ha de destacar el importante conflicto que suponen las delegaciones de competencias legislativas a las Comunidades Autónomas, como es el caso de Cataluña, donde se acentúan algunas problemáticas a nivel competencial que tendremos en cuenta, a la vez que analizaremos cuál ha de ser la ley aplicable y la interpretación de la misma en lo que al consentimiento informado de la persona con discapacidad

---

1 Ley 8/2021, de 2 de junio, por la que se reforma la legislación civil y procesal para el apoyo a las personas con discapacidad en el ejercicio de su capacidad jurídica, Boletín Oficial del Estado núm. 132, de 3 de junio de 2021.

2 Convención sobre los derechos de las personas con discapacidad, de 13 de diciembre de 2006, Resolución aprobada por la Asamblea General, Organización de las Naciones Unidas, hecha en Nueva York. Instrumento de Ratificación de España, Boletín Oficial del Estado, núm. 96, de 21 de abril de 2008.

3 Ley 41/2002, de 14 de noviembre, básica reguladora de la autonomía del paciente y de derechos y obligaciones en materia de información y documentación clínica, Boletín Oficial del Estado núm. 274, de 15 de noviembre de 2002.

intelectual se refiere, teniendo presentes los principios rectores de la Ley 8/2021.

Como veremos a lo largo del trabajo, los ajustes razonables constituirán la cúspide de los principios orientadores a tener en consideración en la prestación del consentimiento informado por la persona con discapacidad intelectual, partiendo siempre de la primacía de la voluntad de la persona, acudiendo únicamente de manera excepcional y subsidiaria a la representación de esta voluntad.

2. LA EVOLUCIÓN DE LOS PRINCIPIOS DEL DERECHO DE LA DISCAPACIDAD EN EL ÁMBITO SANITARIO

La CDPD en el plano internacional, y la Ley 8/2021 en el ámbito nacional, han supuesto un cambio significativo en lo que a la transformación del derecho de la discapacidad se refiere. Este avance ha sido paulatino y progresivo, pero la realidad nos muestra que los progresos en este sentido no han sido incluidos en todos los ámbitos del Derecho.

De este modo, la legislación sanitaria se ha visto avocada a la perpetración de una larga trayectoria basada en una perspectiva paternalista, poco orientada al respeto de la voluntad, derechos y preferencias de la persona con discapacidad intelectual. Tal y como explica AZCUNA[4], a lo largo de la historia, la tradición hipocrática ha sido la encargada en definir la relación existente entre los pacientes y los profesionales sanitarios,

---

4 AZCUNA, I., "La información y el consentimiento informado. Principios y pautas de actuación en la relación clínica", *Documento de las comisiones promotoras de los comités de ética asistencial del país vasco"*, disponible en https://www.osakidetza.euskadi.eus/contenidos/informacion/cbil_legislacion/es_cbil/adjuntos/infor_cast.pdf, p. 9,[consulta: 22/04/2024].

por medio de un modelo denominado "*beneficente-paternalista*", figurando la buena aportación del médico al paciente como si de un hijo se tratara, considerando que este desconoce o conoce mal su padecimiento y la manera de curarse. Así, según el autor, es el médico el que sabe qué le ocurre al paciente y cómo tratarlo, obviando el consentimiento del propio paciente basándose en un principio básico que es el de "*Primum non nocere*", es decir, "ante todo no perjudicar". Estos principios se encuentran interrelacionados con el modelo médico o paternalista de la discapacidad, que entiende que la persona ha de ser rehabilitada a fin de "normalizarla"[5], y que considera que las personas con discapacidad no se valen por sí mismas, de modo que ha de ser un tercero quien decida por ellas sobre su propia vida, intimidad, voluntad y derechos.

A pesar de ello, no podemos olvidar los avances tan significativos que se han dado a lo largo de la historia, fundamentalmente en lo que al consentimiento informado de la persona con discapacidad se refiere.

Así, en el plano internacional, hemos de hacer referencia al "movimiento de vida independiente"que aboga por una inclusión plena de las personas con discapacidad, reivindicando al lema de "nada sobre nosotros sin nosotros" que las mismas tienen mucho que aportar a la sociedad si bien ello queda supeditado a la aceptación de sus diferencias. Este movimiento consistió precisamente en que ninguna decisión concerniente a la discapacidad se tomara sin que esta fuera llevada a cabo por las propias personas con discapacidad[6].

---

5 PALACIOS, A., "El modelo social de discapacidad: orígenes, caracterización y plasmación en la Convención Internacional sobre los Derechos de las Personas con Discapacidad", CERMI, Colección Nº 36, 2008, p.26.

6 EVANS, J., "El Movimiento de vida independiente en el Reino Unido", en *El movimiento de vida independiente. Experiencias internacionales*, Fundación Vives, Madrid, 2003, pp. 191 y ss.

Estos movimientos y reivindicaciones impulsaron la transformación del ámbito sanitario, a través de las llamadas "*Cartas de Derechos de los Enfermos*"[7] de 1972, que constituyeron un requisito indispensable en los hospitales de Estados Unidos. Es de destacar que el aspecto más relevante de estas cartas está constituido precisamente por el consentimiento informado, que tenía como finalidad favorecer la relación entre personal sanitario y paciente. Curiosamente, los antecedentes de estas cartas se encuentran en el Código de Nuremberg de 1947[8], que se encargó de exponer aquellos principios básicos que había de respetarse en cualquier experimentación en seres humanos, que en caso de obviarla, sería estimada ilegal e inmoral[9].

Igualmente, y ya a finales del siglo XX y a principios del XXI, se aprueban la Declaración sobre la Promoción de los Derechos de los Pacientes en Europa, promovida en 1994 por la Oficina Regional para Europa de la Organización Mundial de la Salud[10], y el Convenio sobre Derechos Humanos y Biomedicina

---

7 En VILLALAÍN BLANCO, J. D. "Los derechos del enfermo", *Cuadernos de Bioética, 4 1995,* disponible en: https://aebioetica.org/revistas/1995/4/24/460.pdf; y en BELLVER CAPELLA, V., TORREGROSA SÁNCHEZ, R. y LLORÉNS BAÑÓN, L., "La Bioética y la clínica. Una aproximación a la práctica diaria", en "Estudios para la Salud, 17", *Escuela Valenciana de Estudios para la salud",* Valencia, 2005, p.14.

8 El Código de Nüremberg, Normas éticas sobre experimentación en seres humanos, 1947, disponible en: https://www.colmed9.com.ar/Bioetica/C%C3%93DIGO_DE_N%C3%9CREMBERG.pdf

9 AZCUNA, I., "La información y el consentimiento informado. Principios y pautas de actuación en la relación clínica", *op. cit.*, p. 9 [consulta:22/04/2024].

10 Organización Mundial de la Salud, Oficina Regional para Europa, "Consulta Europea sobre los Derechos de los Pacientes", hecha en Amsterdam, 28-30 de marzo de 1994.

del Consejo de Europa[11], de 1997, también llamado por su materia Convenio de Bioética o Convenio de Oviedo con motivo del lugar en que fue llevado a cabo; y por último, hemos de hacer especial mención a la influencia de la Carta de los Derechos Fundamentales de la Unión Europea (en adelante, la Carta), aprobada en Niza, el 28 de septiembre del año 2000[12].

En este sentido, la mencionada Carta dispone en su art. 3.2. que *"en el marco de la medicina y de la biología se respetarán en particular: el consentimiento libre e informado (...)"*, en tanto que *el* Convenio de Bioética, por su parte, considera como principio general la prohibición de ser forzado a someterse a una intervención médica sin el consentimiento del paciente, y atendiendo en este supuesto a su naturaleza de tratado internacional, ha de tenerse en cuenta su carácter preferente sobre disposiciones estatales como la Ley 41/2002.

Es por ello que tras la aprobación de la CDPD, el derecho de la discapacidad dio paso a un nuevo modelo, el modelo social de la discapacidad, que considera que el problema de la discapacidad es la falta de adaptación de la sociedad a la diversidad funcional, de tal forma que se entiende que cualquier persona con discapacidad es capaz de aportar a la sociedad lo mismo que una persona sin discapacidad siempre que la sociedad consiga llevar a cabo las modificaciones necesarias para facilitarles tal adaptación. Por lo tanto, se han dejado atrás tanto las cuestiones religiosas como científicas o

---

11 Instrumento de Ratificación del Convenio para la protección de los derechos humanos y la dignidad del ser humano con respecto a las aplicaciones de la Biología y la Medicina (Convenio relativo a los derechos humanos y la biomedicina), hecho en Oviedo el 4 de abril de 1997, Boletín Oficial del Estado, núm. 251, de 20 de octubre de 1999.

12 Carta De Los Derechos Fundamentales de la Unión Europea, Diario Oficial de las Comunidades Europeas, hecha en Niza, el 18 de diciembre del 2000, (2000/C 364/01).

médicas que inundaban de prejuicios las mentalidades de la sociedad, las instituciones y el poder legisaltivo. Por su parte, destacan como valores trascendentales la igualdad, la autonomía, la libertad individual, la inclusión, no discriminación, accesibilidad universal, la vida independiente, etc.[13].

A pesar de las críticas, no hay que obviar el gran avance que han supuesto en el entendimiento de la discapacidad no únicamente como cuestión del individuo que la padece sino de la responsabilidad de la sociedad en adaptarla a sus limitaciones. Asimismo, significó la base para la elaboración de la Clasificación internacional del funcionamiento, la discapacidad y la salud[14] de 2001, y que reconoce la constante evolución del concepto de la discapacidad, así como que la misma es resultado de la interacción entre las personas con discapacidad y las propias barreras actitudinales y del entorno, como límites que perjudican su participación en la sociedad, en condiciones de igualdad[15], motivo por el cual no puede negarse la aportación del modelo social y de Vida independiente en el discurso internacional sobre discapacidad[16].

No obstante, estos postulados se enfrentan a la normativa sanitaria por cuanto la misma se encuentra inspirada en el modelo médico o rehabilitador, motivando que los preceptos relativos al consentimiento informado, en lo que a la persona con discapacidad se refiere, entre los que destacamos los artículos 3, 5 y, fundamentalmente, el artículo 9, tengan una marcada

---

13 *Ibidem*, p. 27.

14 Organización Mundial de la Salud (OMS), *Clasificación Internacional del funcionamiento, la discapacidad y la salud*, Ginebra, 2001.

15 Véase Preámbulo de la CDPD.

16 PÉREZ DALMEDA, M. E. y CHHABRA, G., "Modelos teóricos de discapacidad: un seguimiento del desarrollo histórico del concepto de discapacidad en las últimas cinco décadas", *Revista Española de Discapacidad*, núm. 7 (I), 2019, p. 15.

perspectiva paternalista. Ello es así por cuanto la Ley 41/2002 mantiene como punto de partida la de toma de decisiones por representación y sustitución de la voluntad de la persona con discapacidad, en lugar de prever el consentimiento informado por la propia persona, y en caso de ser necesarias, por medio de las correspondientes medidas de apoyo[17]. Por consiguiente, resulta necesario reflexionar acerca de cómo habrán de interpretarse estos preceptos a la luz de la Ley 8/2021, así como de la CDPD.

3. LEY APLICABLE E INTERPRETACIÓN NORMATIVA DEL CONSENTIMIENTO INFORMADO DE LA PERSONA CON DISCAPACIDAD INTELECTUAL

3.1. La complejidad de determinar la ley aplicable en cuanto al consentimiento informado de la persona con discapacidad intelectual se refiere, especial mención al caso de Cataluña

Para poder analizar la determinación del régimen aplicable al consentimiento informado de la persona con discapacidad intelectual, debemos acudir primeramente al art. 3 de la Ley 41/2002, que lo define como aquella conformidad expresada por un paciente de manera libre, voluntaria y consciente siendo esta "*manifestada en el pleno uso de sus facultades después de recibir la información adecuada*", cuando su salud vaya a ser afectada por una intervención. Esta afirmación ha de ponerse en relación con la *Carta de Derechos y Deberes del paciente del Instituto*

---

17 ANDREU MARTÍNEZ, M.B., "Autonomía en el ámbito sanitario de las personas con discapacidad: el dilema que plantea la ley de autonomía del paciente y su reflejo en la doctrina del TC", *Actualidad Jurídica Iberoamericana*, 20, febrero 2024, p. 133.

Nacional de la Salud, (INSALUD), de 1984[18], que en su art. 4º dispone el derecho del paciente o de su representante legal de recibir información completa y continuada, de manera tanto verbal como escrita y en un lenguaje comprensible, de todo el proceso, incluyendo los riesgos de la intervención.

El primer problema que surge a la hora de establecer cuál va a ser la Ley aplicable al consentimiento informado, es decir, si la Ley 41/2002, la legislación autonómica o la Ley 8/2021, es precisamente la dispar legislación existente, lo que conlleva un cruce normativo complejo, y en ocasiones, contradictorio[19].

Así, acudimos inicialmente a la regulación dada por nuestra Carta Magna. En este sentido, en su art. 43. 1º CE reconoce "el derecho a la protección de la salud", en el artículo 149.1.1ª establece la competencia exclusiva del Estado en el ámbito legislativo para garantizar unos criterios básicos de igualdad de todos los ciudadanos, y en el art. 149.1º.16ª dispone expresamente la competencia exclusiva del Estado en materia de sanidad, en cuanto a la determinación de las bases y la coordinación de la misma se refiere[20]. Sin embargo, el art. 148.1.21ª CE prevé la competencia de las Comunidades Autónomas en materia de

---

18 CÁRCELES-GUARDIA, F., "Carta de Derechos y Deberes del paciente, 1984-2004", *Rev. Calidad Asistencial*, 20,6, 2005.

19 TORRELLES TORREA, E., "La voluntad anticipada, la voluntad hipotética y el «mayor beneficio para la vida y salud del paciente» en el consentimiento informado de las personas con discapacidad en el ámbito sanitario", *InDret*, 3, 2022, p. 81 y GARCÍA RUBIO, Mª. P., «La reforma de la discapacidad en el Código civil. Su incidencia en las personas de edad avanzada», *Anuario de la Facultad de Derecho de la Universidad Autónoma de Madrid (AFDUAM)*, 25, 2021, p. 100.

20 LABACA ZABALA, Mª. L., "El consentimiento informado en el ámbito de la sanidad: estudio de la evolución jurisprudencial", *Materiales docentes realizados en la Convocatoria de Open Course Ware (OCW) de 2011 de la Universidad del País Vasco/Euskal Herriko Unibertsitatea,* 2011, pp. 5-6.

sanidad siempre que estas la asuman de acuerdo con lo establecido en sus respectivos Estatutos. No obstante, es claro que el legislador ha pretendido el aseguramiento de la igualdad en el ejercicio del derecho de autonomía del paciente en todo el territorio nacional, motivo por el cual la Ley 41/2002 es de carácter básico en tanto en cuanto puede ser desarrollada por la legislación autonómica, entendiéndose que deberá ajustarse a contenido de la primera[21].

En el marco de estas competencias otorgadas a las Comunidades Autónomas estas han aprobado diversas Leyes sobre la materia[22], entre las cuales destacan la legislación catalana, que será objeto de estudio a continuación.

De esta manera, hemos de tener en cuenta que, a la vista de los artículos 111-2 y 111-5 del Libro primero del Código civil de Cataluña (en adelante CCCat)[23] la reciente Ley estatal 8/2021, en lo que al derecho civil sustantivo se refiere, no le es de aplicación directa ni supletoria, aunque sí le afectan las modificaciones de carácter procesal que introduce[24].

Esta decisión legislativa determinó en Cataluña la aprobación del Decreto-Ley 19/2021 de 31 de agosto por el que se adapta el CCCat a la reforma del procedimiento de modificación

---

21 SANCHO GARGALLO, I., "Tratamiento legal y jurisprudencial del consentimiento informado". *InDret*, Working Paper, 209, abril de 2004, p. 3.

22 PLAZA PENADÉS, J., "La Ley 41/2002, básica sobre autonomía del paciente, información y documentación clínica", *Actualidad Aranzadi*, 562, 2002.

23 Ley 29/2002, de 30 de diciembre, primera Ley del Código Civil de Cataluña. DOGC núm. 3798, de 13 de enero de 2003.

24 TORRELLES TORREA, E., "La voluntad anticipada, la voluntad hipotética y el «mayor beneficio para la vida y salud del paciente» en el consentimiento informado de las personas con discapacidad en el ámbito sanitario", *op. cit.*, p.80.

judicial de la capacidad (en adelante DL 19/2021) que otorga una nueva redacción a los preceptos relativos al asistente[25]. El DL 19/2021 tiene una vocación temporal y transitoria hasta que se apruebe la reforma del libro segundo del CCCat. Con su aprobación se ha evitado un vacío legal en Cataluña, habida cuenta que la Ley 8/2021 suprime el procedimiento judicial de modificación de la capacidad[26].

Asimismo, en el ámbito concreto del consentimiento informado, hemos de acudir a los arts. 212-1, 212-2 y 212-3 del CCCat, complementarios de la regulación de la Ley 21/2000, de 29 de diciembre, sobre los derechos de información concernientes a la salud y la autonomía del paciente, y la documentación clínica (en adelante, Ley 21/2000)[27]. Estos preceptos serán objeto de un mayor desarrollo en un epígrafe posterior de este trabajo, relativo a la prestación del consentimiento por representación.

Del mismo modo, hemos de tener en consideración que, conforme a la Disposición Adicional 1ª de la Ley 41/2002, esta tiene carácter básico, de tal forma que será igualmente aplica en Cataluña[28]. Esto implica que cualquier interpretación de la

---

25 Decreto-ley 19/2021, de 31 de agosto, por el que se adapta el Código Civil de Cataluña a la reforma del procedimiento de modificación judicial de la capacidad, BOE núm. 265, de 5 de noviembre de 2021. En Cataluña no se prevé la medida de la curatela sino la del Asistente, es por eso que las modificaciones se aplican a esta figura.

26 TORRELLES TORREA, E., "La voluntad anticipada, la voluntad hipotética y el «mayor beneficio para la vida y salud del paciente» en el consentimiento informado de las personas con discapacidad en el ámbito sanitario", *op. cit.*, p.80.

27 Ley 21/2000, de 29 de diciembre, sobre los derechos de información concernientes a la salud y la autonomía del paciente, y la documentación clínica, *Boletín Oficial del Estado* núm. 29, Comunidad Autónoma de Cataluña, de 2 de febrero de 2001.

28 *Ibidem*, p.80.

normativa catalana al respecto debe ser coherente con ella, por cuanto únicamente está facultada para su desarrollo, sin poder contradecir los aspectos básicos regulados en la Ley estatal[29].

3.2. La interpretación normativa de la legislación en materia sanitaria sobre el consentimiento informado a la luz de los principios de la legislación de discapacidad

Teniendo en cuenta lo anteriormente expuesto, hemos de analizar la interpretación que ha de darse a los preceptos que no estén adecuados a los principios rectores del derecho de la discapacidad. Así, en primera instancia, hemos de atender a la postura del Tribunal Supremo en cuanto a la consideración del consentimiento informando en el ámbito sanitario como un derecho fundamental[30]. De acuerdo con ello, MÉJICA GARCÍA y DÍEZ RODRÍGUEZ consideran que es un pronunciamiento acertado y que constituye un reflejo necesario del derecho a disponer sobre el propio cuerpo[31].No obstante, otra parte de la doctrina, entre los que destacan SANCHO GARGALLO[32], se oponen a esta declaración, al entender que ello puede conllevar a erróneas interpretaciones, al no precisar si con ello deberíamos introducirlo en el ámbito de los derechos fundamentales que tienen amparo constitucional y de necesario

---

29 FARNÓS AMORÓS, E., «Comentari art. 212-1 CCCat», en *Comentari al llibre segon del codi civil de Catalunya. La persona física i les institucions de protección de la persona,* Atelier, Barcelona, 2017, pp. 140 y 156.

30 Vid. Sentencia del Tribunal Supremo, Sala 1ª, de 12 de enero de 2001 (RJ 2001/3), Sentencia del Tribunal Supremo, Sala 1ª de 11 de mayo de 2001 (RJ 2001/ 6197).

31 MÉJICA GARCÍA, J. y DÍEZ RODRÍGUEZ, J. R., "*El Estatuto del Paciente. A través de la nueva legislación sanitaria estatal*", Civitas, Madrid, 2006, p. 48.

32 SANCHO GARGALLO, I., "Tratamiento Legal y Jurisprudencial del consentimiento informado", en *Working Paper, 209,* abril de 2004.

desarrollo mediante Ley Orgánica, es decir, los referentes a la Sección 1ª, del Capítulo II, del Título I, de la Constitución.

A colación con lo anterior, es cuestión controvertida la determinación de la Ley aplicable en el ámbito del consentimiento informado de la persona con discapacidad en el ámbito sanitario, puesto que si bien la Disposición derogatoria única de la Ley 8/2021 establece que «Quedan derogadas cuantas disposiciones de igual o inferior rango contradigan, se opongan o resulten incompatibles con lo dispuesto en la presente Ley», el artículo 287.1° del Código civil excluye dichas normas sanitarias. Por lo tanto, cabría entender que no podemos aplicar las reglas que estipula el Código civil respecto al consentimiento para tenerlas como referencia a la hora de interpretar el consentimiento informado del paciente con discapacidad de la Ley 41/2002.

Sin embargo, tal y como afirma TORRELLES TORREA[33], teniendo en cuenta los principios de especialidad, temporalidad y pro homine, se podría defender que ha de prevalecer lo previsto en el Código civil respecto de lo establecido en la Ley 41/2002 en lo relativo al consentimiento informado. Igualmente, de acuerdo con el artículo 96, párrafo 1°, de la Constitución española, lo dispuesto en la CDPD es de aplicación preferente respecto a la normativa interna, por lo que es nuevamente reafirmada la necesaria interpretación del consentimiento informado de la persona con discapacidad a la luz de la Ley 8/2021.

Por consiguiente, este apunte también resolvería la posible situación contradictoria que puede surgir en torno a las

---

33 TORRELLES TORREA, E., "La voluntad anticipada, la voluntad hipotética y el «mayor beneficio para la vida y salud del paciente» en el consentimiento informado de las personas con discapacidad en el ámbito sanitario", *op cit,* p. 84.

normativas autonómicas en materia de sanidad. De este modo, a mi parecer, cualquier norma que entrañe aspectos relativos a la discapacidad debe adaptarse y a falta de adaptación, interpretarse, a la luz del derecho de la persona con discapacidad a tomar sus propias decisiones de acuerdo con lo establecido en la Ley 8/2021 y la CDPD.

4. EL NUEVO RÉGIMEN DE LA DISCAPACIDAD Y SU APLICACIÓN EN EL DERECHO SANITARIO

Teniendo en cuenta la normativa tanto nacional como internacional en el ámbito del derecho de la discapacidad, se ha de tener presente en todo momento que el eje central en torno al que se construye la nueva perspectiva inspiradora de la CDPD es la dignidad de la persona y su autonomía. Así, en el ámbito de la discapacidad esta exigencia de la dignidad se traduce en que la finalidad de las normas que limitan su capacidad de ejercicio debe estar orientadas a su protección, y que el primer punto de referencia debe ser siempre la propia persona con discapacidad y sus derechos, por lo que en el caso de conflicto este será considerado como el interés prevalente[34]. La autonomía de la voluntad, por su parte, es un principio informador del derecho, que se apoya esencialmente en la libertad de la persona[35].

Así, se observa que los requisitos a cumplir a fin de considerar que una decisión es autónoma son, en primer lugar, la

34 GARCÍA-LLARENA, V., "El mayor interés en la esfera personal del incapaz", Fundación Paideia (A Coruña), Colecc. Contrabajo documentos, 8, 2002, p. 54.

35 ALONSO PÉREZ, M., «La autonomía privada y su expresión fundamental, el negocio jurídico», en T*ratado de Derecho civil II: normas civiles y derecho subjetivo,* Iustel, Madrid, 2014, p. 256.

voluntariedad, en segundo término, el conocimiento, entendido como la posibilidad de tener información y la capacidad de entenderla, y finalmente, la inexistencia de un control externo[36]. Es por ello que, la Ley 8/2021 estima que se ha de potenciar la autonomía de las personas con discapacidad y establecer medidas a fin de que las personas con discapacidad puedan ejercer dicha autonomía en términos de seguridad y de máxima eficacia[37].

Por su parte, AZCUNA considera respecto del consentimiento informado que "La exigencia legal representa a su vez unos mínimos éticos basados en la voluntariedad, persuasión, ausencia de coacción o manipulación, información en cantidad y calidad suficiente, competencia del paciente, validez y autenticidad de sus decisiones, como elementos fundamentales. El Consentimiento Informado es un derecho humano de los pacientes; asistir tal derecho es indudablemente una clara garantía de calidad asistencial"[38].

Por consiguiente, el nuevo régimen de la discapacidad parte de la *participación activa* de la persona con discapacidad en todos los ámbitos de su vida. En este sentido, el párrafo segundo del artículo 249 del Código Civil establece respecto a las

---

36 El Comité de Bioética de Cataluña se hace eco también, señalando lcuándo una decisión es autónoma en «El respecte a la voluntat de la persona amb transtorn mental i/o adicció: documento de voluntats anticipades y planificacio de decicions anticipades», Comité de Bioètica de Catalunya, desembre 2017, p. 17.

37 RIBOT IGUALADA, J., «Las bases de la reforma del Código civil de Cataluña en materia de apoyos en el ejercicio de la capacidad jurídica», en *Jornadas sobre el nuevo modelo de capacidad,* Marcial Pons, Madrid, 2020, pp. 66-67.

38 AZCUNA, I., "La información y el consentimiento informado. Principios y pautas de actuación en la relación clínica", Documento de las comisiones promotoras de los comités de ética asistencial del País Vasco", *op cit.*, p. 5.

personas que presten apoyo, un deber de actuar atendiendo en todo momento a la voluntad, los deseos y las preferencias de aquella persona que lo requiera. Del mismo modo, el precepto esclarece que estas personas de apoyo deberán procurar el desarrollo del proceso de toma de decisiones de la persona con discapacidad, de tal forma que habrá de informarla, ayudar a que comprenda y, razone, favoreciendo a la expresión de sus preferencias. Igualmente, deberá fomentar que la persona con discapacidad consiga ejercer su capacidad jurídica con un apoyo inferior en un momento futuro.

A nuestro juicio, este apoyo implica que hayan de hacerse los denominados «ajustes razonables» a fin de garantizar que las personas con discapacidad puedan comprender la información que les es dada y actuar en consecuencia a dicho entendimiento, pudiendo prestar su consentimiento de una forma segura y voluntaria. Estos ajustes razonables implican, según lo establecido en el artículo 2 de la CDPD, que hayan de realizarse las modificaciones y adaptaciones que sean necesarias y adecuadas en un caso particular, siempre que las mismas no supongan una carga desproporcionada o indebida, a fin de garantizar a las personas con discapacidad el goce o ejercicio de todos los derechos humanos y libertades fundamentales, en igualdad de condiciones con las demás.

A colación con lo anterior, FONT[39] acertadamente apunta que para comprender el concepto de ajuste razonable hay que entender que hay que individualizar a cada persona con discapacidad sin caer en generalizaciones en tanto en cuanto aquella cuestión que puede resultar un ajuste razonable para una persona, puede no serlo para otra.

---

39 FONT GARCÍA, J., "Ajustes razonables en el ámbito laboral" en *El empleo de las personas con discapacidad: oportunidades y desafíos*, Dykinson, Madrid, 2018, pp. 197-198, disponible en http://www.jstor.org/stable/10.2307/j.ctv6hp3sq [consulta: 22/04/2024].

Además de ello, se ha de partir de las reglas marcadas por el principio del diseño para todos de manera que resulten accesibles y comprensibles a las personas con discapacidad, para favorecer que pueda prestar por sí su consentimiento, ofreciendo aquellas medidas de apoyo pertinentes, incluida la información en formatos adecuados, lo cual ya se estableció correctamente *ab initio* en el apartado 7° del artículo 9 de la Ley 41/2002. Este principio se diferencia de los ajustes razonables en tanto en cuanto las previsiones de adaptaciones se llevan a cabo desde el origen a fin de que puedan ser utilizados por cualquier persona, de la manera más autónoma posible, tenga o no una discapacidad[40].

Sin embargo, hemos de tener en cuenta que habrá supuestos en que no sea posible conocer de ningún modo la voluntad de la persona ni sea capaz de hecho de prestar su consentimiento, pero que sin embargo sea preciso adoptar una decisión o concluir un acto jurídico que le afecte. De este modo, el artículo 249.3 CC nos recuerda que en casos excepcionales las medidas de apoyo podrán incluir funciones representativas, señalando el modo de actuar en tales casos. A colación con lo antedicho, el Comité de Bioética de España manifiesta que en tales casos el apoyo consistirá en realizar la mejor interpretación de la voluntad y preferencias de la persona basada, por ejemplo, en sus deseos y preferencias anteriores o en su expresión de confianza a determinadas personas. Sin embargo, aunque ello pueda suponer en la práctica otorgar un consentimiento por representación, se distancia totalmente de la sustitución en la toma de decisiones

---

[40] CAYO PÉREZ-BUENO, L., "La configuración jurídica de los ajustes razonables". CERMI, Madrid, 2012, pp.3-4. Disponible en http://www.coag.es/informacion/novedades/arquivos/la-configuracion-juridica-de-los-ajustes-razonables.pdf

prohibida por el artículo 12 CDPD[41]. Al respecto, GUILARTE MARTÍN- CALERO matiza que en el caso excepcional en que la medida comportara representación, debe ser obligada la información y consulta a la persona de toda decisión relativa a las cuestiones importantes que la conciernan[42].

Ello podríamos extrapolarlo a lo que al consentimiento informado por parte de la persona con discapacidad en el ámbito de la salud se refiere y por consiguiente a la hora de expresar el consentimiento en nombre de la persona con discapacidad, habría de atenderse en todo momento a sus preferencias y deseos anteriores.

Así, pues, a nuestro entender, la normativa sanitaria ha de atender en todo momento al derecho del paciente con discapacidad intelectual de prestar su consentimiento por sí mismo, siempre que ello sea posible, y en todo caso, ha de prever que la persona encargada de prestar apoyos, ya sea un guardador de hecho, ya sea un curador o un asistente en el caso de Cataluña, tenga en cuenta en todo momento la voluntad de la persona con discapacidad a la hora de prestar el consentimiento en su nombre, y que siempre que sea posible, la voluntad no sea sustituida sino expresada con la ayuda que sea necesaria, por medio de los ajustes razonables, por la propia persona con discapacidad, y en todo caso, de no ser factible atender a las preferencias actuales, habrá de tener en cuenta su trayectoria vital y sus deseos pasados.

---

41 COMITÉ DE BIOÉTICA DE ESPAÑA. "Informe del Comité de Bioética de España sobre la necesidad de adaptar la legislación española a la Convención de Derechos de las Personas con Discapacidad", Madrid, 20 de diciembre de 2017, pp. 19-24.

42 GUILARTE MARTÍN-CALERO, C., "La Convención de los Derechos de las Personas con Discapacidad, de los derechos a los hechos", Tirant lo Blanch, Valencia, 2015, pp. 350-352.

4.1. Crítica al consentimiento por sustitución, con especial mención a la regulación catalana

En relación con lo antedicho, hemos de hacer un análisis crítico respecto de lo establecido en el artículo 9 de la Ley 41/2002, que establece el denominado "consentimiento por representación", el cual, a mi parecer, es el precepto de mayor contravención respecto del ánimo de la CDPD y la Ley 8/2021.

Así, se ha de hacer una matización, y es que en el apartado 3° a) de este artículo 9°, se engloban aquellos supuestos en que el consentimiento se presta personas diferentes al paciente, como pueden ser sus familiares o personas vinculadas de hecho, determinando que estamos ante un "consentimiento por representación", motivo por el cual, de acuerdo a lo señalado de la mano de diversos autores, entre ellos, DOMINGUEZ LUELMO[43], sería de mayor precisión técnico- jurídica referirnos al mismo con la expresión de "consentimiento por sustitución".

De este modo, el art. 9.3 Ley 41/2002 dispone que se otorgará el consentimiento por representación cuando a criterio del médico responsable de la asistencia no sea capaz de tomar decisiones o tenga la capacidad modificada judicialmente, en cuyo caso las personas encargadas de decidir serán las mencionadas anteriormente.

Este consentimiento por representación se ha otorgado, por ejemplo, en la Sentencia de la Audiencia Provincial de Madrid, n°593/2023, de 29 de noviembre[44], disponiendo que

---

43 DOMÍNGUEZ LUELMO, A., *Derecho Sanitario y Responsabilidad Médica*, 2ª ed., Lex Nova, Valladolid, 2007, p. 346. Señala también este autor que *"con más propiedad debería hablarse de consentimiento del paciente previamente informado"*.

44 Sentencia de la Audiencia Provincial de Madrid, Sección 24, n°593/2023, de 29 de noviembre, n° recurso 983/2022, ECLI:ES:APM:2023:18785, F.J. 3°.

la persona con discapacidad en cuestión "requiere representación del curador" a fin de "otorgar consentimiento médico por representación previsto en el artículo 9.3 de la Ley 41/2002 de 14 de noviembre, básica reguladora de la autonomía del paciente y de derechos y obligaciones en materia de información y documentación clínica".

No obstante, esta misma Audiencia, en la Sentencia nº582/2023, de 20 de noviembre[45], estimó que la guarda de hecho había de ser la medida principal de apoyo, siendo ejercida por las personas más cercanas a la persona con discapacidad, y que ello "*redunda en la voluntad del legislador, de no adoptar más apoyos que los estrictamente necesarios, para la adecuada protección de las personas con discapacidad" (*F.J. 3º).

Es decir, esta sentencia nos deja ver que, a la hora de prestar el consentimiento informado, puede llegar a ser suficiente una guarda de hecho para que la misma adopte esa decisión en sustitución de la voluntad de la persona con discapacidad.

Por su parte, la legislación catalana si ha adoptado una denominación, a mi parecer, acertada, por cuanto lo considera un "consentimiento por sustitución". Así, y de acuerdo con lo establecido en la Ley 41/2002, dispone en el artículo 212-2.2 CCCat, en relación con el precepto 212-1.4 del mismo cuerpo legal, que la prestación del consentimiento por sustitución se llevará a cabo, sin establecer orden de prelación alguno, por parte del asistente legalmente designado, la persona que haya establecido en el documento de voluntades anticipadas, el representante legal, quien tenga la guarda de hecho, así como los familiares o aquellas personas vinculadas a ella, según proceda.

---

45 Sentencia de la Audiencia Provincial de Madrid, Sección 24, nº582/2023, de 20 de noviembre, nº de Recurso:168/2023, ECLI:ES:APM:2023:19124, F.J. 3º.

Sin embargo, se ha de tener en consideración que, tal y como ocurrió en la reciente Sentencia de la Audiencia Provincial de Barcelona, nº401/2023, de 27 de noviembre[46], se entendió que "la constitución de la asistencia es necesaria incluso en los supuestos en los que exista una persona que haya asumido la guarda de hecho cuando el nivel de apoyo que puede llevar a cabo no sea suficiente o adecuado, lo que debe verificarse en cada caso, atendiendo al principio de necesidad al que hace referencia el Tribunal Supremo en sentencia de 8 de septiembre de 2021 y no solo en los supuestos de inexistencia de guardador de hecho o de conflictividad".

Por este motivo, en contraposición con lo que disponíamos en la Sentencia la Audiencia Provincial de Madrid, nº582/2023, de 20 de noviembre, la Audiencia de Barcelona considera que las funciones de la guarda de hecho pueden llegar a no ser suficientes para atender a las necesidades de la persona en cuestión, en tanto en cuanto no existen facultades representativas en el ámbito personal y de la salud, aludiendo expresamente al consentimiento informado (F.J. 4º, párrafo 5º).

En esta misma sentencia, se resuelve el dilema entre el otorgamiento de un poder notarial anterior y la designación de un asistente, haciendo hincapié en que "Tras la reforma de 2021, la asistencia se ha configurado como un instrumento de apoyo flexible y que abarque la diversidad de situaciones en las que una persona con discapacidad puede requerir un apoyo en el ejercicio de su capacidad jurídica y estas medidas de apoyo van más allá de lo establecido en un poder notarial con facultades de administración y disposición patrimonial, ya que, como hemos indicado anteriormente, para proporcionar el apoyo que la persona requiere se

---

46 Sentencia de la Audiencia Provincial de Barcelona, Sección 18, nº401/2023, de 27 de noviembre, nº recurso 699/2023, ECLI:ES:APB:2023:12173A, F.J. 4º y 5º.

precisa una actuación que se extienda al ámbito de la autonomía personal, de la salud o de las relaciones con la administración".

Por consiguiente, la jurisprudencia de la Audiencia Provincial de Barcelona es favorable a establecer una asistencia en aquellos casos que se requiera apoyo en la prestación del consentimiento informado en el ámbito sanitario, no siendo en estos casos suficiente con una mera guarda de hecho.

Igualmente, la Audiencia Provincial de Alicante[47] determinó en relación con la jurisprudencia del Tribunal Supremo marcada por las Sentencias del Pleno nº 1.443/2023 y nº 1.444/2023 ambas de 20 de octubre, en interpretación de los artículos 250 y 255.5 del CC, que "(...) el art. 250 CC, configura la guarda de hecho con una vocación subsidiaria o complementaria a cualquier otra forma de apoyo, voluntaria o judicial, en defecto de estas o cuando no cubran todas las necesidades de la persona. Y conforme al art. 255.5 CC, siempre y cuando las medidas voluntarias sean suficientes, no cabrá adoptar medidas judiciales porque no son necesarias, si bien podrían serlo, si aquellas fuesen insuficientes, respecto de las necesidades de apoyo no cubiertas, y en ese caso cabría su adopción".

Asimismo, consideró que a pesar de no ser necesaria la constitución judicial de apoyos cuando exista una guarda de hecho que cubra de manera suficiente todas aquellas necesidades de la persona con discapacidad, ello no implica para que estas sean excluidas en todo caso, dado que habrá que atender a los casos concretos, teniendo en cuenta en todo momento si la constitución de una curatela está suficientemente justificada o si la guarda de hecho resulta más conveniente para prestar ese apoyo.

---

47 Sentencia de la Audiencia Provincial de Alicante, Sección 6ª, nº348/2023, de 16 de noviembre, recurso nº661/2023, ECLI:ES:APA:2023:1894

En este sentido, la Sala considera que "(...) la *interpretación de la norma no debe dar lugar a situaciones contraproducentes para la persona cuyos intereses pretende tutelar la norma*", y que esta interpretación no es contradictoria a los artículos 263, 268 y 269 del Código Civil, en tanto en cuanto el artículo 263 del Código civil establece la compatibilidad de la guarda de hecho con las medidas de apoyo voluntarias o judiciales, *"respecto de aquellas necesidades no cubiertas por estas últimas"*. Sin embargo, lo cierto es que el artículo 263 Código civil estipula que serán compatibles las medidas "siempre que estas no se estén aplicando eficazmente". No obstante, a pesar de que considero personalmente que la interpretación dada por la SAP Alicante va más allá de lo dispuesto en el Código civil, la estimo acertada y acorde al ánimo de la Ley 8/2021.

Por ende, sea como fuere, atendiendo a la jurisprudencia tanto de las Audiencias Provinciales como del Tribunal Supremo, he de concluir que habrá que atender al caso concreto para determinar si una mera guarda de hecho es suficiente o no para llevar a cabo la prestación del consentimiento informado en nombre de la persona con discapacidad, o si, por el contrario, es conveniente acudir a una medida judicial como es la curatela ya sea de manera complementaria, ya sea de forma sustitutiva.

4.2. La expresión del consentimiento informado por parte de la persona con discapacidad intelectual

En lo que concierne a la expresión del consentimiento por parte de la persona con Discapacidad, hemos de diferenciar dos supuestos:

En primer lugar, cuando la persona con discapacidad puede expresar el consentimiento sin necesidad de emplear medidas de apoyo, en cuyo caso lo hará la propia persona por sí misma, tal y como ha reflejado la Sentencia de la Audiencia Provincial de Palma de Mallorca, de 17 de enero de 2022[48], en la cual el Ministerio Fiscal pretendía que se designaran medidas de apoyo a una persona con unas facultades psíquicas plenas, que tenía una discapacidad física aguda. En este caso, la Audiencia estimó que "(…) *no se considera justificada la adopción de medidas de apoyo dado que, como se indica en el artículo 249 antes trascrito, las medidas de origen judicial solo procederán en defecto o insuficiencia de la voluntad de la persona de que se trate.* ".

Del mismo modo, MARTÍNEZ DE AGUIRRE Y ALDAZ[49] considera que "una capacidad que no afecte a la toma de decisiones sino solamente a la posibilidad de exteriorizar la decisión tomada (…), no precisaría de este tipo de medidas de apoyo que se refieren precisamente al proceso interno de toma de decisiones, sino de otras, tendentes específicamente a posibilitar la exteriorización de dicha voluntad: esas podría incluir una representación no sustitutiva, sino que sea mero cauce de exteriorización de la voluntad correctamente formada (al modo del "nuncius")".

Sin embargo, GONZÁLEZ CARRASCO[50], es contrario a la expresión del consentimiento de la persona con discapacidad intelectual cuando existan medidas representativas, a pesar de que la persona pueda comprender el alcance de la intervención y pueda llegar a determinar su propia voluntad, en cuyo caso estima que será el representante quien "deberá seguir

---

48 Sentencia de la Audiencia Provincial de Palma de Mallorca (sección nº 4), de 17 de enero de 2022, ECLI:ES:APIB;2022:8

49 MARTÍNEZ DE AGUIRRE Y ALDAZ, C., "Curatela y representación: cinco tesis heterodoxas y un estrambote" en *Claves para la adaptación del ordenamiento jurídico privado a la Convención de Naciones Unidas en materia de discapacidad,* Tirant lo Blanch, Valencia, 2019, p. 259.

50 GONZÁLEZ CARRASCO, Mª del C., «La prestación del consentimiento informado en materia de salud en el nuevo sistema de apoyos al ejercicio de la capacidad», *Derecho Privado y Constitución,* 39, julio-diciembre 2021, p. 230

interviniendo para expresar su consentimiento en el ejercicio de los deberes de guarda y protección que le incumben en razón de su función, de forma conjunta con el consentimiento personal expresado por aquella".

En sentido similar, JIMÉNEZ MUÑOZ[51] afirma que, además, no solo los curadores o asistentes, sino que los guardadores estarán igualmente facultados para otorgar el consentimiento por representación, considerando que el artículo 9.3 de la Ley 41/2002 les asigna esta potestad representativa. Al respecto, entendemos que un guardador de hecho no podrá llevar a cabo medidas representativas, en su caso, únicamente podrá ayudar a la persona con discapacidad intelectual a formar y expresar su voluntad de la manera más adecuada posible.

Asimismo, de acuerdo con el criterio de TORRELLES TORREA[52], siempre que la persona con discapacidad pueda comprender el alcance y consecuencias de la intervención, ella será la única legitimada para llevar a cabo la prestación del consentimiento, aun cuando existan medidas de apoyo con funciones representativas, recordando igualmente que la representación constituye una decisión excepcional, tal y como se desprende de lo establecido en los artículos 249.3 CC o 226-4.3 CCCat.

En estos supuestos, de conformidad con la opinión doctrinal[53], a pesar de que no se necesiten medidas de apoyo, el

---

51 JIMÉNEZ MUÑOZ, F.J., «Actuaciones sanitarias, consentimiento de la persona con discapacidad incapacitada y papel del guardador legal», *Revista Crítica de Derecho Inmobiliario,* 744, 2014, p.1590.

52 TORRELLES TORREA, E., "La voluntad anticipada, la voluntad hipotética y el «mayor beneficio para la vida y salud del paciente» en el consentimiento informado de las personas con discapacidad en el ámbito sanitario", *op. cit.* p.88.

53 ELIZARI URTANSUN, L., "Adopción de decisiones en el ámbito clínico por pacientes con discapacidad intelectual, a la luz de la

papel del profesional sanitario es imprescindible, en tanto en cuanto ha de informarle y exponerle de manera adecuada aquellas circunstancias que vayan a afectar a la salud de la persona con discapacidad intelectual de tal modo que el personal médico se convierte en lo que podemos denominar "un apoyo informal".

No obstante, un segundo supuesto es cuando la persona con discapacidad precisa de medidas de apoyo, de acuerdo con lo establecido en la Ley 8/2021, de 2 de junio. En este caso, hemos de acudir a lo dispuesto en la redacción avanzada que comentábamos anteriormente respecto al artículo 9.7 Ley 41/2002, que establece la adecuación a las circunstancias de la prestación del consentimiento por representación, siendo la misma proporcionada a las necesidades que se deban de atender, teniendo en consideración en todo momento el respeto a la dignidad del paciente y que sea prestado en su favor. Asimismo, el citado precepto determina que en la medida de lo posible, el paciente deberá de participar en la toma de decisiones a lo largo del proceso sanitario, previendo expresamente que si estamos ante un paciente con discapacidad, se le ofrecerán aquellas medidas de apoyo que se estimen pertinentes, incluidas la información en formatos

---

Convención sobre los derechos de las personas con discapacidad: autonomía, sistema de apoyos e interés superior de la persona con discapacidad", *Derecho privado y Constitución,* 30, enero/diciembre 2016, p. 353. Véase President's Commission for the Study of Ethical Problems in Medicine and Biomedical and Behavioral Research Report (US), *The Ethical and Legal Implications of Informed Consent in the Patient-Practitioner Relationship, Making Health Care Decisions,* Volume One, Printing Office, Washington, octubre 1983, p. 56. Y también en TORRELLES TORREA, E., "La voluntad anticipada, la voluntad hipotética y el «mayor beneficio para la vida y salud del paciente» en el consentimiento informado de las personas con discapacidad en el ámbito sanitario", *op. cit., pp. 95-96.*

adecuados, teniendo en consideración las reglas establecidas por el principio del diseño para todos, de tal modo que resulten comprensibles y accesibles a las personas con discapacidad y que de este modo se favorezca a la prestación del consentimiento por sí misma.

Sin duda, estimo que este es el postulado más avanzado y respetuoso con la dignidad de la persona con discapacidad, en tanto en cuanto prevé la primacía de la toma de decisiones por la propia persona con discapacidad, y orienta al facultativo a que sea la propia persona la que en primer lugar pueda prestar su consentimiento de manera informada, y en última ratio se acuda a la sustitución de su voluntad.

Así, podemos acudir a lo dispuesto, verbigracia, en la Sentencia de la Audiencia Provincial de Barcelona, nº 431/2023, de 20 de diciembre de 2023[54], en la que se determinó respecto de una mujer con discapacidad intelectual que quería llevar a cabo su esterilización, que la misma tenía "(...)*suficientemente formada la voluntad y deseo de no maternidad (...)*", pero que la mujer presenta una "*capacidad limitada*" por lo cual estima que *"requiere de un apoyo colaborativo de la asistente (su madre) también para la decisión sobre su esterilización"*. Lo relevante de esta resolución, a nuestro juicio, se encuentra en que, además, prevé expresamente que serán los facultativos médicos encargados de llevar a cabo la esterilización quienes deberán informar tanto a la persona con discapacidad, en lenguaje comprensible, como a su asistente, sobre el sentido y alcance de la intervención, debiendo recoger el asentimiento de ambas (F.J. 3º).

---

54 Sentencia de la Audiencia Provincial de Barcelona, Sección nº18, nº 431/2023, recurso nº791/2023, de 20 de diciembre de 2023, ECLI:ES:APB:2023:13343ª, F.J. 3º.

Por consiguiente, en este supuesto queda constatado que la decisión deberá llevarse a cabo por ambas personas, asistente y persona con discapacidad intelectual, y que deberá adecuarse el lenguaje a la esta última, de tal forma que la misma entienda las consecuencias de la intervención previamente a otorgar su consentimiento.

5. CONCLUSIONES

Para concluir, hemos de tener en consideración que el consentimiento informado de las personas con discapacidad intelectual deberá ser llevado a cabo por la propia persona, y, ante la imposibilidad de expresar la voluntad por sí misma, habrá de hacerlo la persona que tiene asignadas las medidas de apoyo, siempre teniendo en cuenta su trayectoria vital y sus anteriores preferencias a fin de acomodar su decisión a lo que hubiera decidido en un momento anterior.

Asimismo, y con el propósito de facilitar esa expresión del consentimiento por la propia persona con discapacidad, y que se preste de una manera segura y eficaz, a la hora de preparar y redactar los formularios de información al paciente, habrá de respetarse el principio de accesibilidad y de "diseño para todos"; y, en cualquier caso, llevar a cabo cuantos ajustes razonables sean precisos y convenientes atendiendo a las circunstancias de la propia persona con discapacidad.

Del mismo modo, la legislación autonómica no podrá contravenir lo dispuesto en la Ley 41/2002, y en su caso, habrán de desarrollarse y adecuarse conforme a lo establecido en la misma, y ante una discrepancia en lo que a la interpretación normativa en materia de discapacidad se refiere, esta se habrá de resolver adecuando los preceptos a los principios de la Ley 8/2021 así como a los postulados de la CDPD.

Además, tal y como ha interpretado la jurisprudencia más reciente, lo estipulado en la legislación no puede ni debe constituir un impedimento para llevar a cabo la previsión de una medida de apoyo complementaria siempre que esta resulte más adecuada para satisfacer las necesidades y atender a la voluntad de la persona con discapacidad. Por ello, cuando las circunstancias lo permitan, deberá optarse en primer término por respetarse la medida de apoyo de carácter informal y voluntario, si estuviere actuando de forma eficaz y con respeto a las necesidades y voluntad de la persona con discapacidad, bien pudiera ser una guarda de hecho. Sin embargo, ello no obsta para que, en determinadas ocasiones, haya que complementarse la previsión de una medida de apoyo informal con una de carácter judicial, como puede ocurrir cuando la primera no sea suficiente para atender a las necesidades de la persona con discapacidad.

En el caso en que el apoyo a prever sea una curatela o una asistencia, se ha de intentar que, en la medida de lo posible, esta no sea representativa, sino que únicamente implique la ayuda a la persona con discapacidad intelectual a formar su propia voluntad y expresarla de una manera informada y con pleno conocimiento de las consecuencias que una cuestión de carácter médico puede conllevar para su salud.

Finalmente, en aquellos casos en que no sea posible recabar la prestación del consentimiento en el ámbito sanitario de forma inmediata a través de la persona con discapacidad intelectual, excepcionalmente procederá adoptar una medida representativa, pero en este caso, de acuerdo con lo establecido por el Comité de Bioética de España, como mencionábamos anteriormente, nunca podrá sustituir su voluntad, sino que deberá realizarse una representación de lo que aquella hubiera decidido si hubiera podido expresar su voluntad.

6. BIBLIOGRAFÍA

ALONSO PÉREZ, M., «La autonomía privada y su expresión fundamental, el negocio jurídico», en *Tratado de Derecho civil II: normas civiles y derecho subjetivo,* Iustel, Madrid, 2014.

ANDREU MARTÍNEZ, M.B., "Autonomía en el ámbito sanitario de las personas con discapacidad: el dilema que plantea la ley de autonomía del paciente y su reflejo en la doctrina del TC", *Actualidad Jurídica Iberoamericana,* 20, febrero 2024.

AZCUNA, I., "La información y el consentimiento informado. Principios y pautas de actuación en la relación clínica", Documento de las comisiones promotoras de los comités de ética asistencial del país vasco, disponible en https://www.osakidetza.euskadi.eus/contenidos/informacion/cbil_legislacion/es_cbil/adjuntos/infor_cast.pdf

BELLVER CAPELLA, V., TORREGROSA SÁNCHEZ, R. y LLORÉNS BAÑÓN, L., "La Bioética y la clínica. Una aproximación a la práctica diaria", en "Estudios para la Salud, 17", *Escuela Valenciana de Estudios para la salud",* Valencia, 2005.

CÁRCELES-GUARDIA, F., "Carta de Derechos y Deberes del paciente, 1984-2004", *Rev. Calidad Asistencial,* 20,6, 2005.

CAYO PÉREZ-BUENO, L., "La configuración jurídica de los ajustes razonables". CERMI, Madrid, pp.3-4. Disponible en http://www.coag.es/informacion/novedades/arquivos/la-configuracion-juridica-de-los-ajustes-razonables.pdf

DOMÍNGUEZ LUELMO, A., *Derecho Sanitario y Responsabilidad Médica,* 2ª ed., Lex Nova, Valladolid, 2007.

ELIZARI URTANSUN, L., "Adopción de decisiones en el ámbito clínico por pacientes con discapacidad intelectual, a la luz de la Convención sobre los derechos de las personas con discapacidad: autonomía, sistema de apoyos e interés superior de la persona con discapacidad", *Derecho privado y Constitución,* 30, enero/diciembre 2016.

EVANS, J., "El Movimiento de vida independiente en el Reino Unido", en *El movimiento de vida independiente. Experiencias internacionales, Fundación Vives, Madrid, 2003.*

FARNÓS AMORÓS, E., «Comentari art. 212-1 CCCat», en *Comentari al llibre segon del Codi civil de Catalunya. La persona física i les instituciones de protección de la persona,* Atelier, Barcelona, 2017.

FONT GARCÍA, J., "Ajustes razonables en el ámbito laboral" en *El empleo de las personas con discapacidad: oportunidades y desafíos*, Dykinson, Madrid, 2018.

GARCÍA-LLARENA, V., "El mayor interés en la esfera personal del incapaz", Fundación Paideia (A Coruña), Colecc. Contrabajo documentos, 8, 2002.

GARCÍA RUBIO, Mª. P., «La reforma de la discapacidad en el Código civil. Su incidencia en las personas de edad avanzada», *Anuario de la Facultad de Derecho de la Universidad Autónoma de Madrid (AFDUAM)*, 25, 2021.

GONZÁLEZ CARRASCO, Mª. del C., «La prestación del consentimiento informado en materia de salud en el nuevo sistema de apoyos al ejercicio de la capacidad». *Derecho Privado y Constitución*, 39, julio-diciembre 2021.

GUILARTE MARTÍN-CALERO, C., *La Convención de los Derechos de las Personas con Discapacidad, de los derechos a los hechos*, Tirant lo Blanch, Valencia, 2015.

JIMÉNEZ MUÑOZ, F. J., «Actuaciones sanitarias, consentimiento de la persona con discapacidad incapacitada y papel del guardador legal», *Revista Crítica de Derecho Inmobiliario*, 744, 2014, p.1590.

LABACA ZABALA, Mª. L., "El consentimiento informado en el ámbito de la sanidad: estudio de la evolución jurisprudencial", *Materiales docentes realizados en la Convocatoria de Open Course Ware (OCW) de 2011 de la Universidad del País Vasco/Euskal Herriko Unibertsitatea*, 2011.

MARTÍNEZ DE AGUIRRE Y ALDAZ, C., "Curatela y representación: cinco tesis heterodoxas y un estrambote" en *Claves para la adaptación del ordenamiento jurídico privado a la Convención de Naciones Unidas en materia de discapacidad*, Tirant lo Blanch, Valencia, 2019.

MÉJICA GARCÍA, J. y DÍEZ RODRÍGUEZ, J. R., *El Estatuto del Paciente. A través de la nueva legislación sanitaria estatal*, Civitas, Madrid, 2006.

PALACIOS, A., "El modelo social de discapacidad: orígenes, caracterización y plasmación en la Convención Internacional sobre los Derechos de las Personas con Discapacidad", CERMI, Colección 36, 2008.

PÉREZ DALMEDA, M. E. y CHHABRA, G., "Modelos teóricos de discapacidad: un seguimiento del desarrollo histórico del concepto de discapacidad en las últimas cinco décadas", *Revista Española de Discapacidad*, 7 (I), 2019.

PLAZA PENADÉS, J., "La Ley 41/2002, básica sobre autonomía del paciente, información y documentación clínica", *Actualidad Aranzadi,* 562, 2002.

RIBOT IGUALADA, J., «Las bases de la reforma del Código civil de Cataluña en materia de apoyos en el ejercicio de la capacidad jurídica», en Jornadas sobre el nuevo modelo de capacidad, Marcial Pons, Madrid, 2020.

SANCHO GARGALLO, I., "Tratamiento legal y jurisprudencial del consentimiento informado", *InDret, Working Paper,* 209, 2004.

TORRELLES TORREA, E., "La voluntad anticipada, la voluntad hipotética y el «mayor beneficio para la vida y salud del paciente» en el consentimiento informado de las personas con discapacidad en el ámbito sanitario", *InDret,* 3, 2022.

VILLALAÍN BLANCO, J. D., "Los derechos del enfermo", *Cuadernos de Bioética, 4, 1995* [en línea] https://aebioetica.org/revistas/1995/4/24/460.pdf

Capítulo 7

La protección de adultos en las situaciones transnacionales: papel del Convenio de La Haya de 2000 y de la propuesta de Reglamento europeo y sus repercusiones en el Derecho español

ISABEL EUGENIA LÁZARO GONZÁLEZ
Profesora Propia Ordinaria. Derecho Internacional Privado
Facultad de Derecho. Universidad Pontificia Comillas

SUMARIO: 1. Evolución de la normativa internacional y europea para la protección de adultos en las situaciones transnacionales. 2. España y las repercusiones de la evolución en Europa. 2.1. Sobre el ámbito de aplicación de unos instrumentos normativos y otros. 2.2. Competencia judicial internacional. 2.3. Ley aplicable. 2.4. Reconocimiento y ejecución de medidas de protección de adultos 2.5. Cooperación en materia de protección de adultos. 2.6. Cooperación en materia de protección de adultos. 3. Próximos pasos. 4. Bibliografía.

1. EVOLUCIÓN DE LA NORMATIVA INTERNACIONAL Y EUROPEA PARA LA PROTECCIÓN DE ADULTOS EN LAS SITUACIONES TRANSNACIONALES

Aunque en los últimos años estamos asistiendo a un movimiento transformador en el reconocimiento de los derechos de las personas con discapacidad impulsado por la Convención de Naciones Unidas del 13 de diciembre de 2006 sobre los Derechos de las Personas con Discapacidad (CNUDPD)[1], los sistemas jurídicos estatales cristalizan en normativas dispares sobre competencia, ley aplicable y reconocimiento y ejecución de medidas de protección. Esta diversidad normativa, no solo en cuanto a las posibles medidas de protección que pueden adoptarse, sino también en las propias reglas de Derecho Internacional Privado en todas sus dimensiones, puede perjudicar a los adultos vulnerables afectados por situaciones transnacionales. Como consecuencia de este fraccionamiento jurídico del mundo las personas con discapacidad ven mermados sus derechos cuando su vida y su actividad jurídica presenta conexiones con distintos ordenamientos.

En septiembre de 2015, el Comité sobre los Derechos de las Personas con Discapacidad, en sus Observaciones finales sobre el informe inicial de la Unión Europea, recomendó la

---

1 Instrumento de Ratificación de la Convención sobre los derechos de las personas con discapacidad, hecho en Nueva York el 13 de diciembre de 2006 (BOE núm. 96, de 21 de abril de 2008). Esta Convención fue firmada por la Unión Europea en 2007 y entró en vigor para la Unión el 22 de enero de 2011. Se trata del principal instrumento internacional que viene a definir los estándares para la protección de las personas con discapacidad, con el objetivo de promover, proteger y garantizar el goce pleno y sin discriminación de todos los derechos humanos y libertades fundamentales de todas las personas con discapacidad, así como promover el respeto de su dignidad inherente.

adopción de medidas inmediatas para garantizar que todas las personas con discapacidad y sus familias puedan disfrutar de su derecho a la libertad de circulación en igualdad de condiciones con los demás[2]. Y, en agosto de 2021, el Consejo sobre la Protección de los Adultos Vulnerables en el conjunto de la Unión Europea afirmó en sus conclusiones que "los adultos vulnerables pueden enfrentarse a importantes dificultades en un contexto transfronterizo dentro de la UE, por ejemplo cuando una decisión de designación de un representante emitida en un Estado miembro debe ser reconocida en otro Estado miembro, o cuando es necesario tomar disposiciones sobre los bienes inmuebles o las cuentas bancarias que estas personas tienen en el extranjero, en muchos casos para garantizar su propia subsistencia"[3].

Cierto es que en el marco de la Conferencia de La Haya se cuenta con un Convenio que constituye un elemento esencial del orden jurídico internacional en lo que respecta a garantizar la autonomía y la protección de los adultos en situaciones transfronterizas: el Convenio de La Haya 13 de enero de

---

2 Al Comité le preocupan los obstáculos que encuentran las personas con discapacidad y las personas con familiares que tienen discapacidad al mudarse o desplazarse para trabajar en otro Estado miembro de la Unión Europea, independientemente de la duración de la estancia.
Por esta razón, el Comité recomienda que la Unión Europea adopte medidas inmediatas para garantizar que todas las personas con discapacidad y sus familias puedan disfrutar de su derecho a la libertad de desplazamiento en igualdad de condiciones con las demás, incluso con respecto a la transferibilidad de las prestaciones de seguridad social, de manera coordinada entre sus Estados miembros (§§ 48 y 49. *Observaciones finales sobre el informe inicial de la Unión Europea.* CRPD/C/EU/CO/1).

3 DOUE 2021/C 330 I/01, 17.8.2021.

2000 sobre Protección Internacional de los Adultos[4]. Este texto normativo establece reglas de Derecho internacional privado alineadas con la CNUDPD y puede entenderse como complementario al Convenio de La Haya de 19 de octubre de 1996 sobre competencia, ley aplicable, reconocimiento, ejecución y cooperación en materia de responsabilidad parental y medidas para la protección de los niños, en la protección transfronteriza y la autonomía de las personas vulnerables durante toda su vida[5].

El caso es que la Unión Europea no puede ser parte del Convenio de La Haya 13 de enero de 2000 sobre Protección Internacional de los Adultos porque el Convenio solo está abierto a la firma de Estados soberanos. No obstante, el propósito de la Unión Europea de proteger los derechos de los adultos vulnerables, ha llevado a fijar como objetivos aumentar la seguridad jurídica del público en general y de las autoridades públicas implicadas, facilitar el reconocimiento transfronterizo de las medidas de protección y de los poderes de representación y hacer que los procesos sean más rápidos y menos costosos[6]. La preocupación en la Unión Europea por ofrecer una respuesta

---

4 El Convenio se encuentra disponible en el sitio web de la Conferencia de La Haya de Derecho Internacional Privado (www.hcch.net).

5 BOE núm. 291, de 2 de diciembre de 2010.

6 Documento de trabajo de los servicios de la Comisión. Resumen del informe de la evaluación de impacto que acompaña al documento propuesta de Reglamento del Parlamento Europeo y del Consejo relativo a la competencia, la ley aplicable, el reconocimiento y la ejecución de las medidas y la cooperación en materia de protección de los adultos y propuesta de Decisión del Consejo por la que se autoriza a determinados Estados miembros a convertirse en parte o seguir siéndolo, en interés de la Unión Europea, en el Convenio de La Haya, de 13 de enero de 2000, sobre la protección internacional de los adultos {COM(2023) 280 final}–{SEC(2023) 208 final}–{SWD(2023) 154 final}–{SWD(2023) 155 final}. Bruselas, 31.5.2023 SWD(2023) 156 final.

adecuada a los problemas que enfrentan las personas adultas vulnerables en las situaciones transfronterizas tiene un largo recorrido[7]. Me voy a centrar en los hitos más recientes.

La Comisión Europea encargó un estudio jurídico que debía proporcionar a la Dirección General de Justicia un análisis de los problemas existentes debido a la falta de normas armonizadas reguladoras de los casos transfronterizos que involucran a adultos vulnerables en toda la UE y que evaluara el impacto de las opciones políticas seleccionadas para para abordar estos

7 En diciembre de 2018, la Comisión Europea y la Conferencia de La Haya organizaron una conferencia internacional conjunta sobre protección transfronteriza de los adultos vulnerables. Entre las Recomendaciones que derivan de esta conferencia se encuentra una invitación a los Estados que aún no son Partes Contratantes de la Convención del 13 de enero de 2000 sobre la Protección Internacional de Adultos a evaluar la posibilidad y los beneficios de adherirse a la Convención. El propio Consejo, en las mencionadas Conclusiones del Consejo sobre la Protección de los Adultos Vulnerables en el conjunto de la Unión Europea, pide a los Estados Miembros que promuevan un mayor conocimiento del Convenio de La Haya de 2000 en los órganos jurisdiccionales y entre los profesionales y todas las partes que intervienen en su aplicación, en particular mediante el intercambio de experiencias y la definición de buenas prácticas, en el caso de aquellos Estados miembros que ya son partes en dicho Convenio; avancen en los procedimientos de ratificación del Convenio de La Haya de 2000, a fin de ultimar la ratificación lo antes posible, en particular de cara a la próxima reunión de la Comisión Especial sobre este Convenio organizada por la Conferencia de La Haya de Derecho Internacional Privado, en el caso de aquellos Estados miembros que ya hayan comenzado tales procedimientos; inicien lo antes posible o impriman impulso a las consultas nacionales sobre una posible adhesión al Convenio de La Haya de 2000, en el caso de los restantes Estados miembros; y se aseguren de que las medidas nacionales de protección de los adultos vulnerables son acordes a la CNUDPD.

problemas[8]. El estudio, que se presenta en 2021, compara cuatro opciones para la acción política en la protección de adultos vulnerables en situaciones transfronterizas:

- La opción 1 es el escenario base, en el que se mantendría la situación actual. Las instituciones de la Unión Europea simplemente seguirían alentando a los Estados miembros a ratificar el Convenio de La Haya, pero no tomarían ninguna medida legislativa adicional.
- La opción 2 implicaría una Decisión del Consejo que obligaría en la práctica a los Estados miembros que no lo hayan hecho a ratificar o adherirse al Convenio de La Haya "en interés de la Unión". Con esta opción no se adoptaría legislación adicional de la Unión Europea.
- La opción 3 consistiría en adoptar un Reglamento de la Unión Europea que podría contener disposiciones similares a las del Convenio de La Haya y prever medidas adicionales, basadas en el principio de confianza mutua y el acervo existente de la Unión Europea. La ratificación del Convenio de La Haya no sería obligatoria para los Estados miembros.
- La opción 4 combinaría las opciones 2 y 3 e implicaría la adopción de una decisión del Consejo solicitando a los Estados miembros que ratifiquen el Convenio de La Haya si aún no lo han hecho, haciendo así que el conjunto limitado de normas del Convenio sea aplicable en relación con terceros Estados parte. Además de esta obligación de los Estados miembros de ratificar el Convenio, se adoptaría un Reglamento de la Unión

8 European Commission. *Civil Aspects of the Cross-border Protection of Vulnerable Adults. Final Report.* Luxembourg: Publications Office of the European Union, 2022.

Europea que establecería un amplio conjunto de normas aplicables en la Unión Europea.

El estudio examina el potencial de cada una de las opciones para tener un impacto significativo en otras políticas de la Unión Europea y concluye que los impactos que probablemente resulten de la implementación de las diferentes opciones políticas son económicos, sociales (en particular en la salud y el bienestar) y digitales. Las diferentes opciones de políticas se evalúan teniendo en cuenta cuatro criterios: su efectividad para lograr los objetivos de políticas, su eficiencia en términos de costos y beneficios, su relevancia para abordar los problemas identificados y su coherencia con las iniciativas políticas y legales existentes. De esa evaluación se concluye que la cuarta opción, que conduce a la adopción de una decisión solicitando a los Estados que no son parte en el Convenio de La Haya de 2000 que entren en él y de un Reglamento que complemente esas normas del Convenio, es la que mejor responde a esos objetivos. Esta cuarta opción facilita el reconocimiento de medidas de protección, así como mandatos privados y procedimientos más rápidos y menos costosos, aumenta el nivel de seguridad jurídica mejor de las demás opciones y proporciona mayor nivel de eficacia. También el estudio considera que los beneficios de esta opción se extienden más allá de la Unión Europea. Además, es la opción que más protegería los derechos fundamentales y es más coherente con la CNUDPD.

En el mismo sentido, el Informe de la Evaluación de Impacto que se presenta en 2023 termina concluyendo: “La adopción de normas comunes y una cooperación más estrecha dentro de la UE garantizarían la continuidad del apoyo a los adultos vulnerables en situaciones transfronterizas a todos los efectos. Garantizaría la igualdad de acceso a la justicia, la administración de sus bienes o activos en el extranjero y la continuidad de su atención médica. Además, el reconocimiento de las disposiciones previas (poderes de representación) salvaguardaría su autonomía y evitaría la necesidad de acudir a los tribunales.

La opción elegida tendría por lo tanto una repercusión positiva en la protección de los derechos fundamentales de los adultos vulnerables en situaciones transfronterizas, así como otras repercusiones jurídicas positivas. La opción 4 sería la más eficaz para abordar los problemas de inseguridad jurídica, los procesos largos y costosos y la falta de reconocimiento de las medidas de protección y los poderes de representación en el extranjero. Por lo tanto, esta opción permitiría alcanzar mejor los objetivos de la iniciativa. La opción preferida también tendría una repercusión social positiva, ya que beneficiaría a los adultos vulnerables en términos de bienestar, salud, inclusión e igualdad. Mediante la adopción de normas comunes de la UE, la opción preferida simplificaría y aceleraría los procedimientos. Permitiría un ahorro significativo de tiempo y una reducción de costes e inconvenientes tanto para los adultos en situaciones transfronterizas como para las autoridades públicas de los Estados miembros. La reducción total en costas procesales de la opción 4 se estimó entre 2400 y 2500 millones EUR"[9].

El 31 de mayo de 2023, la Comisión Europea concreta la cuarta opción al presentar dos propuestas legislativas con el fin de resolver las dificultades experimentadas por esos adultos y sus representantes en el caso de situaciones transfronterizas. Por una parte, una Propuesta de Decisión del Consejo para obligar a los países de la Unión Europea a adherirse al Convenio La Haya sobre Protección de los Adultos de 13 de enero de 2000[10]. Por otra, una Propuesta de Reglamento

---

9 *Documento de trabajo de los servicios de la Comisión. Resumen del informe de la evaluación de impacto que acompaña... cit.*

10 Propuesta de Decisión del Consejo por la que se autoriza a determinados Estados miembros a convertirse en parte o seguir siéndolo, en interés de la Unión Europea, en el Convenio de La Haya, de 13 de enero de 2000, sobre la protección internacional de los adultos {SWD(2023) 155 final}-{SWD(2023) 156 final}-{SEC(2023) 208 final}. Bruselas, 24.7.2023 COM(2023) 281 final/2. Tiene sentido

que tiene la finalidad de regular los asuntos transfronterizos a efectos de la protección de los adultos entre países de la Unión Europea[11]. Las dos iniciativas tienen como objetivo general proteger los derechos de los adultos vulnerables aumentando la seguridad jurídica del público en general y de las autoridades públicas implicadas, facilitando el reconocimiento transfronterizo de las medidas de protección y de los poderes de representación y haciendo que los procesos sean más rápidos y menos costosos[12].

---

que se proponga la Decisión porque la Convención sólo está abierta a Estados soberanos, lo que significa que la UE no tiene derecho a convertirse en parte de la Convención. Sólo los Estados miembros pueden ratificar o adherirse al Convenio, ya sea por iniciativa propia o en virtud de una decisión de la UE. Así se hizo también con la Decisión del Consejo, de 5 de junio de 2008, por la que se autoriza a algunos Estados miembros a ratificar o adherirse, en interés de la Comunidad Europea, al Convenio de La Haya de 1996 relativo a la competencia, la ley aplicable, el reconocimiento, la ejecución y la cooperación en materia de responsabilidad parental y medidas de protección de los niños, y por la que se autoriza a algunos Estados miembros a formular una declaración sobre la aplicación de las normas internas correspondientes del Derecho comunitario (DOUE núm. 151, de 11 de junio de 2008).

11 Propuesta de Reglamento del Parlamento Europeo y del Consejo relativo a la competencia, la ley aplicable, el reconocimiento y la ejecución de las medidas y la cooperación en materia de protección de los adultos. {SEC(2023) 208 final}-{SWD(2023) 154 final}-{SWD(2023) 155 final}-{SWD(2023) 156 final}. Bruselas, 31.5.2023 COM(2023) 280 final.

12 Documento de trabajo de los servicios de la Comisión. Resumen del Informe de la Evaluación de Impacto, que acompaña al documento propuesta de Reglamento del Parlamento Europeo y del Consejo relativo a la competencia, la ley aplicable, el reconocimiento y la ejecución de las medidas y la cooperación en materia de protección de los adultos y propuesta de Decisión del Consejo por la que se autoriza a determinados Estados miembros a convertirse en parte o seguir siéndolo, en interés de la Unión

En la Propuesta de Decisión del Consejo se reconoce que la amplia ratificación del Convenio de La Haya sobre la protección de los adultos por parte de los Estados miembros y otros países es esencial para su funcionamiento eficaz. Sin embargo, solo doce Estados miembros de la Unión Europea son actualmente parte en dicho Convenio[13]. Se afirma la competencia exclusiva de la Unión en relación con el Convenio de conformidad con el artículo 3.2 del TFUE y, por tanto, puede autorizar a los Estados miembros a convertirse en parte del Convenio o a seguir siéndolo[14]. Cuando se apruebe la Decisión, el Consejo autorizará a los Estados miembros a convertirse en parte, o seguir siéndolo, en el Convenio de La Haya, de 13 de enero de 2000, sobre la protección internacional de los adultos, en interés de la Unión. En concreto, Bulgaria, Irlanda, España, Croacia, Italia, Lituania, Luxemburgo, Hungría, los Países Bajos, Polonia, Rumanía, Eslovenia, Eslovaquia y Suecia adoptarán las medidas necesarias para depositar sus instrumentos de ratificación o adhesión en el Ministerio de Asuntos Exteriores del Reino de los Países Bajos, depositario del Convenio, a más tardar 24 meses después de la fecha de adopción de la Decisión.

Europea, en el Convenio de La Haya, de 13 de enero de 2000, sobre la protección internacional de los adultos {COM(2023) 280 final}-{SEC(2023) 208 final}-{SWD(2023) 154 final}-{SWD(2023) 155 final}. Bruselas, 31.5.2023 SWD(2023) 156 final.

13 Alemania, Austria, Bélgica, Chequia, Chipre, Estonia, Finlandia, Francia, Grecia, Letonia, Malta y Portugal. Aunque Irlanda, Italia, Luxemburgo, Países Bajos y Polonia ya lo han firmado, aún deben ratificarlo.

14 La Comisión considera que las normas de Derecho Internacional Privado sobre protección de adultos forman parte de la materia de cooperación judicial en materia civil fuera del campo del Derecho de Familia. Se califica de forma autónoma el Derecho de familia, quedando fuera de él tanto la protección de adultos como la materia sucesoria.

No obstante, el objetivo político de contar con un conjunto eficaz y armonizado de normas de Derecho internacional privado que se apliquen a todos los Estados miembros en casos transfronterizos de protección de adultos puede lograrse mejor a través de una iniciativa de la Unión Europea. De ahí que, junto a la voluntad de que los Estados miembros sean parte en el Convenio, se proponga un Reglamento que complemente las normas del texto internacional entre los Estados de la Unión. En su Exposición de Motivos el texto de la Propuesta de Reglamento señala que el valor añadido es la simplificación y modernización de las normas incluidas en el Convenio para adaptarlas a las circunstancias de la Unión Europea y el refuerzo de la cooperación entre los Estados miembros en el ámbito de la protección de los adultos. Si bien las normas del Convenio tienen por objeto su aplicación integral por parte de países con diferentes sistemas jurídicos en general y sobre la protección de los adultos en particular, el Reglamento podría establecer normas más racionalizadas y una cooperación más estrecha basada en el principio de confianza mutua entre los Estados miembros y que aprovecha la experiencia de armonización en otros ámbitos de la justicia civil transfronteriza en la Unión Europea. Como ya se ha dicho, el Reglamento viene a complementar las normas del Convenio de La Haya sobre la protección de los adultos mediante el establecimiento de normas destinadas a simplificar, racionalizar y modernizar los procedimientos y la cooperación entre las autoridades competentes de los Estados miembros. En particular, debe fomentar el derecho a la autonomía de los adultos y su derecho a ejercitar su capacidad de obrar en igualdad de condiciones con los demás, facilitando el uso, en un contexto transfronterizo, de los poderes de representación en virtud de los cuales los adultos hayan organizado su protección con antelación al momento en el que no estén en condiciones de cuidar de sus propios intereses, y dando un efecto pleno e inmediato a las decisiones tomadas por los adultos.

La Propuesta de Reglamento tiene como contenido:

a) La competencia judicial internacional sobre las medidas de protección de adultos.

b) La ley aplicable a las medidas de protección y a los poderes de representación otorgados por un adulto que deben ejercerse cuando el adulto no puede proteger sus intereses.

c) El reconocimiento y ejecución en un Estado miembro de las medidas de protección adoptadas en otro Estado miembro.

d) La aceptación en un Estado miembro de los documentos públicos con fuerza ejecutiva expedidos en otro Estado miembro.

e) La cooperación transfronteriza de las autoridades competentes y las autoridades centrales y su comunicación (incluida la comunicación digital).

f) El certificado de representación europeo.

g) La creación e interconexión de Registros de protección.

2. ESPAÑA Y LAS REPERCUSIONES DE LA EVOLUCIÓN EN EUROPA

España aún no ha firmado el Convenio de La Haya de 2000 y está siguiendo su propia evolución normativa en cumplimiento de lo exigido por la CNUDPD. Se ha promulgado la Ley 8/2021 que reforma la legislación civil y procesal para el apoyo a las personas con discapacidad en el ejercicio de su capacidad jurídica[15]. Para el sistema en su conjunto esta Ley supone un giro copernicano al alinearse con la CNUDPD en la consideración que las personas con discapacidad tienen capacidad jurídica en igualdad de condiciones con las demás personas en todos los aspectos de la vida, hace desaparecer la incapacitación y prevé el establecimiento de las medidas de apoyo que puedan necesitar las personas con discapacidad para el ejercicio de su capacidad jurídica.

No obstante, como señala Adroher Biosca, pese al gran calado de la modificación, el legislador ha olvidado adaptar las normas de Derecho Internacional Privado a la CNUDPD[16]. Efectivamente las reformas para el Derecho Internacional Privado no son de gran calado y no están alineadas con el futuro que está a punto de convertirse en presente.

En las páginas que siguen se hará un ligero recorrido a través de los tres cuerpos normativos a los que en el texto nos estamos refiriendo, el Convenio de La Haya, la Propuesta de Reglamento y el Derecho autónomo español.

---

15 BOE núm. 132, de 3 de junio de 2021. El proceso de cambio normativo se ha plasmado en distintos instrumentos como la Ley 39/2006, de 14 de diciembre, de Promoción de la Autonomía Personal y Atención a las personas en situación de dependencia, (BOE núm. 299, de 15 de diciembre de 2006) y el Real Decreto Legislativo 1/2013, de 29 de noviembre, por el que se aprueba el Texto Refundido de la Ley General de derechos de las personas con discapacidad y de su inclusión social, (BOE núm. 289, de 3 de diciembre de 2013).

16 ADROHER BIOSCA, S., "Derechos de los adultos vulnerables en situación transfronteriza: Orden público y adaptación", *Cuadernos de Derecho Transnacional*, 16, 1, Marzo 2024, p. 37.

2.1. Sobre el ámbito de aplicación de unos instrumentos normativos y otros

El ámbito de aplicación material del Convenio de La Haya y el de la Propuesta de Reglamento son muy parecidos. No obstante, como bien señala González Marimón, el hecho de que el Convenio se refiera a "medidas" mientras que la Propuesta de Reglamento a "materias" permite considerar incluidos en este último vocablo los poderes de representación ex lege, directamente otorgados por la ley a ciertos familiares en algunos sistemas jurídicos, sin necesidad de intervención de una autoridad[17].

En cuanto a la relación entre los dos instrumentos normativos, el Reglamento será de aplicación cuando el adulto tenga su residencia habitual en el territorio de un Estado miembro. No obstante, será de aplicación el Convenio de La Haya en los siguientes casos:

a) Se aplicará el artículo 7 del Convenio respecto al adulto que sea nacional de un Estado parte en el que no se aplique el Reglamento. Con arreglo a este artículo, como examinaremos más adelante, las autoridades de un Estado contratante del que sea nacional el adulto serán competentes para adoptar medidas para la protección de su persona o sus bienes si consideran que están en mejores condiciones para valorar el interés del adulto, y después de comunicarlo a las autoridades competentes por su residencia habitual.

b) Se aplicará el artículo 8 del Convenio respecto a la transferencia de competencia entre una autoridad de

---

17 GONZÁLEZ MARIMÓN, M., "Hacia un Unión Europea "de" las personas. Sobre la propuesta de la Comisión Europea sobre la protección de adultos vulnerables en situaciones transfronterizas", *Cuadernos de Derecho Transnacional*, 15, 2, Octubre 2023, p. 438.

un Estado miembro y una autoridad parte en el Convenio en el que no se aplique el Reglamento. Con arreglo a este artículo, las autoridades de un Estado contratante que sean competentes en virtud de la residencia habitual del adulto, cuando consideren que ello redunda en interés del adulto, podrán, por propia iniciativa o a petición de la autoridad de otro Estado contratante, requerir a las autoridades de uno de los siguientes Estados que tomen medidas para la protección de la persona o los bienes del adulto:

a. un Estado del que el adulto posea la nacionalidad;
b. el Estado de la anterior residencia habitual del adulto;
c. un Estado en el que se encuentren situados bienes del adulto;
d. el Estado cuyas autoridades el adulto haya escogido por escrito para que adopte medidas relativas a su protección;
e. el Estado de la residencia habitual de una persona allegada al adulto dispuesta a hacerse cargo de su protección;
f. el Estado en cuyo territorio se encuentre el adulto, por lo que respecta a la protección de su persona.

c) Se aplicará el capítulo V del Convenio respecto a la cooperación entre las autoridades competentes y las autoridades centrales, entre un Estado miembro y un Estado parte en el Convenio en el que no se aplique el Reglamento.

En los Estados miembros que han ratificado el Convenio, las normas sobre competencia, reconocimiento, ejecución y cooperación administrativa sólo se aplican respecto de casos que impliquen a otros Estados contratantes. Las normas sobre la ley aplicable, por el contrario, se aplican universalmente, es decir, incluso si los demás países implicados no son parte en el Convenio. Para el reconocimiento y ejecución de una medida adoptada o a la aceptación de un documento público expedido por una autoridad competente de un Estado miembro en el territorio de otro Estado miembro se aplicará siempre el Reglamento, aunque el adulto no tenga su residencia habitual en un Estado miembro.

2.2. Competencia judicial internacional

Lo primero que se pone de manifiesto en la comparación de la regulación de la competencia judicial internacional entre el Convenio de La Haya, la Propuesta de Reglamento y la LOPJ es el contraste de una visión compleja de los problemas que plantea la protección de los adultos en la vida internacional en los dos primeros instrumentos normativos con la simplicidad de las reglas de Derecho autónomo.

El Convenio de La Haya establece como criterio de atribución de la competencia para adoptar las medidas de protección de la persona o los bienes del adulto el de la residencia habitual del adulto[18]. No obstante, cuando concurren determinadas circunstancias, las autoridades de un Estado contratante del que sea nacional el adulto serán competentes para adoptar medidas para la protección de su persona o sus bienes si consideran que están en mejores condiciones para valorar el interés

---

18 En caso de traslado de la residencia habitual del adulto a otro Estado contratante, serán competentes las autoridades del Estado de la nueva residencia habitual (art. 5.2).
Respecto a los adultos que sean refugiados y los que, como consecuencia de desórdenes ocurridos en su país, están internacionalmente desplazados, son competentes según el apartado 1 del artículo 5 las autoridades del Estado contratante en cuyo territorio se encuentren estos adultos como consecuencia de su desplazamiento.

del adulto, y después de comunicarlo a las autoridades competentes. Solo podrán ejercer esta competencia si las autoridades de la residencia habitual del adulto hubieran informado a las autoridades del Estado del que sea nacional el adulto de que han adoptado las medidas que requiere la situación o han decidido que no deben tomarse medidas o de que se encuentra pendiente un procedimiento ante las mismas[19]. Por otra parte, las autoridades del Estado de la residencia habitual del adulto pueden, por propia iniciativa o a petición de la autoridad de otro Estado contratante, requerir que tomen medidas para la protección de la persona o los bienes del adulto a las autoridades de uno de los siguientes Estados:

a) un Estado del que el adulto posea la nacionalidad;

b) el Estado de la anterior residencia habitual del adulto;

c) un Estado en el que se encuentren situados bienes del adulto;

d) el Estado cuyas autoridades el adulto haya escogido por escrito para que adopte medidas relativas a su protección[20];

---

19 Las medidas que adopten las autoridades de la nacionalidad dejarán de producir efecto tan pronto como las autoridades competentes hayan tomado las medidas que requiere la situación o hayan decidido que no deben tomarse medidas.

20 Es este el limitado espacio de juego para la autonomía de voluntad del adulto en la regulación de la competencia de las autoridades en el artículo 8.2 del Convenio. En este sentido no tengo una visión tan positiva como Adroher Biosca (ADROHER BIOSCA, S., "Derecho aplicable a las medidas de apoyo a la discapacidad en supuestos internacionales", en *El ejercicio de la capacidad jurídica por las personas con discapacidad tras la Ley 8/2021 de 2 de junio.* Documento TOL8.810.726. http://www.tirantonline.com) cuando afirma que el Convenio "incorpora plenamente los derechos contemplados en la CDPD, y especialmente el derecho a la autonomía

e) el Estado de la residencia habitual de una persona allegada al adulto dispuesta a hacerse cargo de su protección;

f) el Estado en cuyo territorio se encuentre el adulto, por lo que respecta a la protección de su persona.

Las autoridades de un Estado contratante en el que se encuentren situados bienes del adulto serán competentes para tomar medidas de protección relativas a esos bienes, en la medida en que dichas medidas sean compatibles con las adoptadas por las autoridades competentes conforme a los criterios anteriores.

En todos los casos de urgencia, las autoridades de cualquier Estado parte en cuyo territorio se encuentre el adulto o bienes que le pertenezcan serán competentes para tomar cualesquiera medidas necesarias de protección. Estas medidas adoptadas en caso de urgencia dejan de tener efecto cuando las autoridades competentes hayan tomado las medidas exigidas por la situación. Si el Estado que hubiera adoptado las medidas urgentes no es un Estado parte en el Convenio, estas dejarán de producir efecto en cada Estado contratante tan pronto como

---

de la voluntad del art. 3, el apoyo al ejercicio de la capacidad y el acceso a la justicia del art. 12, y el derecho a la libertad internacional de desplazamientos".

En su Informe Explicativo Paul Lagarde justifica así este estrecho margen para la autonomía: "Este recurso a la autonomía de la voluntad responde a la voluntad de reconocer y alentar la necesidad de autonomía de las personas incapacitadas. No obstante, como hay que tener igualmente en cuenta la especial vulnerabilidad de estas personas frente a las influencias externas a las que puedan estar sometidas, se decidió enmarcar esta autonomía situándola bajo el control de las autoridades de la residencia habitual del adulto" (§71). Lagarde, P *Informe Explicativo. Convenio de 13 de enero de 2000 sobre Proteccion Internacional de los Adultos.* Nueva edición revisada. Oficina Permanente de la Conferencia de La Haya. 2017.

sean reconocidas las medidas exigidas por la situación y adoptadas por las autoridades de otro Estado.

Excepcionalmente, las autoridades de un Estado contratante en cuyo territorio se encuentre el adulto serán competentes para adoptar medidas para la protección de la persona del adulto de carácter temporal y con eficacia territorial limitada al Estado de que se trate, en tanto en cuanto dichas medidas sean compatibles con las que ya hayan adoptado las autoridades que sean competentes.

Finalmente, para asegurar la continuidad de las medidas adoptadas, las que se hayan de establecido sobre la base de los foros de competencia del Convenio permanecerán en vigor en sus propios términos, incluso si un cambio en las circunstancias hubiera hecho desaparecer el elemento sobre el que se basaba dicha competencia, hasta tanto que las autoridades que sean competentes en virtud del Convenio no hayan modificado, sustituido o revocado dichas medidas.

La Propuesta de Reglamento asume los criterios de atribución de la competencia establecidos en el Convenio de La Haya y remite a la regulación del texto convencional, pero añade el juego de la autonomía de la voluntad como criterio principal en el artículo 6[21]: las autoridades de un Estado miembro distinto del Estado miembro en el que el adulto tenga su residencia habitual tendrán competencia cuando se cumplan todas las condiciones siguientes:

---

21 Como bien afirma González Miramón, se trata de una modificación trascendental respecto al sistema de competencia diseñado en el marco de la Conferencia de La Haya. GONZÁLEZ MARIMÓN, M., "Hacia un Unión Europea "de" las personas. Sobre la propuesta de la Comisión Europea sobre la protección de adultos vulnerables en situaciones transfronterizas", *op. cit.*, p. 439.

a) el adulto haya elegido a las autoridades de ese Estado miembro, cuando aún estaba en condiciones de velar por sus intereses;

b) el ejercicio de la competencia responda al interés del adulto;

c) las autoridades de un Estado miembro competentes en virtud de los artículos 5 a 8 del Convenio de La Haya sobre la protección de los adultos no hayan ejercido su competencia.

De este modo, la Propuesta de Reglamento atiende al respeto a la autonomía individual, incluida la libertad de tomar las propias decisiones, que defiende la CNUDPD. Así lo hace notar el considerando 20 de la Propuesta: Para proteger mejor el derecho a la autonomía de los adultos, debe respetarse la elección del foro realizada por los adultos a la hora de organizar su futura representación sin necesidad de procedimientos adicionales, en particular en lo que respecta a la aprobación por las autoridades de los Estados miembros de la residencia habitual de los adultos. No obstante, teniendo en cuenta que la situación personal o económica de un adulto puede cambiar entre el momento en que se elige el foro y el momento en que el adulto necesite protección, los tribunales elegidos deben tener la posibilidad de evaluar si la elección realizada por el adulto sigue redundando en su interés en el momento en que se presente la demanda. Esta evaluación debe realizarse principalmente teniendo en cuenta la opinión de dicho adulto y la importancia de los cambios en sus condiciones de vida y en su patrimonio desde el momento en que se eligió el foro.

En nuestro Derecho autónomo, la LOPJ, en materia de medidas de protección de las personas mayores de edad o de sus bienes, establece como foros concurrentes el del domicilio del demandado en España (entendiendo por domicilio la residencia habitual de la persona física) y el de la residencia habitual en España de la persona mayor de edad[22]. Se añade la competencia de los tribunales españoles para adoptar medidas provisionales o de aseguramiento respecto de personas o bienes que se hallen en territorio español y deban cumplirse en España[23].

Es llamativo que, a pesar de que la reciente aún (sobre todo en cuanto a su implantación) Ley 8/2021 haya dado un papel tan relevante a la autonomía de la voluntad de las personas con discapacidad, no se haya aprovechado esa Ley para hacer entrar en juego la sumisión como criterio de atribución de la competencia de manera que se permita al adulto elegir las autoridades competentes para proteger su persona y sus bienes[24].

2.3. Ley aplicable

A las cuestiones sobre la ley aplicable el Convenio de La Haya dedica su capítulo III.

La norma de conflicto contenida en el artículo 13 sigue el criterio de la *lex auctoritatis*: las autoridades de los Estados contratantes aplicarán su propia ley. No obstante, en la medida en que lo requiera la protección de la persona o de los bienes del adulto, podrá aplicarse o tenerse en cuenta excepcionalmente la ley de otro Estado con el que la situación tenga un vínculo estrecho.

---

22 Arts. 22 ter y 22 quáter LOPJ.

23 Art. 22 sexies LOPJ.

24 DIAGO DIAGO, P., “La nueva regulación de la protección de adultos en España en situaciones transfronterizas e internas”, *Diario La Ley,* 9779, sección doctrina, 27 de enero de 2021; MUÑOZ FERNÁNDEZ, A., “Las medidas de apoyo para las personas con discapacidad en situaciones transfronterizas. Práctica judicial”, en *El derecho de familia internacional del siglo XXI en la práctica judicial.* 1ª ed., 2022.

En cuanto a las medidas adoptadas en otro Estado parte que estén llamadas a producir efectos en el Estado, las condiciones de su aplicación se regirán por la ley del Estado en que se adoptaron.

Por lo que se refiere a la existencia, alcance, modificación y extinción de los poderes de representación conferidos por un adulto, en virtud de un acuerdo o por un acto unilateral, para ejercitarse cuando dicho adulto no esté en condiciones de velar por sus intereses, el Convenio establece como punto de conexión principal la autonomía de la voluntad, que solo puede recaer sobre alguna de estas leyes:

a) un Estado del que el adulto posea la nacionalidad;

b) el Estado de la anterior residencia habitual del adulto;

c) un Estado en el que se encuentren situados bienes del adulto, con respecto a dichos bienes.

Si no se hubiera designado expresamente por escrito una de estas leyes, se regirán por la ley del Estado de la residencia habitual del adulto en el momento del acuerdo o del acto unilateral.

Las modalidades de ejercicio de esos poderes de representación se regirán por la ley del Estado en el que se ejerciten.

Asegurar la continuidad de las soluciones en las situaciones transfronterizas ha llevado a completar las reglas de conflicto sobre representación con criterios flexibles: Cuando los poderes de representación mencionados no se ejerciten de manera suficiente para garantizar la protección de la persona o de los bienes del adulto, podrán ser revocados o modificados mediante medidas adoptadas por una autoridad competente en virtud del Convenio. Cuando se revoquen o modifiquen dichos poderes de representación, deberá tenerse en cuenta en la medida de lo posible la ley a que se refiere el artículo 15.

Únicamente si el acto se hubiera celebrado entre personas que se encuentren en el territorio del mismo Estado, no podrá impugnarse la validez de un acto celebrado entre un tercero y otra persona que tendría la condición de representante del adulto según la ley del Estado en que se haya celebrado el acto, ni el tercero incurrirá en responsabilidad únicamente por el motivo de que la otra persona no tuviera la condición de representante del adulto según la ley designada por las disposiciones del este Capítulo, a menos que el tercero supiera o hubiera debido saber que la condición de representante se regía por esta última ley.

La ley aplicable según las reglas de conflicto mencionadas lo será incluso cuando la ley designada fuera la de un Estado no parte en el Convenio.

Finalmente, el capítulo excluye el reenvío al señalar que se entenderá por "ley" el Derecho vigente en un Estado, con exclusión de sus normas de conflicto de leyes; contempla la posible existencia en los Estados parte de normas imperativas o de aplicación necesaria indicando que las reglas de conflicto del Convenio no impedirán la aplicación de las disposiciones de la ley del Estado en que deba protegerse al adulto cuando la aplicación de dichas disposiciones sea obligatoria independientemente de la ley que sería aplicable en otro caso; y precisa que la aplicación de la ley designada por las reglas de conflicto solo podrá excluirse si es manifiestamente contraria al orden público[25].

---

25 En relación con el contenido del orden público es interesante tener en cuenta para dotar de contenido a esta excepción en el ámbito europeo la consideración del Comité Económico y Social Europeo en el *Dictamen del Comité Económico y Social Europeo sobre la Propuesta de Reglamento del Parlamento Europeo y del Consejo relativo a la competencia, la ley aplicable, el reconocimiento y la ejecución de las medidas y la cooperación en materia de protección de los adultos* [COM(2023) 280 final

La Propuesta de Reglamento no contiene especial tratamiento de la ley aplicable y se limita a hacer una remisión al Convenio de La Haya. La ley aplicable a la protección transfronteriza de los adultos se determinará de conformidad con el capítulo III del Convenio de La Haya sobre la protección de los adultos. González Marimón lamenta que la Propuesta de Reglamento no aproveche para actualizar y modernizar el sistema de La Haya. "Así, por ejemplo, materias como la ley aplicable a los poderes de representación *ex lege* continuarán sin normas de conflicto específicas que garanticen una adecuada seguridad jurídica. En efecto, el distinto tratamiento de esta figura en los sistemas nacionales y la ausencia en muchas ocasiones de una norma de conflicto específica para determinar su ley aplicable, se ha identificado como una de las problemáticas fundamentales en la protección de adultos involucrados en situaciones transfronterizas. Sobre todo, en casos de intervenciones médicas urgentes, en las que los familiares e incluso los profesionales médicos se ven abocados a una gran inseguridad jurídica en un momento en el que se requiere una intervención médica inmediata. Por todo ello, el legislador de la UE debería reconsiderar su postura e incluir alguna norma de conflicto en la materia, como se ha recomendado desde distintos foros. Por ejemplo, introduciendo una norma de conflicto basada en la autonomía de la voluntad por la que

— 2023/0169 (COD)] *y sobre la Propuesta de Decisión del Consejo por la que se autoriza a determinados Estados miembros a convertirse en parte o seguir siéndolo, en interés de la Unión Europea, en el Convenio de La Haya, de 13 de enero de 2000, sobre la protección internacional de los adultos* [COM(2023) 281 final] (C/2024/1581). C/2024/1581: "en caso de violación manifiesta de los derechos humanos y del Derecho internacional en la adopción de una medida jurídica contra una persona con discapacidad o vulnerable, un Estado miembro no debe reconocer tal medida. El CESE pide que se refuerce esta disposición con una referencia clara y explícita a una obligación y, por tanto, que la posibilidad de actuar se transforme en una obligación".

se pueda elegir la ley de la residencia habitual del adulto para regir los poderes de representación *ex lege*"[26].

La Ley 8/2021 de apoyo a las personas con discapacidad en el ejercicio de su capacidad jurídica establece una nueva redacción para dos normas de Derecho Internacional Privado del Código Civil, el párrafo segundo del artículo 9.6 y el artículo 10.8[27].

A tenor del primero, "la ley aplicable a las medidas de apoyo para personas con discapacidad será la de su residencia habitual. En el caso de cambio de residencia a otro Estado, se aplicará la ley de la nueva residencia habitual, sin perjuicio del reconocimiento en España de las medidas de apoyo acordadas en otros Estados. Será de aplicación, sin embargo, la ley española para la adopción de medidas de apoyo provisionales o urgentes".

El segundo señala que "en los contratos celebrados entre personas que se encuentren en España, las personas físicas que gocen de capacidad de conformidad con la ley española solo podrán invocar su discapacidad resultante de la ley de otro país si, en el momento de la celebración del contrato, la otra parte hubiera conocido tal discapacidad o la hubiera ignorado en virtud de negligencia por su parte"[28].

---

26 GONZÁLEZ MARIMÓN, M., "Hacia un Unión Europea "de" las personas. Sobre la propuesta de la Comisión Europea sobre la protección de adultos vulnerables en situaciones transfronterizas", *op. cit.,* p. 441.

27 Ley 8/2021, de 2 de junio, por la que se reforma la legislación civil y procesal para el apoyo a las personas con discapacidad en el ejercicio de su capacidad jurídica, (BOE núm. 132, de 3 de junio de 2021).

28 El texto anterior, incorporado en la reforma del Título Preliminar del Código de 1974 era el siguiente: "Serán válidos, a efectos del ordenamiento jurídico español, los contratos onerosos celebrados en España por extranjero incapaz según su ley nacional, si la causa de

Calvo Caravaca y Carrascosa González critican el empleo como supuesto de hecho del art. 9.6.II una categoría jurídica de estricto Derecho español y, además, muy concreta, estrecha y específica: las medidas de apoyo para personas con discapacidad. Afirman que "se ha construido un supuesto de hecho de la nueva norma de conflicto extraordinariamente cerrado, pequeño y estrecho. Se ha empleado un concepto jurídico, -las "medidas de apoyo para personas con discapacidad"-, directamente tomado del Derecho civil español. Eso significa que el legislador español, de modo provinciano, piensa que en todos los Derechos de todos los países del mundo existen "medidas de apoyo para personas con discapacidad". Olvida que la inmensa mayoría de los Estados del mundo siguen un sistema de incapacitación judicial de las personas con dificultades físicas y/o mentales, personas que no pueden gobernarse por sí mismas. El legislador español cree que todo el planeta sigue su senda: como en Derecho español ya no es posible incapacitar a las personas que no pueden gobernarse por sí mismas, el legislador español cree, de modo ingenuo, que ello es así en todo el mundo"[29]. Para superar esta dificultad los autores acertadamente proponen que la expresión se interprete a la luz de la función internacional que despliega el precepto y, para ello, debe ser "reinterpretado" y convenientemente "estirado" para cubrir lo que es preciso cubrir: toda medida o mecanismo legal de protección, defensa y apoyo a una persona que no puede gobernarse por sí misma.

---

la incapacidad no estuviese reconocida en la legislación española. Esta regla no se aplicará a los contratos relativos a inmuebles situados en el extranjero". Se quiere de este modo actualizar el lenguaje ajustándolo a la nueva ley.

[29] CALVO CARAVACA, A. L. y CARRASCOSA DOMINGUEZ, J., "Capítulo IX. Persona física", en *Tratado de Derecho Internacional Privado.* 3 Tomos. Segunda Edición, Tirant lo Blanch, Valencia, 2022, p. 47.

Como acertadamente observa Adroher Biosca, el primer gran olvido del legislador español en lo que respecta a los aspectos de Derecho Internacional Privado se encuentra en las medidas *ex ante* (medidas que adopta la persona en previsión de su posible futura discapacidad). No existe una norma que determine el Derecho aplicable a las medidas voluntarias de apoyo, ya se trate de poderes o mandatos preventivos o autocuratelas o figuras similares establecidas en distintos sistemas jurídicos de nuestro entorno. Entre las distintas posibilidades que ofrece el sistema español para cubrir esta laguna, Adroher se inclina por considerar que procede la calificación de representación voluntaria de las medidas -basada en el peso que la nueva normativa otorga a la autonomía de la voluntad-, lo que conduce a la aplicación de la ley española si el lugar del ejercicio de las facultades conferidas es España y si alguna de las facultades debe ejercerse en el extranjero (para vender una propiedad inmueble sita en el extranjero o disponer de fondos depositados en un banco extranjero) deberá aplicarse el Derecho de ese país[30].

Por otra parte, en el sistema jurídico español se mantiene sin reformar el artículo 9.1 del Código Civil: "La ley personal correspondiente a las personas físicas es la determinada por su nacionalidad. Dicha ley regirá la capacidad y el estado civil, los derechos y deberes de familia y la sucesión por causa de muerte". Su aplicación ha quedado reducida a la capacidad y el estado civil pues en lo relativo a los derechos y deberes de familia y a la sucesión por causa de muerte las normas de conflicto del Código han sido desplazadas por normas europeas. El encaje del artículo 9.1 con el 9.6 puede

---

30 ADROHER BIOSCA, S., "Derecho aplicable a las medidas de apoyo a la discapacidad en supuestos internacionales", en *El ejercicio de la capacidad jurídica por las personas con discapacidad tras la Ley 8/2021 de 2 de junio* [on line]. http://www.tirantonline.com

plantear dificultades. "Podrían llegar demandas a los tribunales españoles solicitando incapacitar a extranjeros cuya ley nacional prevea la incapacitación, en aplicación del art. 9.1 del CC. Posteriormente podría solicitarse la medida de apoyo de acuerdo con la ley española si el extranjero tiene la residencia habitual en nuestro país en virtud del art. 9.6 del CC"[31]. Heredia Sánchez califica la situación de "bicefalia jurídica", que puede generar problemas de interpretación, armonización y de adaptación de la normativa a casos internacionales y que no está alineada con las tendencias actuales en materia de protección de personas que identifican *forum* y *ius* respondiendo al principio de proximidad que representan el foro y la ley de la residencia habitual[32].

A partir del cambio de enfoque que expresa la Ley 8/2021 -manifestación de la concepción de los derechos de las personas con discapacidad que recoge el CNUDPD-, aunque las soluciones que establecen las distintas legislaciones para establecer apoyos a la persona para que pueda ejercer en igualdad de condiciones sus derechos, no es difícil que en los pocos casos en que sea aplicable un ley extranjera, juegue la excepción de orden público si se aprecia que ese Derecho extranjero no respeta la autonomía de la persona con discapacidad[33].

---

31 *Ibidem.*

32 HEREDIA SÁNCHEZ, L. S., "Reflexiones acerca de la nueva regulación de la discapacidad en supuestos internacionales en Derecho Internacional Privado Español", *Rev. Boliv. de Derecho,* 34, julio 2022, pp. 623-624.

33 Muñoz Fernández, apoyándose en una sentencia del Tribunal Supremo (STS 282/2009, de 29 de abril de 2009) que analizaba la compatibilidad del Derecho español vigente en ese momento con el artículo 12 CNUDPD, considera que el Derecho extranjero que establezca la incapacitación de la persona puede no ser contrario al orden público español si se tiene en cuenta que el incapaz sigue siendo titular de sus derechos y la incapacitación es aplicada solo

en situaciones muy específicas, únicamente cuando las facultades intelectivas y volitivas de la persona no le permiten ejercer sus derechos porque no puede gobernarse. Muñoz Fernández, A. "Las medidas de apoyo para las personas con discapacidad en situaciones transfronterizas. Práctica judicial", cit. Adroher Biosca considera, de forma más radical, que "esta nueva perspectiva de derechos de las personas con discapacidad abocará, con toda probabilidad, a los tribunales españoles a considerar contrario al orden público español cualquier derecho extranjero que prevea la modificación de la capacidad o la incapacitación". Adroher Biosca, S. "Derecho aplicable a las medidas de apoyo a la discapacidad en supuestos internacionales", cit. Adroher Biosca amplía su argumentación y matiza su consideración del juego del orden público en una publicación posterior a propósito del Auto 330/2022 de la Audiencia Provincial de Barcelona (Sección nº 18) de 19 de octubre de 2022. "Creo que este nuevo marco jurídico internacional de derechos de las personas con discapacidad abocará a los tribunales españoles, con toda probabilidad, a considerar contrario al orden público español el reconocimiento en España de una sentencia extranjera que modifique la capacidad o incapacite a una persona, como ha sucedido en este caso. Los principios del orden público no son solo los recogidos en la Constitución, sino también en la normativa internacional de Derechos humanos, y el orden público no debe concebirse tanto como un orden público de dirección sino de protección de los derechos humanos. Sin embargo, como señalaré a continuación, el tratamiento de la tutela extranjera puede tener mejor acomodo en la figura de la adaptación, ya que el orden público debe ser restrictivo y proporcionado; y en este sentido, la diferencia que establece la sentencia respecto a la incapacitación y la tutela, es muy oportuna, reconociendo parcialmente la sentencia marroquí". ADROHER BIOSCA, S., "Derechos de los adultos vulnerables en situación transfronteriza: Orden público y adaptación", *op. cit.*, p. 40.

Efectivamente ese Auto de la Audiencia de Barcelona incorpora la doctrina del orden público atenuado al tratamiento de una incapacitación con arreglo al Derecho marroquí. "Entendemos que el orden público solo se activa en el caso de una contradicción intolerable entre el resultado de la introducción de una resolución extranjera en el orden jurídico del Estado de destino y en

2.4. Reconocimiento y ejecución de medidas de protección de adultos

En materia de reconocimiento y ejecución de medidas de protección se ponen de manifiesto de manera inmediata las diferencias existentes entre el Convenio de La Haya, con vocación de extender su aplicación a los Estados miembros de la Conferencia de La Haya y también a otros Estados que quieran incorporarse a este instrumento y la Propuesta de Reglamento que se sitúa en la línea de otros Reglamentos (Bruselas I bis o Bruselas II ter, por ejemplo) basados en las relaciones de confianza mutua entre los Estados miembros de la Unión Europea. Así, el Convenio establece un régimen de reconocimiento y declaración de ejecutoriedad tradicional invitando a

---

el caso contemplado, aunque no cabe hablar ya de incapacitación, la situación de la persona afectada es tributaria de una medida de protección o ahora de apoyo. Entendemos que el control del orden público no debe llevarse a cabo respecto de una determinada institución, sino respecto de los efectos que se derivan de la misma, no consiste en hacer un juicio en abstracto de compatibilidad de instituciones, sino de compatibilidad de efectos (doctrina del efecto atenuado). En nuestro ordenamiento jurídico en tanto no se proceda a la revisión de las sentencias que limitan la modificación de la capacidad siguen habiendo supuestos en los que la declaración de incapacidad persiste y persiste también la medida adoptada, sea esta la tutela o la curatela. Después de la reforma introducida por la Ley 8/2021 de 8 de junio por la que se reforma la legislación civil y procesal para el apoyo a las personas con discapacidad en el ejercicio de su capacidad jurídica en vigor desde el 3 de septiembre de 2021 y por el Decreto Ley 19/2021 de 31 de agosto por el que se adapta el Código Civil de Catalunya a la reforma del procedimiento de modificación judicial de la capacidad, deben adaptarse y revisarse las medidas adoptadas conforme a la regulación anterior. Y respecto al régimen transitorio se ha previsto que estas funciones de apoyo se ejerzan conforme a la nueva ley desde su entrada en vigor de manera que los tutores designados bajo el régimen anterior deben ejercer su cargo conforme a las disposiciones de la nueva ley" (Roj: AAP B 4712/2022–ECLI:ES:APB:2022:4712A).

los Estados a establecer en su Derecho interno procedimientos simples y rápidos. En la Propuesta de Reglamento el régimen establecido es el de reconocimiento y ejecutoriedad automáticos. Ni el Convenio ni el Reglamento permiten la revisión en cuanto al fondo.

En relación con las causas de denegación del reconocimiento -que recoge el artículo 22 del Convenio y están previstas en el artículo 10 de la Propuesta de Reglamento- existen diferencias que merece la pena destacar. En primer lugar, conforme al Convenio podrá denegarse el reconocimiento y la ejecutoriedad sido si la medida hubiera sido adoptada por una autoridad cuya competencia no se haya basado o no estuviera de conformidad con alguno de los criterios de competencia del propio instrumento convencional. Esta revisión de la competencia de la autoridad atendiendo a sus disposiciones no se contempla en el Reglamento. En segundo lugar, el respeto al derecho a ser oído del adulto sometido a la medida no se reconoce con el mismo alcance. Con arreglo a la Propuesta de Reglamento podrá denegarse el reconocimiento si no se hubiera dado el adulto la posibilidad de ser oído mientras que el Convenio permite esa denegación si no se hubiera dado al adulto la posibilidad de ser oído, contraviniendo los principios fundamentales de procedimiento del Estado requerido. Junto a la contrariedad con el orden público del Estado requerido como causa de denegación el Convenio incorpora la contrariedad con una disposición del Estado requerido que tenga carácter imperativo independientemente de la ley que sería aplicable en otro caso.

En España, cuando entremos en el Convenio será de aplicación este para las resoluciones procedentes de los Estados que sean parte en él; cuando se apruebe y entre en vigor el Reglamento, será este el que rija la eficacia de las resoluciones que procedan de los Estados miembros a los que sea de aplicación. En el Derecho autónomo español será preciso acudir a las reglas del Título V de la Ley de Cooperación Jurídica Internacional en Materia Civil[34].

2.5. Cooperación en materia de protección de adultos

Tanto el Convenio de La Haya de 2000 como la Propuesta de Reglamento establecen la cooperación entre los Estados a través de una (o varias) Autoridad(es) Central(es). Dichas autoridades están obligadas a cooperar entre sí y a promover la cooperación entre las autoridades competentes de sus respectivos Estados, a proporcionar información sobre la normativa, los procedimientos y los servicios de los que dispone su Estado para la protección del adulto Y a facilitar las comunicaciones entre las autoridades competentes.

El Convenio establece la obligación de la Autoridad Central de ayudar, a petición de la autoridad competente de otro Estado parte, a localizar al adulto cuando parezca que este se encuentra en el territorio de ese Estado y necesita protección. A esta obligación la Propuesta de Reglamento suma otra; Ayudar a localizar a una persona que pueda prestar apoyo al adulto, de conformidad con la información facilitada por el adulto u otra autoridad competente, cuando parezca que dicha persona se encuentra en el territorio del Estado.

Tanto el Convenio como la Propuesta de Reglamento han previsto la colocación del adulto en un centro o en otra institución en la que pueda prestársele protección en otro Estado miembro. Sin embargo, esta colocación transfronteriza no se regula de la misma manera en ambos instrumentos normativos. El Convenio exige consulta previa a la Autoridad Central del Estado en el que va a tener lugar la colocación, consulta

---

34 Ley 29/2015, de 30 de julio, de Cooperación Jurídica Internacional en Materia Civil, BOE núm. 182, de 31 de julio de 2015.

que debe acompañarse de un informe sobre el adulto con las razones para la colocación propuesta. La decisión no podrá tomarse en el Estado requirente si la Autoridad Central u otra autoridad competente del Estado requerido manifiesta su oposición dentro de un plazo razonable cuya dimensión no señala el Convenio. La Propuesta de Reglamento -de un modo equivalente a lo establecido por el artículo 82.1 del Reglamento Bruselas II ter[35]- requiere aprobación previa de la Autoridad central del Estado donde se pretenda el desarrollo de la colocación. En cuanto al plazo para comunicar la resolución por la que se otorga o deniega la aprobación de la colocación transfronteriza de un adulto se reduce a seis semanas desde la recepción de la solicitud (reduciéndose así los tres meses previstos en el caso de colocación transfronteriza de niños).

---

35 Con arreglo a lo establecido en el Reglamento (UE) 2019/1111 del Consejo de 25 de junio de 2019 relativo a la competencia, el reconocimiento y la ejecución de resoluciones en materia matrimonial y de responsabilidad parental, y sobre la sustracción internacional de menores (DOUE L 178/1 de 2 de julio de 2019), "Cuando un órgano jurisdiccional o una autoridad competente considere el acogimiento del menor en otro Estado miembro, deberá primero obtener la aprobación de la autoridad competente en ese otro Estado miembro. A tal efecto, la autoridad central del Estado miembro requirente transmitirá a la autoridad central del Estado miembro requerido en el que el menor deba ser acogido una solicitud de aprobación, que incluirá un informe sobre el menor y los motivos de su propuesta de acogimiento o asistencia, información sobre cualquier dotación financiera prevista, así como cualquier otra información que considere pertinente, como la duración prevista del acogimiento".

2.6. Certificado de representación

El Convenio dedica su artículo 38 a la posibilidad de expedir un certificado en el que la autoridad del Estado en el que se ha tomado la medida de protección o se ha otorgado un poder de representación indique la calidad en la que está habilitada a actuar la persona a la que se haya confiado la protección de la persona o los bienes del adulto. Salvo prueba en contrario, la condición y los poderes que consten en el certificado se presumen conferidos en la fecha del mismo.

La Propuesta de Reglamento ha previsto la creación de un certificado de representación europeo que, sin ser obligatorio no sustituir a los documentos internos, podrá ser utilizado por los representantes que necesiten invocar, en otro Estado miembro, sus poderes para representar a adultos que, por una disminución o insuficiencia de sus facultades personales, no estén en condiciones de velar por sus intereses. Se trata de un documento único que acreditará la facultad de representar al adulto en el extranjero tanto ante las autoridades públicas como ante los agentes no judiciales. El certificado podrá utilizarse como prueba de que el representante está autorizado, en virtud de una medida o de un poder de representación confirmado, a representar al adulto, en particular en una o varias de las cuestiones siguientes:

a) el control, la administración y la disposición de los bienes inmuebles u otros activos del adulto;

b) la adquisición de bienes inmuebles u otros activos en nombre del adulto o por cuenta de este;

c) la ejecución de un contrato celebrado por el adulto;

d) el ejercicio, por cuenta del adulto, de cualquier actividad profesional o empresarial;

e) el cumplimiento de las responsabilidades y obligaciones legales del adulto;

f) la participación en procesos judiciales en nombre del adulto o por cuenta de este;

g) las decisiones médicas, incluida la concesión o denegación del consentimiento para la realización de un tratamiento médico;

h) las decisiones relativas al bienestar personal y al lugar de residencia del adulto.

El certificado indicará qué facultades tiene el representante del adulto o, en su caso, de forma negativa, qué facultades no tiene. Cuando proceda, el certificado indicará también cualquier limitación de dichas facultades o cualesquiera condiciones asociadas a dichas facultades.

El certificado surtirá sus efectos en todos los Estados miembros sin necesidad de ningún procedimiento especial. Se presumirá que el certificado prueba los extremos que han sido acreditados de conformidad con la ley aplicable a la medida de origen o los poderes de representación de origen o con cualquier otra ley aplicable a sus extremos concretos. Se presumirá que la persona que figure en el certificado como representante del adulto tiene las facultades mencionadas en el certificado sin más condiciones o limitaciones que las mencionadas en el certificado. No obstante, la presunción no se extenderá a extremos que no estén regulados por el Reglamento.

En conclusión, a través de este certificado se garantiza que la protección concedida en un Estado miembro sobre la base de una medida de protección o un poder de representación confirmado será respetada en los demás Estados de la Unión Europea.

3. PRÓXIMOS PASOS

Como se ha puesto de manifiesto, la respuesta que tendrán que ofrecer las autoridades españolas a los problemas jurídicos que planteen las situaciones transnacionales que afecten a personas adultas vulnerables necesitadas de medidas de apoyo para el ejercicio de su capacidad en un futuro próximo tendrá que cambiar sustancialmente. La aplicación del Convenio y del Reglamento va a conllevar cambios de alcance desigual según el sector del Derecho Internacional Privado de que se trate. Lo cierto es que es previsible que sean numerosas las cuestiones que deban enfrentar notarios, registradores y jueces españoles dada la población extranjera que decide trasladar su residencia a España en los últimos años de su vida.

4. BIBLIOGRAFÍA

ADROHER BIOSCA, S., "Derecho aplicable a las medidas de apoyo a la discapacidad en supuestos internacionales", en Núñez Nuñez, M. Pereña Vicente, M. y Heras Hernández, M. del M. (coords.) *El ejercicio de la capacidad jurídica por las personas con discapacidad tras la Ley 8/2021 de 2 de junio.* Documento TOL8.810.726. http://www.tirantonline.com

ADROHER BIOSCA, S., "Derechos de los adultos vulnerables en situación transfronteriza: Orden público y adaptación". *Cuadernos de Derecho Transnacional,* 2024, 16,1, pp. 36-45.

ADROHER BIOSCA, S., "La protección de adultos en el Derecho Internacional Privado español: novedades y retos". *REDI,* 71, 1, 2019, pp. 163-185.

CALVO CARAVACA, A. L. y CARRASCOSA DOMINGUEZ, J., "Capítulo IX. Persona física", en Caamiña Domínguez, C. M., Castellanos Ruiz, E., Rodríguez Rodrigo, J., Carrascosa González, J. y Calvo Caravaca, A. L. (coords.) *Tratado de Derecho Internacional Privado.* 3 Tomos. Segunda Edición. Tirant lo Blanch. TOL9.351.134.

DIAGO DIAGO, P., "La nueva regulación de la protección de adultos en España en situaciones transfronterizas e internas", *Diario La Ley* núm. 9779, sección doctrina, 27 de enero de 2021.

GONZÁLEZ MARIMÓN, M., "Hacia un Unión Europea "de" las personas. Sobre la propuesta de la Comisión Europea sobre la protección de adultos vulnerables en situaciones transfronterizas". *Cuadernos de Derecho Transnacional*, 2023, 15, 2, pp. 420-445.

HEREDIA SÁNCHEZ, L. S., "Reflexiones acerca de la nueva regulación de la discapacidad en supuestos internacionales en Derecho Internacional Privado Español". *Rev. Boliv. de Derecho*, 34, julio 2022, pp.614-631.

LAGARDE, P., *Informe Explicativo. Convenio de 13 de enero de 2000 sobre Proteccion Internacional de los Adultos.* Nueva edición revisada. Oficina Permanente de la Conferencia de La Haya. 2017.

MUÑOZ FERNÁNDEZ, A., "Las medidas de apoyo para las personas con discapacidad en situaciones transfronterizas. Práctica judicial", en Calvo Caravaca, A. L. y Carrascosa González, J. (dirs.), *El derecho de familia internacional del siglo XXI en la práctica judicial.* 1ª ed., junio 2022.

Capítulo 8

Las personas con discapacidad y las nuevas tecnologías: un nuevo desafío de las relaciones laborales

AIDA LLAMOSAS TRÁPAGA
Profesora Contratada Doctora
Universidad de Deusto.

1. INTRODUCCIÓN

El concepto, el significado y el valor social del trabajo ha variado a lo largo de los siglos, dependiendo de las circunstancias sociales, económicas y culturales, y existen tantas definiciones como perspectivas desde las que se analiza este fenómeno, por ejemplo desde un punto de vista económico el trabajo es un esfuerzo humano llevado a cabo para producir los bienes y servicios necesarios, desde un punto de vista sociológico se considera una actividad social y productiva que contribuye a la sociedad, y desde la perspectiva de la psicología supone una forma de realización personal.

En las antiguas civilizaciones el trabajo estaba estrechamente ligado a la agricultura y a la esclavitud. De hecho, la propia palabra, trabajo, encuentra su origen en la palabra latina *tripalium,* que a su vez hacía referencia a un instrumento de tortura utilizado para castigar a prisioneros o esclavos. Puede apreciarse por tanto que la concepción del trabajo era ciertamente muy negativa y que se trataba de una actividad despreciable que debían llevar a cabo aquellas personas de clases sociales inferiores. En aquellos tiempos el ocio estaba mucho mejor valorado que el trabajo.

De hecho, en este sentido Aristóteles, filósofo griego que destacó por sus importantes contribuciones en el ámbito de la ética y la filosofía moral hablaba de la distinción de actividades. El insistía en la idea de que la distinción entre actividades era algo esencial en la sociedad diferenciando entre actividades libres y serviles y rechazaba estas últimas porque entendía que «inutilizaban el cuerpo, el alma y la inteligencia para el uso o la práctica de la virtud».

Esto es, las personas libres debían dedicarse a las actividades libres y relegaba a los menos favorecidos y los esclavos a las actividades serviles. Esto es, en un lenguaje más coloquial o próximo a nuestra realidad entendía que había dos tipos de trabajo: el bueno y el malo y dependiendo de la clase social o posibilidades de cada persona se quedaba relegado a uno u otro ámbito sin posibilidad de progreso alguno.

Sin embargo, el devenir de los años y las mejoras que, poco a poco, fueron llevando a cabo en el ámbito del trabajo hicieron que de forma paulatina esa negatividad asociada al trabajo fuese desapareciendo, adquiriendo una connotación más positiva. En las últimas décadas el trabajo no se ha entendido solo como una actividad para ganarse la vida sino que se ha ligado a la propia identidad de la persona así como a su autorrealización.

A día de hoy no cabe duda de que el trabajo ocupa una parte importante de nuestras vidas, dedicando al mismo un número notable de nuestras horas. Sin duda, es importante que ese trabajo no sea una mera actividad productiva que suponga, únicamente, un medio de vida o subsistencia, sino también una vía para nuestro propio desarrollo y crecimiento personal.

Un empleo digno es un elemento indispensable para poder avanzar en el desarrollo de nuestras capacidades y en nuestra realización como seres humanos, pero no solo, puesto que un mejor desarrollo de nuestras habilidades también supone una contribución a la sociedad y a su propio avance, comprendiendo así que cada persona, con sus distintas y únicas destrezas, puede contribuir, de una u otra forma, al progreso de la sociedad.

Y es que puede parecer que el desarrollo de cada persona no tiene un impacto directo, o importante, respecto del conjunto de la sociedad, sino que más bien se trata de algo individual que atañe a cada uno de nosotros, de forma privativa, sin que el conjunto de la sociedad deba preocuparse por ello o de establecer los medios adecuados para su consecución.

En este sentido AMARTYA SEN, ganador del premio Nobel de economía en 1998 fue el primero en señalar el desarrollo humano, entendido como «un proceso de expansión de las capacidades de que disfrutan los individuos»[1] como un medio para el bienestar y el progreso.

El entendía que era necesario aumentar la calidad de vida de todas las personas y crear nuevas y mejores oportunidades de desarrollo para que de ese modo las personas puedan hacer y trabajar en lo que desean en la vida y no solo, sino progresar gracias a su empeño y esfuerzo.

---

[1] SEN, A., *Desarrollo y Libertad*, Planeta, Barcelona, 1999.

En este sentido es interesante la reflexión llevada a cabo por CEJUDO CÓRDOBA cuando puntualiza que «la evaluación del desarrollo y del bienestar consiste en determinar hasta qué punto la persona es capaz de funcionar adecuadamente. Determinar sólo el nivel de funcionamiento no es suficiente, porque de esa forma desconoceríamos todavía la libertad de que la persona goza para funcionar así o de otra manera»[2].

Efectivamente, la libertad de los individuos y los obstaculos y limitaciones que se pueden encontrar en el camino deben ser tenidos en cuenta puesto que no solo cuentan las capacidades intrinsecas de las personas y su voluntad, y esfuerzo, por ponerlas en juego sino las dificultades e impedimentos que encuentran para su progreso. Además, y en relación con esto último algunos colectivos pueden encontrar mayores trabas que otros ya sea por sus propias circunstancias personales o simplemente por el contexto socio-económico en el que viven.

Ciertamente, nuestra Constitución, en su artículo 9, parágrafo segundo indica que «corresponde a los poderes públicos promover las condiciones para que la libertad y la igualdad del individuo y de los grupos en que se integra sean reales y efectivas; remover los obstaculos que impidan o dificulten su plenitud y facilitar la participación de todos los ciudadanos en la vida política, económica, cultural y social»[3].

---

2 CEJUDO CÓRDOBA, R., "Desarrollo humano y capacidades. Aplicaciones de la teoría de Amartya Sen a la educación", *Revista Española de Pedagogía,* 234, 2006, p. 368.

3 Constitución Española. BOE de 29 de diciembre de 1978, núm. 311.

2. LAS PERSONAS CON DISCAPACIDAD EN EL ÁMBITO LABORAL

Uno de los colectivos a los que nos les resulta ajeno todo lo anterior son las personas con algún tipo de discapacidad. Que duda cabe que tener un empleo digno y estable contribuye, no solo desde un punto de vista económico, a que estas personas puedan alcanzar la independencia necesaria para poder vivir, sino también para su realización personal, demostrando a la sociedad que el hecho de tener unas características distintas no obsta para que contribuyan al bienestar y desarrollo general de la sociedad.

Efectivamente, las personas con discapacidad soportan unos niveles de desempleo muy altos y su inclusión en el mercado laboral es muy compleja. Tal y como recuerda el Ministerio de Derechos Sociales y Agenda 2030 «siendo el empleo un elemento esencial para garantizar la igualdad de oportunidades, el desarrollo personal y la participación plena en la vida económica, cultural y social, la política de empleo, en este ámbito, debe buscar la integración de las personas con discapacidad en el sistema ordinario de trabajo o, si no es posible, mediante la fórmula especial de trabajo protegido». Por ello, la normativa contempla diferentes medidas que fomentan el empleo de las personas trabajadoras con discapacidad (establecimiento de un sistema de intermediación laboral, empleo con apoyo, enclaves laborales, etc.) o, el establecimiento de medidas de acción positiva en las políticas activas de empleo (reserva de puestos, suvbenciones por la contratación, bonificaciones en las cuotas de la Seguridad Social, desgravaciones fiscales, etc.).

En este mismo sentido deben ponerse de manifiesto las políticas públicas llevadas a cabo por España en esta materia, tanto en el ámbito del empleo ordinario como en el empleo protegido.

En lo que se refiere al empleo ordinario:

a) Existe una cuota de reserva de puestos de trabajo. En aquellas empresas que cuenten con 50, o más, empleados deben reservar el 2% de los puestos de trabajo para personas con discapacidad.

b) Fomento de proyectos empresariales, de proyectos de autoempleo de personas por cuenta propia y subvenciones para la constitución de sociedades laborales y cooperativas de trabajo asociado.

c) Actividades de orientación y acompañamiento individualizado para las personas discapacitadas en su propio puesto de trabajo y con profesionales expertos.

d) En el caso del empleo público, al igual que ocurre en las empresas, también se ha establecido una reserva de plazas para personas con discapacidad, siendo esta del 7%. Igualmente en las pruebas para el ingreso en estas plazas se llevan a cabo los ajustes y las adaptaciones necesarias para garantizar que estas personas puedan participar de los procesos con las mismas garantías que el resto de los candidatos.

En lo que se refiere al empleo protegido, esto es, en aquellos casos en los que las personas pueden desarrollar algún tipo de actividad productiva, pero no en el mercado ordinario sino en un ámbito que sepa gestionar las distintas habilidades, destrezas y también dificultades que pueden presentar:

a) Centros Especiales de Empleo tanto públicos como privados. El objetivo de estos centros no solo es llevar a cabo un trabajo productivo sino también garantizar que todos sus trabajadores reciben una remuneración, aunando esfuerzos para que sus empleados puedan formarse y alcanzar las competencias necesarias para integrarse en el mercado de trabajo ordinario. Se encuentran regulados por el Real Decreto 2273/1985[4] y en el año 2006 se llevó a cabo una actualización a través del Real Decreto 469/2006[5] y, más recientemente, en 2021 el Ministerio de Trabajo y Economía Social publicó la orden TES/501/2021, de 20 de mayo[6], en la que con carácter extraordinario, y para el año 2021, se incrementaban las subvenciones destinadas a los Centros Especiales de Empleo.

b) Enclaves laborales. Con el objetivo de facilitar la transición de las personas con discapacidad del empleo protegido al empleo ordinario se lleva a cabo un traslado, temporal, de un grupo de personas de un Centro de Empleo Protegido a una empresa del mercado ordinario, para que de ese modo puedan llevar a cabo una experiencia de empleo ordinario, allanando el camino

---

4 Real Decreto 2273/1985, de 4 de dicembre, por el que se aprueba el Reglamento de los Centros Especiales de Empleo definidos en el artículo 42 de la Ley 13/1982, de 7 de abril, de Integración Social del Minusválido. BOE de 9 de diciembre de 1985, núm. 294.

5 Real Decreto 469/2006, de 21 de abril, por el que se regulan las unidades de apoyo a la actividad profesional en el marco de los servicios de ajuste personal y social de los Centros Especiales de Empleo. BOE de 22 de abril de 2006, núm. 96.

6 Orden TES/501/2021, de 20 de mayo, por la que se incrementan, con carácter extraordinario durante 2021, las subvenciones destinadas al mantenimiento de puestos de trabajo de personas con discapacidad en los centros especiales de empleo, establecidas en la Orden del Ministerio de Trabajo y Asuntos Sociales, de 16 de octubre de 1998, por la que se establecen las bases reguladoras para la concesión de las ayudas y subvenciones públicas destinadas al fomento de la integración laboral de las personas con discapacidad en centros especiales de empleo y trabajo autónomo, BOE de 25 de mayo de 2021, núm. 124.

hacia el futuro. Los Enclaves Laborales se encuentran regulados en el Real Decreto 290/2004[7].

La Organización Internacional del Trabajo (OIT) en diversas recomendaciones también menciona este colectivo y la necesidad de prestarle especial atención.

Así, la Recomendación núm 168[8], en sus apartados e) y f) menciona el fomento del establecimiento de cooperativas por personas inválidas y la ayuda gubernamental apropiada para la creación y desarrollo, por parte de estas personas, de talleres de producción o cooperativos.

Por su parte la Recomendación 99[9] prevé, con el objetivo de aumentar las oportunidades de empleo, medidas de acción positiva, poniendo especial énfasis en las cooperativas y en las organizaciones administradas por ellos mismos.

Igualmente la Recomendación 205[10], sobre el empleo y el trabajo decete para la paz y la resiliencia, en diversos apartados alude a esta cuestión con una terminología actualizada y al mencionar las oportunidades de empleo y generación de ingresos de las personas con algún tipo de discapacidad, vuelve a hacer especial referencia a las cooperativas a las empresas de economía social y a la necesidad de poner en marcha políticas específicas para estos colectivos.

---

7 Real Decreto 290/2004, de 20 de febrero, por el que se regulan los enclaves laborales como medida de domento del empleo de las personas con discapacidad, BOE de 21 de febrero de 2004, núm. 45.

8 Recomendación sobre la readptación profesional y el empleo (personas inválidas), Organización Internacional del Trabajo, 1983, núm. 168.

9 Recomendación sobre la adaptación y la readaptación profesionales de los inválidos, Organización Internacional del Trabajo, 1955, núm 99.

10 Empleo y trabajo decente para la paz y la resiliencia, Organización Internacional del Trabajo, 2017, núm 205.

Igualmente es necesario destacar, como valiosa herramienta jurídica, la Convención sobre los derechos de las personas con discapacidad, aprobada en el año 2006[11], poniendo de relieve que la protección e inclusión de estas personas no puede dejarse en las manos de la buena voluntad de los propios Estados, sino que el derecho internacional se erige como un firme defensor.

Ya en el propio artículo primero de la convención deja claras las intenciones del texto al mencionar que el propósito del escrito no es otro que el de «promover, proteger y asegurar el goce pleno y en condiciones de igualdad de todos los derechos humanos y libertades fundamentales por todas las personas con discapacidad, y promover el respeto de su dignidad inherente. Las personas con discapacidad incluyen a aquellas que tengan deficiencias físicas, intelectuales o sensoriales a largo plazo que, al interactuar con diversas barreras, puedan impedir su participación plena y efectiva en la sociedad, en igualdad de condiciones con los demás».

Mención expresa requiere el artículo tercero de la convención por el cambio de paradigma que presenta respecto de la inclusión, en todos los ámbitos de la vida social, de las personas con discapacidad.

Hasta el momento se entendía que eran las personas con algún tipo de discapacidad las que debían adaptarse a los procesos y formas de hacer existentes. Es decir, el esfuerzo de adaptación recaía, única y exclusivamente, en ellos, que debían esforzarse para integrarse en el modelo establecido, sin que el mismo, ni siquiera mínimamente tomase en cuenta las divergencias que podían existir para flexibilizarse, de alguna

---

[11] Instrumento de Ratificación de la Convención sobre los derechos de las personas con discapacidad, hecho en Nueva York el 13 de diciembre de 2006, BOE de 21 de abril de 2008, núm 96.

manera, y abrirse a nuevas formas de hacer o entender. Pues bien, con la adopción de la convención esta visión cambia, puesto que la misma «rechaza la visión tradicional de la integración propia del modelo médico según la cual es la persona con discapacidad quien debe amoldarse a los modos, manera, patrones y valores sociales dominantes previamente existentes. Frente a esta vieja concepción, que conduce a la asimilación, la Convención, de acuerdo con el modelo social, aboga por la inclusión partiendo del respeto de la diferencia y la aceptación de la discapacidad como parte de la diversidad y la condición humana tal y como reconoce expresamente el principio recogido en el inciso d) del propio artículo 3 exigiendo transformaciones y restructuraciones profundas del sistema social. La perspectiva de la inclusión se aleja, por tanto, del viejo paradigma que justifica la segregación o separación en entornos especiales de las personas con discapacidad que no logran "normalizarse" y requiere la organización de las estructuras de la vida social de tal forma que se posibilite su participación en todos los ámbitos, así como el goce efectivo de todos sus derechos»[12] .

Más allá de estas medidas y de los avances y esfuerzos que se han hecho a lo largo de los años resulta especialmente destacable la publicación, en julio de este mismo año, 2023, del Libro blanco sobre empleo y discapacidad.

Ciertamente se trata de una valiosa herramienta para llevar a cabo un análisis exhaustivo de la actual situación así como un punto de partida para la adopción, en el futuro, de nuevas medidas.

El informe hace un balance de los resultados obtenidos gracias a las políticas que se han llevado a cabo poniendo en

---

12 Ministerio de Derechos Sociales y Agenda 2030, Fundación ONCE y Comité español de representantes de personas con discapacidad, Libro Blanco sobre Empleo y Discapacidad, 2023, p. 94.

evidencia los retos y las mejoras que deben afrontarse, recogiendo una serie de propuestas finales para la creación de un nuevo marco de empleo para las personas con discapacidad.

Es necesario llevar a cabo reformas y mejoras en este ámbito no solo por el hecho de que es necesario avanzar en los derechos y dignidad de las personas discapacitadas mejorando su acceso al empleo, su estabilidad y progresión en el mismo, sino porque el propio mercado de trabajo se encuentra en constante cambio, intentando, con mayor o menor éxito hacer frente a las necesidades cambiantes de la economía.

El ámbito laboral, y su propia regulación deben hacer frente a los numerosos cambios que se están produciendo en los mercados. Son transformaciones de calado, que requieren no solo de una nueva regulación, que pueda adaptarse a las diversas casuisticas que se generan sino, también de importantes inversiones y la necesidad de formar a los trabajadores en un tiempo limitado.

3. LA ECONOMÍA DIGITAL Y EL IMPACTO DE LAS NUEVAS TECNOLOGÍAS EN EL ÁMBITO LABORAL: UNA MIRADA ESPECIAL A LA SITUACIÓN DE LAS PERSONAS CON DISCAPACIDAD

Sin duda alguna uno de los mayores desafios a los que nos estamos enfrentando en este momento es el de la industria 4.0.

La llamada revolución digital mantiene ciertos paralelismos con el proceso de industrialización que se inició en el siglo XVIII. En aquel momento los trabajadores sucumbieron a las promesas de que el progreso y las maquinas supondrían para ellos una mejora en sus derechos y su bienestar, algo que no sucedió, o al menos no para la gran mayoría de los trabajadores generando la denominada cuestión social que tras años de lucha finalizó con la creación de una nueva rama en el ordenamiento jurídico: el derecho del trabajo. Una regulación específica que intentaba dar respuesta a las problemáticas generadas entre los empresarios y los trabajadores.

Ahora las nuevas tecnologías, las aplicaciones, la robotica o la inteligencia artificial vienen a dar una nuevo vuelco a nuestro mercado laboral alterando nuevamente las formas y los espacios de trabajo, enfrentandose de nuevo el derecho al reto de dar respuesta a todas estas cuestiones. Pero no solo, porque quizás el desafio más grande al que nos enfrentamos en este ámbito sea el de no perder de vista el humanismo. No cabe duda alguna de que el trabajo debe ser productivo, pero para que el mismo lo sea también se necesitan de trabajadores formados y motivados y superiores que sepan apreciar el potencial que tiene cada persona dirigiendo sus habilidades hacia aquellas tareas más adecuadas.

La Covid-19 empujo al mundo a un uso masivo de las nuevas tecnologias aplicadas al trabajo y en muchos casos pudo comprobarse como las empresas, y sus empleados, no se encontraban preparados para afrontar esa situación. Si bien fue un momento ciertamente complejo, por la propia situación sanitaria, y no es paragonable a la situación actual, nos enseño que si no queremos perder oportunidades y queremos beneficiarnos de los efectos positivos de las nuevas tecnologías es necesario afrontar el cambio. Y además, será necesario trabajar para intentar eliminar los posibles efectos negativos no dejando a nadie atras y cuidando especialmente del colectivo de trabajadores discapacitados.

La ONCE y la Red Mundial de Empresas y Discapacidad de la OIT recuerdan que «la inclusión de personas con discapacidad en el mundo del trabajo es esencial para el ejercicio de derechos en el ámbito laboral, e implica la lucha contra la discriminación y la promoción de la igualdad de oportunidades. La Declaración del Centenario de la OIT para el futuro del Trabajo de 2019 pone de manifiesto la necesidad de un enfoque centrado en el ser humano y hace referencia explícitamente a la necesidad de garantizar la igualdad de oportunidades y de trato para las personas con discapacidad. Asimismo, el Artículo 27 de la Convención sobre los Derechos de las Personas con Discapacidad de la ONU reconoce el derecho de las mismas a trabajar en condiciones con las demás personas»[13].

Según los datos publicados por la Organización Mundial de la Salud (OMS) «más de mil millones de personas en el mundo y cien millones de personas en la UE tienen discapacidad. Se espera que la cifra mundial se duplique hasta los dos mil millones para 2050»[14].

Otros datos[15] interesantes que deben tenerse en cuenta en este análisis:

a) En 2018, el 23,7% de las personas con discapacidad (de entre 16 y 64 años) se encontraban en riesgo de pobreza financiera frente al 15,3% de personas sin discapacidad.

   En 2018, el 11% de personas con discapacidad (de entre 16 y 64 años) se encontraban en riesgo de privación material frente al 5,1% de las personas sin discapacidad.

b) En 2018, el 29,4% de las personas con discapacidad (de entre 30 y 34 años) recibieron una educación superior frente al 43,8% de las personas sin discapacidad.

---

13 Fundación ONCE y Red Mundial de Empresas y Discapacidad de la OIT, Una economía digital inclusiva para las personas con discapacidad, 2021, p.3.

14 Discapacidad y Salud. Organización Mundial de la Salud, 2018.

15 Todos los datos han sido extraídos de Datos de Europa 2020 y personas con discapacidad. La Red Académica de Expertos Europeos en Discapacidad (ANED), [en linea] [2020], https://www.disability-europe.net/downloads/1046-ede-task-2-1-statistical-indicators-tables-eu-silc-2018. [Consulta 02/12/2024.]

En 2018, el 20,3% de las personas con discapacidad (de entre 18 y 24 años) abandonaron prematuramente la educación frente al 9,8% de las personas sin discapacidad.

c) En 2018, la tasa de empleo de personas con discapacidad (de entre 20 y 64 años) era del 50,8% frente al 75% de personas sin discapacidad.

En 2018, el 22,6% de las personas con discapacidad (menores de 60 años) vivían en hogares con muy baja intensidad de trabajo frente al 7,1% de las personas sin discapacidad.

Los datos demuestran que la discriminación de las personas con algún tipo de discapacidad no es solo una intuación sino una realidad y es una necesidad urgente su inserción plena no solo en la sociedad sino en el ámbito laboral.

Ciertamente, al analizar la situación y los datos, que efectivamente muestran que queda mucho camino por recorrer, puede parecer necesario la creación de todo un compendio de derechos en favor, y adaptados, a las personas con algún tipo de discapacidad, pero nada más alejado de la realidad. La aprobación de la Convención ya dejo claro que «no consiste tanto en crear nuevos derechos específicos referidos exclusivamente a las personas con discapacidad, sino en extender o generalizar en la práctica el ejercicio y el disfrute de los derechos universalmente reconocidos teóricamente también a las personas con discapacidad corrigiendo su situación de discriminación y exclusión. Para ello, y en consonancia con los presupustos del modelo social, la Convención aborda la regulación de toda una serie de derechos sustantivos-que ya existen- identificando cuáles son las necesidades extra que deben garantizarse para lograr "adaptar" dichos derechos al contexto específico de la discapacidad y ámbitos en los que la protección de estos derechos debe reforzarse porque se han venido vulnerando habitualmente. De este modo, el principio de no discriminación "interactúa" con cada uno de los derechos sustantivos que la

Convención regula, asegurando su reconocimiento, ejercicio y disfrute en igualdad de oportunidades por parte de las personas con discapacidad. En todo caso, conviene advertir que esta estrategia, en ocasiones puede dar lugar a no sólo el reconocimiento de los derechos pre-existentes en condiciones de igualdad y a la reformulación de sus contenidos, sino también al "florecimiento" de nuevos derechos no contemplados previamente en otros instrumentos internacionales»[16].

En el Informe llevado a cabo por la Fundación ONCE y la Red Mundial de Empresas y Discapacidad de la OIT se pone en evidencia que «la exclusión laboral de las personas con discapacidad no solo supone una vulneración de sus derechos, sino que además implica una pérdida de talento para las empresas y una pérdida de diversidad para la sociedad. Ello ha llevado a las autoridades, a las personas expertas y a las empresas a ser conscientes de sus responsabilidades en relación con la inclusión social como parte de los esfuerzos por proteger los derechos humanos, y a incorporar estrategias relacionadas con la discapacidad en sus agendas de responsabilidad social corporativa y sostenible» (página 12)

Pero probablemente uno de los mayores miedos por parte de las empresas a la hora de incorporar a personas con discapacidades en sus plantillas es, no solo la gestión, al interno de la plantilla, de una persona que puede necesitar de atenciones o procesos diferentes y adpatados a su situación, sino el propio redimiento y productividad de estos trabajadores, preguntandose si, más allá del punto de vista humano, su incorporación resulta rentable para la empresa.

De hecho, puede mencionarse que según los datos recogidos por el informe llevado a cabo por la Fundación Adecco y

---

[16] Libro Blanco sobre empleo y discapacidad, *op. cit*, p. 96.

Keysight Technologies Sales Spain en 2022[17] tras la crisis sanitaria provocada por el Covid-19 la contratación de personas con discapacidad mermo considerablemente.

Francisco Mesonero, Director General de la Fundación Adecco, en el Informe Tecnología y Discapacidad 2022 pone de manifiesto que «la voluntad y el compromiso de las empresas es creciente pero las cifras de exclusión siguen siendo alarmantes. Según el informe AROPE, el 26% de la población está en riesgo de exclusión y/o pobreza, siendo las personas con discapacidad un sector de la población especialmente expuesto a esta realidad. Por otra parte, y a pesar de que la sensibilidad social ha evolucionado sustancialmente en las últimas décadas, queda aún mucho camino por recorrer para desterrar de forma definitiva prejuicios y estereotipos que siguen lastrando el proceso de inclusión, especialmente entre aquellas personas con discapacidades intelectuales y/o derivadas de problemas de salud mental»[18].

Ya en la propia Convención sobre los derechos de las personas con discapacidad se aludía a esta problemática aludiendo al concepto de "accesibilidad actitudinal", mencionando en el artículo octavo de la Convención la necesidad de prestar especial atención a esta cuestión para evitar la discriminación resultante de la percepción que se tiene de estas personas y de sus capacidades. Se hace especial hincapie en cuestiones tales como «a) Sensibilizar a la sociedad, incluso a nivel familiar, para que tome mayor conciencia respecto de las personas con discapacidad y fomentar el respeto de los derechos y la dignidad de estas personas; b) Luchar contra los estereotipos, los prejuicios y las prácticas nocivas respecto de las personas con discapacidad, incluidos los que se basan en el género o la edad, en todos los ámbitos de la vida; c) Promover la toma de

---

17 FUNDACIÓN ADECCO, *Tecnología y Discapacidad*, 11° edición, 2022.

18 Informe Tecnología y Discapacidad, *Op.Cit,* p. 7.

conciencia respecto de las capacidades y aportaciones de las personas con discapacidad»[19].

En este sentido, y para contradecir a aquellos que argumentan que la contratación en una empresa de personas con discapacidad merma la productividad de la misma, el estudio llevado a cabo por el Foro Económico Mundial puso en evidencia que las empresas inclusivas tuvieron« un 28% más de ingresos, duplicaron los ingresos netos y elevaron sus márgenes de beneficio económico un 30% de media durante el periodo de cuatro años del análisis»[20] Lo que ganan las empresas al incluir a las personas con discapacidad. Foro Económico Mundial, 2019

La revolución 4.0 y la irrupción de las nuevas tecnologías en el ámbito laboral no solo supone un cambio de paradigma en el ámbito laboral y en la forma de trabajar o de entender el concepto del trabajo y trabajador, sino que además supone un reto a nivel social.

No cabe duda alguna de que el cambio producido por las nuevas tecnologias es un proceso global que no se centra en determinados paises, sectores, actividades o grupos de personas sino que se trata de una autentica revolución, tanto en la esfera productiva, como personal, que alcanza a toda la población, en mayor o menor medida, si bien no todos los paises, sectores y personas tienen *los* conocimientos y medios necesarios y adecuados para poder hacer frente a este desafio tecnológico. Además, se trata de un cambio en constante evolución, que requiere de adaptaciones continuas.

---

19 Convención sobre los derechos de las personas con discapacidad, *op. cit.* Artículo 8.

20 Foro Económico Mundial- World Economic Forum, Lo que ganan las empresas al incluir a personas con discapacidad- What companies gain by including persons whith disabilities [en linea] [2019] https://www.weforum.org/agenda/2019/04/what-companies-gain-including-persons-disabilities-inclusion [Consulta 11/12/2023].

Tal y como mencionan VILLAPLANA y STEIN «la transformación digital es un estado de innovación constante, influido por la implantación de nuevas tecnologías de información, computación, comunicación y conectividad que comprometen tres aspectos clave de las organizaciones íntimamente relacionados entre sí; en primer lugar, implica un cambio parcial o total del modelo de negocio; en segundo lugar, conlleva una re-definición y adpatación constante de los procesos operacionales y, por último, un acondicionamiento dinámico de la organización, la cultura y las personas que la integran»[21].

En este mismo sentido se manifiestan BLANCO-SILVA, LÓPEZ-DIAZ y BAAMONDE-RIAL cuando señalan que «a lo largo de estas dos décadas, las maquinas han sustituido silenciosamente a profesiones tradicionales como personal de gasolineras, cajeros de supermercados, cobradores de autopistas, vendedores al detalle y mensajaría. Todos los sectores se han tenido que reinventar y adpatarse a las nuevas tecnologías informáticas, siendo los casos más evidentes las finanzas (banca, seguros...), agencias de viajes, transportes y correos, formación y educación y hostelería. Otros, que estaban aparentemente más blindados como la agricultura, pesca, ganadería, construcción, servicios de limpieza, automóvil y ventas, también han sido afectados ya que la implantación de las nuevas tecnologías de manera similar mejora este desempeño. Si en la tercera revolución industrial la técnica modificaba las profesiones, hoy se están desarrollando robots que sabemos que a medio plazo suprimirán puestos de trabajo totalmente consolidados como son los camareros, transportistas o incluso conductores» [22].

---

[21] VILLAPLANA, F y STEIN, G., "Digitalización y personas", *Revista Empresa y Humanismo,* 23, 2020, p. 4.

[22] BLANCO-SILVA, F, LÓPEZ-DÍAZ, A y BAAMONDE-RIAL, A., "La influencia de la covid-19 en los cambios en el mercado laboral provocados por la revolución digital", *Forum Empresarial,* 27, 1, 2022, p. 84.

El Libro Blanco sobre Discapacidad también hace referencia a este fenómeno, subrayando «que este salto tecnológico está produciendo un cambio sin precedentes en la manera de entender la idea de trabajo. Y es que, en el ámbito laboral, es posible observar algunas tendencias consecuencia de esta revolución, tales como la disminución del empleo en sectores tradicionales, la flexibilidad laboral, los nuevos requisitos de cualificación, el aumento de la actividad por cuenta propia, nuevas modalidades de trabajo que dan lugar a nuevas formas de contratación..."[23].

Como ocurrió en las revoluciones anteriores, todas las disrupciones traen consigo aspectos positivos y negativos. Es necesario prepararse para obtener los mayores beneficios posibles de los cambios producidos y que eso revierta en un mayor bienestar para la sociedad, pero también sera necesario activar todos los mecanismos necesarios para intentar, en la medida de lo posible, paliar los efectos negativos.

Las nuevas tecnologías están suponiendo una herramienta indispensable para la mejora de la productividad, y por ende, de la competitividad de las empresas. Igualmente, han incidido en una modernización de los procesos de trabajo permitiendo la creación de nuevos empleos, mejora de los actuales y una mayor flexibilización de las relaciones laborales, lo que a su vez redunda en mayores, y mejores, posibilidades de mejora de cara a la conciliación de la vida laboral y familiar, como por ejemplo ha supuesto el teletrabajo.

No solo, puesto que el avance de estas nuevas tecnologías requiere de un cambio en las capacidades de los empleados, que están viendo, y así seguirá siendo en el futuro, como deben adaptar sus conocimientos, destrezas y habilidades a los avances producidos por las nuevas tecnologías, la robótica o

---

[23] Libro blanco sobre empleo y discapacidad, o*p. cit*, p. 64.

la inteligencia artificial. En otros casos, no solo supondrá una adaptación a nuevas situaciones o conocimientos por parte de los empleados, sino que requerirá de un proceso de formación para poder hacer frente a los nuevos empleos existentes.

Y es este, el de la formación continua, uno de los elementos clave en este proceso. Como ya se ha indicado en las lineas precedentes uno de los efectos negativos, quizás el más importante, que se le atribuye a la revolución tecnologica es el de la destrucción de muchos de los empleos existentes hasta el momento. No puede negarse esta afirmación, especialmente porque no se trata de una previsión a futuro o una estimación, sino de una realidad que ya llevamos tiempo apreciando. Son los empleos más intensivos en mano de obra y aquellos que requieren de una menor cualificación los que más afectados se están viendo por esta destrucción, mientras que aquellos que cuentan con profesionales con una formación mayor, o más específica, si bien se están viendo alterados o modificados no lo están siendo en la misma manera.

Los empleos que no requieren de capacidades específicas han sido aquellos en los que los que tradicionalmente los trabajadores han tenido un indice de rotabilidad mayor y una mayor propensión a la destrucción de empleo. Efectivamente estos trabajadores, que no requieren de destrezas específicas, sino de habilidades más comunes entre la población, son facilmente intercambiables, lo que a su vez supone una menor estabilidad en el empleo, mucho más vulnerable a los ciclos y vaivenes económicos.

Sin embargo, en aquellos empleos en los que se requiere de una mayor cualificación o destrezas más específicas la rotación en el empleo suele ser menor, especialmente por la dificultad que supone encontrar en el mercado laboral personas que cuenten con las caracteristicas necesarias para el puesto de trabajo.

La cuarta revolución industrial ha supuesto numerosos cambios en el empleo, pero pueden destacarse dos en relación con lo que veniamos explicando; en primer lugar la destrucción de puestos de trabajo y la creación, al mismo tiempo, de nuevos puestos de trabajo; y en segundo lugar la modificación, mayor o menor, de los puestos de trabajo existentes.

En aquellos casos en los que se han producido cambios en la actividad los profesionales han tenido que readaptarse y adquirir nuevos conocimientos. Aquellas personas que se encuentran más habituadas al cambio y a estar en un proceso de constante aprendizaje se han visto menos afectadas por las modificaciones y no han sufrido cambios drasticos en sus ocupaciones, puesto que se encuentran acostumbrados a la adquisición de nuevos conocimientos, a la puesta en práctica de nuevas formas de hacer y a la gestión del cambio.

En el caso de aquellas personas con trabajos más rutinarios en los que la formación no es uno de los elementos habituales en la actividad se encontrarán con una barrera mayor para poder adaptarse, lo que a su vez puede suponer un menoscabo de la productividad e incluso generar sentimiento de fustración en los trabajadores e incluso, en algunos casos, la propia salida del mercado laboral.

Recuerdan BLANCO-SILVA, LÓPEZ-DÍAZ y BAAMONDE-RIAL que «mediante la implantación de la automatización aparece el peligro de incrementarse brutalmente las desigualdades sociales, beneficiando exclusivamente a los trabajadores muy cualificados e imprescindibles del resto. Los trabajadores que no sean capaces de incorporarse a este nuevo mercado y tener un valor añadido más allá de los trabajos automatizados (los trabajadores que puedan ser sustituidos por robots), verán reducidos sus salarios y tendrán serios problemas para seguir trabajando. Aqui aparece la necesidad de estar actualizados. Son muchos los puestos en los que será imprescindible la coexistencia entre trabajador y robot, para lo que es necesario que el trabajador tenga una alta cualificación y vea al robot como un aliado y no como un rival»[24].

La destrucción y creación de nuevos empleos gracias a las nuevas tecnologías y la inteligencia artificial genera otro reto, no de tamaño menor. Se han creado nuevas ocupaciones, inexistentes hasta el momento y esto esta obligando a la impartición de nuevas formaciones, que puede decirse parten de cero. Actualmente ya existen nuevos grados en las universidades que hasta hace escasos años eran, siquiera, imaginables.

Pero el proceso de formación de estas personas requiere de un espacio de tiempo que en numerosas ocasiones las empresas no pueden asumir, puesto que el mercado global les exigue una respuesta inmediata a los cambios que se producen.

Teniendo en cuenta que, como mencionabamos anteriormente las nuevas tecnologías y la inteligencia artificial también han provocado la destrucción de numerosos puestos de trabajo una solución que podría parecer sencilla, pero que obviamnete no lo es, es la de cubrir los nuevos puestos de trabajo con aquellas personas que han perdido su ocupación.

Más allá de que esto, desde un punto de vista económico es una premisa dificil de cumplir, uno de los principales obstaculos con los que nos encontramos es la falta de formación para acceder a los puestos de trabajo de nueva creación y es por tanto en ese ámbito donde se encuentra uno de los grandes retos de esta revolución 4.0: la formación y la adaptación de todos los empleados para que ninguno se vea discriminado en la era de las nuevas tecnologías.

Mucho se habla de la adquisición de nuevas habilidades y destrezas para que los trabajadores no se queden atras en este

---

24 BLANCO-SILVA, F, LÓPEZ-DÍAZ, A y BAAMONDE-RIAL, A., "La influencia de la covid en...", *op. cit.*, pp. 93-94.

proceso de digitalización, pero ¿cuáles son esas habilidades? ¿que requiere el nuevo mercado? Y por tanto ¿en que o cómo debemos formarmos?

Pues bien, pueden identificarse las siguientes:

1.- Conocimientos de carácter tecnológico.

2.- Una elevada formación

3.- Flexibilidad y capacidad para adpatarse rapidamente a los cambios

4.- Humanismo y empatía

5.- Creactividad

Vamos a analizar brevemente cada una de ella.

No cabe duda alguna de que a la base de todo lo demás se encuentran los conocimientos de carácter tecnológico. Si bien es cierto que aun a día de hoy son muchas las ocupaciones en las que no se hace uso de las herramientas tecnológicas, son pocas las personas, que más allá de la propia ocupación, no sepan interactuar con estos instrumentos.

Ciertamente, existe un grupo de población, que poco o nada conoce las nuevas tecnologías. Estas personas suelen presentar dos cárácterísticas: una edad elevada y un nivel económico y socio-cultural bajo. Las personas con edad elevada que no hacen uso de las tecnologías suelen ser habitualmente personas ya jubiladas por lo que contar o no con estos conocimientos no es relevante, a nivel profesional, porque ya se encuentran fuera del mercado laboral y no van a volver a el.

Sin embargo en el otro grupo de personas: aquellas que por su nivel económico y socio-cultural no tienen acceso a estos medios y por tanto desconocen su funcionamiento es necesario trabajar en ello. Son imprescindibles cursos de formación, cuyo coste no sea un impedimento, para que estas personas comiencen a manejar las tecnologías y así poder avanzar en su formación.

En el caso de las personas que ya tienen conocimientos en la materia, también es necesario incidir en el hecho de que la formación debe ser siempre continua. Las nuevas tecnologías cambian de forma rápida, por lo que tener un conocimiento actualizado de sus usos y la constante actualización son algo imprescindible para estar al día.

En este mismo sentido se manifiesta SANTOS RAFECAS cuando indica que «la revolución tecnológica y su penetración en todos los sectores y actividades profesionales, hace imprescindible tener habilidades relacionadas con la informática y la tecnología para acceder a casi cualquier puesto de trabajo. Las empresas demandan no solo el poseer un cuerpo de conocimientos y experiencia en un área determinada, sino apoyarse en las tecnologías para el desempeño y puesta en práctica de dichos conocimientos. Por tanto, la experiencia y destreza en el ámbito tecnológico no es ni será únicamente relevante para ocupaciones profesionales puramente tecnológicas como programadores o desarrolladores de software, sino para toda la fuerza laboral en su conjunto»[25].

La segunda de las características hace referencia al nivel de estudios y formación de los trabajadores.

Como ya se indicaba en las lineas precedentes las personas con niveles de formación más altos no solo se encuentran preparados para hacer frente a diversas y más complejas situaciones, si no que, además, por contar con mayores y más específicos conocimientos, sus empleos son más estables y se

---

[25] SANTOS RAFECAS, P., *El impacto de las nuevas tecnologías en el empleo en España: sustitución tecnológica y necesidad de adaptación*, Universidad Pontificia de Comillas, 2021, p. 31.

encuentran menos expuestos a los vaivenes del mercado laboral y posibles destrucciones de empleo.

Entienden DOMENECH, GARCÍA, MONTAÑEZ y NEUT que «una mayor educación permite adquirir habilidades en áreas en las que las capacidades humanas todavía superan a las máquinas, lo que favorece la complementariedad entre capital y trabajo y la creación de nuevas oportunidades de empleo» [26].

La tercera característica hace referencia a la flexibilidad y la capacidad para hacer frente, de forma rápida, a los cambios.

Las empresas actúan en un mercado altamente competitivo y cambiante en el que para no perder mercado o para abrirse a nuevas oportunidades es necesario hacer frente a las nuevas necesidades y nuevos retos que se plantean. Esto si bien puede parecer una tarea no especialmente compleja si lo es debido a la velocidad con la que deben llevarse a cabo los cambios y las transformaciones.

Por ello las empresas no pueden perder tiempo y necesitan actuar de forma ágil y para ello es necesario contar con profesionales que sepan adaptarse a dichos cambios y tomar decisiones y actuar en un entorno en constante metaformosis.

Ello, al mismo tiempo, requerirá de una visión a futuro en el ámbito de la formación y la adaptación continua de todos los empleados. No puede esperarse a que los cambios lleguen para formar a los trabajadores, si no que los mismos deben afrontar los retos ya habiendo adquirido los conocimientos necesarios.

---

[26] VARIOS, ¿Cuán vulnerable es el empleo en España a la revolución digital?, BBVA Research, 2018, https://www.bbvaresearch.com/wp-content/uploads/2018/03/Cuan-vulnerable-es-el-empleo-en-Espana-a-la-revolucion-digital.pdf [última consulta: 22/03/2024].

El humanismo es, sin duda, otra de las asignaturas pendientes en el mercado laboral actual, más si cabe tras la entrada de las nuevas tecnologías y la inteligencia artificial en nuestras vidas.

Son muchas las actividades de nuestro día a día que antaño llevabamos a cabo gracias a la presencia de trabajadores y en cambio, ahora, lo hacemos a través de maquinas, aplicaciones y robots.

Sirva a modo de ejemplo: el pago en los supermercados en los que los trabajadores han sido sustituidos por maquinas de autocobro en las que el cliente no tiene que interactuar con ningún semejante, cualquiera de las operaciones bancarias en las que ya no es ni siquiera necesario acudir a la sucursal, porque desde la app, pueden llevarse a cabo sin limitaciones de tiempo o de lugar, como ocurre también con las compras online que no solo permiten comprar cuando los negocios físicos están cerrados sino que además permiten comprar en establecimientos de otras ciudades o países y recibir lo adquirido en un espacio de tiempo pequeño. Ni que decir de los robots, muy amablemente programados, para traer nuestras comandas, los productos requieros o acompañarnos en los centros comerciales para encontrar aquello que estamos buscando.

Que duda cabe de que todos los ejemplos anteriores aportan una mayor comodidad a nuestras vidas y nos permite llevar a cabo acciones y tareas de forma rápida y eficaz que si no fuera gracias a las nuevas tecnologías no podríamos cumplir, pero no resulta menos cierto que la mayoría de nosotros cuando nos encontramos con un problema o tenemos una queja y debemos ponernos en contacto con el proveedor del servicio nos sentimos fustrados cuando nos encontramos con que la opción que se nos ofrece es la interactuar con una maquina, cuyas preguntas y respuestas han sido previamente prefabricadas y que cualquier demanda fuera de ello es imposible de responder. Probablemente todos nos sintamos más cómodos y mejor atendidos si en lugar de una maquina y respuestas prefabricadas, al otro lado nos encontrasemos con una persona con nos escucha y muestra empatía e interés por ayudarnos.

De hecho, en este sentido, son muchos los conceptos que cada vez suenan con más fuerza en las empresas como la inteligencia o el salario emocional.

No se trata solo de formarse en las diversas materias y adquirir competencias sino también hacerlo en habilidades sociales y emocionales, que permitan no solo "hacer" sino "entender", saber como se sienten los clientes, que buscan, su experiencia, el trato que a los mismos se les da... y visto desde el prisma contrario, esto es, los propios trabajadores ocurre exactamente lo mismo. No se trata solamente de que lleven a cabo su trabajo y sean remunerados por ello sino de ir más allá. Para que puedan sentirse comprometidos con la empresa no solo es necesaria una remuneración, justa, sino hacerles partícipes de los procesos, contar con su experiencia y opinión, involucrarles en la busqueda de nuevos retos o en la resolución de problemas, tener en cuenta sus habilidades y aprovecharlas de la mejor manera posible dentro de las empresas o entender sus propias necesidades son algunas de las cuestiones más demandadas a día de hoy y sin las que en un futuro será dificil trabajar en óptimas condiciones.

Tal y como pone en evidencia SANTOS RAFECA «las habilidades sociales se vuelven crecientemente necesarias. En un mundo dominado por la tecnología, será imprescindible aportar un toque humano para la realización de gran parte de actividades. En este sentido, la sensibilidad, el tacto o la empatía son competencias innatamente humanas, pudiendo ser la clave para dotar de mayor humanidad a los cambios tecnológicos que afrontamos. De esta manera, la inteligencia emocional es un factor crucial a la hora de trabajar con personas y clientes»[27].

---

[27] SANTOS RAFECAS, P., *El impacto de las nuevas tecnologías*, *op. cit.* p. 29.

Y , por último, también hay que mencionar la creatividad.

Las nuevas tecnologías y la inteligencia artificial imitan, cada vez con mayor precisión, a los seres humanos y sus competencias, de ahí que en muchas ocupaciones las maquinas hayan desplazado a las personas. Sin duda alguna este avance es imparable y el perfeccionamiento de las maquinas es el futuro, dotandolas de mayores y mejores competencias cada vez más cercanas a las de las personas, de ahí que sea necesario que los trabajadores puedan aportar destrezas, habilidades y formas de hacer que vayan más allá de lo que las maquinas puedan "copiar" para poder diferenciarse y contar con ese plus diferenciador que sea sino imposible muy dificil de imitar.

SANTOS RAFECAS alude a esta cuestión señalando que la «innovación y creatividad: se trata de capacidades que las tecnologías no tienen, al menos hasta el momento. La habilidad de pensar y razonar fuera de lo convencional y la generación de ideas no pueden ser programadas, mientras que los procesos más rutinarios sí pueden codificarse y realizarse de manera mucho más eficiente por distintas tecnologías. La innovación y la creatividad se relacionan con la iniciativa y emprendimiento, con la búsqueda da nuevas opciones y oportunidades que pueden dar lugar a la creación de productos, mercados e industrias. Además, la originalidad se traduce en un aumento constante de los usos y aplicaciones de las tecnologías en diferentes campos y sectores. Se trata, pues, de capacidades abstractas e innatas difíciles de reemplazar e imitar»[28].

Como se ha puesto de manifiesto la digitalización es un proceso imparable que puede tener efectos muy negativos si no se sabe gestionar, pero como cualquier otro cambio es necesario gobernarlo y afrontarlo tomando sus aspectos más positivos.

---

28 *Idem.*

Y es esta una afirmación que puede aplicarse para los trabajadores en general pero también en el caso de las personas con discapacidad. Puede pensarse que la inclusión de estas personas, especialmente en el ámbito de la economía digital, puede ser más complejo, pero realmente no lo es, simplemente se trata, al igual que ocurre con el resto de trabajadores, de analizar su situación concreta, sus capacidades, que destrezas deben adquirir y definir los procesos de formación más adecuados para cada uno de ellos. No se trata de que sea más difícil sino que de es diverso. Por tanto, debemos afrontarlo como una oportunidad para la inclusión, aunque también es cierto que habra que hacerlo teniendo en cuenta que si bien se generarán nuevas oportunidades también pueden generase nuevas formas de discriminación, por lo que será necesario prestar atención a esta cuestión desde sus inicios para evitar, como ha ocurrido años atras que dichas desigualdades se perpetuen y sean más dificiles de erradicar.

El Informe Tecnología y Discapacidad 2022 de la Fundación Adecco pone de relevancia que «las nuevas tecnologías son grandes aliadas para facilitar su acceso al empleo; sin embargo, no bastará con garantizar el acceso igualitario a las NT, sino asegurar que los profesionales con discapacidad adquieran competencias digitales para conectar con las demandas de las empresas, formándose en alfabetzación digital, programación, redes sociales y otras materias en auge en las que siguen infrarepresentados. Paralelamente, es fundamental que los avances tecnológicos vayan acompañados de una intensa laboral de sensibilización que elimine los prejuicios, la indiferencia y la discriminación, verdaderos fenos a la inclusión»[29].

---

[29] Informe Tecnología y Discapacidad, o*p.cit.*, p.10.

Este mismo Informe identifIca 5 puntos clave que impiden la normalización de este colectivo:

1.- «Desconocimiento. La ausencia de experiencias y vivencias con personas con discapacidad ocasiona inseguridad y actitudes de rechazo inconscientes.

2.- Indiferencia. La actitud de pasividad con la que, en ocasiones, la sociedad se muestra hacia las personas con discapacidad, les convierte en invisibles. En efecto, en muchos casos el entorno sigue mostrando desinterés hacia sus retos, dificultades y necesidades.

3.- Prejuicios. La valoración y juicios anticipados basados en la tradición y en los estereotipos generan opiniones preconcenidas y negativas hacia las personas con discapacidad.

4.- Sobreprotección. Es un factor que se produce, sobre todo, en el entorno familiar, pero también en el laboral. Tratar a las personas con discapacidad con condescendencia o excesiva protección dificulta su proceso de aprendizaje y desarrollo profesional.

5.- Discriminación. Se trata de la actitud más grave, derivada de todas las anteriores, y se materializa en un trato diferente, prejudicial y/o vejatorio hacia las persona por razón de discapacidad. Durante 2020 y, según cifras del Ministerio del Interior, las personas con discapacidad reportaron a las autoridades un 69,2% más de infracciones penales basadas en el desprecio y la discriminación que el año anterior»[30].

Para hacer frente a esta cuestión el Ministerio de Derechos Sociales y Agenda 2030 ha desarrollado la Estrategia Española sobre Discapacidad 2022-2030.

---

[30] Idem, p.11.

Entre sus objetivos estratégicos se recoge la digitalización inclusiva y se indican algunas líneas de actuación en las que trabajar como «la promoción de la adquisición de competencias digitales por parte de las personas con discapacidad o, en su defecto, de los apoyos necesarios para el acceso a servicios y medios de comunicación digital»[31] o la «promoción y apoyo a la accesibilidad de páginas web y aplicaciones móviles del sector privado entre otros»[32].

Sin duda las nuevas tecnologías han propiciado numerosos cambios, en positivo, en la vida de las personas con discapacidad reduciendo su dependencia, ampliando sus posibilidades de movilidad, removiendo barreras relativas a la visibilidad y la audición, ampliando notablemente el acceso a la información y a nuevos y más efectivamos canales de comunicación.

Todo ello hace que sus posibilidades de inclusión en el ámbito laboral sean mayores, puesto que muchas de las dificultades que antes se encontraban han sido eliminadas gracias a las nuevas tecnologías. Aunque también hay que poner de manifiesto que existen divergencias de inclusión en base al tipo o nivel de discapacidad.

Así lo confirman MAÑAS-VINIEGRA, RODRÍGUEZ-FERNÁNDEZ, HERRERO-DE-LA-FUENTE y VELOSO atendiendo a los propios datos del INE al indicar que «las posibilidades de participación laboral vienen determinadas, en cualquier caso, por el tipo de discapacidad y el grado de la misma. La auditiva presenta el nivel más alto de tasa de actividad (55,5%), frente al 27,5% de la intelectual, el grupo con menor inserción en el mercado de trabajo. La discapacidad visual y las orgánicas

31 Ministerio de Derechos Sociales y Agenda 2030. Estrategia española sobre discapacidad 2022-2030. Para el acceso, goce y disfrute de los derechos humanos de las personas con discapacidad, 2022, p.89.

32 Ministerio de Derechos Sociales y Agenda 2030. Estrategia española sobre discapacidad 2022-2030... *op. cit.* p. 91.

también muestran tasas de actividad superiores al 40%. Con relación al grado, para la intensidad menor, la tasa de actividad supera el 54,2%, pero apenas llega al 12% cuando se produce en el nivel catalogado como mayor»[33].

El Informe Adecco 2022 ha llevado a cabo un estudio que arroja datos muy interesantes, son los que se muestran a continuación: «el 91,8% de los encuestados, asegura que la revolución tecnológica ha mejorado su calidad de vida global. En primer lugar, un 75% asegura que las Nuevas Tecnologías y las redes sociales virtuales han logrado generar un mayor tejido social en torno a la discapacidad. Así, ponen en valor cómo la digitalización les ha posibilitado ponerse en contacto con otras personas con discapacidad en su misma situación, al otro lado del mundo, con las que han podido intercambiar experiencias y conocer nuevos recursos. Por otra parte, un 48% utiliza diferentes adaptaciones tecnológicas para sortear barreras físicas y/o audiovisuales (ratones virtuales, teclados con cobertor, impresoras braille, zooms aumentativos, etc.). Estos recursos les han permitido alcanzar hitos tan importantes como culminar sus estudios en igualdad de condiciones y/o acceder posteriormente al mercado laboral. Junto a estas adaptaciones, otras herramientas tan rutinarias como el whatsapp, por ejemplo, han supuesto un avance fundamental para solventar las dificultades de comunicación telefónica instantánea en el caso de las personas sordomudas. Además, un 27% utiliza productos tecnológicos de apoyo en su día a día para complementar tratamientos médicos personalizados, realizar actividades domésticas, manipular objetos y/o dispositivos, afrontar el cuidado y protección personal, etc.

---

[33] MAÑAS-VINIEGRA, L., RODRÍGUEZ-FERNÁNDEZ, L., HERRERO DE LA FUENTE, M. y VELOSO, AI., "Nuevas tecnologías aplicadas a la inclusión de las personas con discapacidad en la sociedad digital: Un reto para la comunicación, le educación y la empleabilidad", *ICONO. Revista de comunicación y tecnologías emergentes*, 21, 2023, pp.10-11.

Por último, un 25% destaca cómo a nivel cognitivo, también han emergido diferentes recursos y aplicaciones tecnológicas que facilitan la comprensión y su interacción con el entorno: lectura fácil, accesibilidad web, Apps de pictogramas, etc. Frente a este mayoritario porcentaje, un 8,2% considera que las tecnologías no son aliadas en el proceso de inclusión y que no mejoran la calidad de vida de las personas con discapacidad, sino que acentúan la brecha de desigualdad y destruirán los puestos de trabajo que habitualmente desempeñan»[34].

Puede determinarse por tanto, a la vista de los datos anteriores que las personas con discapacidad perciben las herramientas tecnológicas como algo positivo que les apoya no solo en su día a día sino también en sus respectivas ocupaciones, pero el foco negativo se centra en dos factores ya mencionados previamente: la discriminación y la accesibilidad, dos cuestiones estas que no dependen de ellos mismos.

De ahí que se necesaria la implicación de todos los agentes en este proceso, puesto que no se trata solo de que las personas con discapacidad se formen en este ámbito sino de que cuenten con las herramientas necesarias adaptadas a su propias necesidades y a empresas que les den la oportunidad de poner en valor sus conocimientos y sus experiencias.

Las herramientas tecnológicas, adaptadas en su caso, permiten que las personas con discapacidad puedan llevar a cabo tareas y acceder a puestos de trabajo que de otra forma no les hubiera sido posible o, incluso, podrán llevar a cabo trabajos de forma más rápida y eficiente que en el pasado, lo que eliminaría la creencia negativa de que estas personas pueden ser menos productivas y efiecientes (en definitiva más lentos en los procesos productivos) lo que en muchas ocasiones dificulta su contratación.

---

[34] Informe Tecnología y Discapacidad, *op.cit,* pp.12-13.

Igualmente es necesario adaptar las plataformas digitales de busqueda de empleo para que este colectivo pueda hacer un uso igualitario de las mismas. De ese modo podrán acceder a las ofertas de empleo en igualdad de condiciones que el resto de trabajadores, así no perderán la posibilidad de postularse a todos los puestos que les resulten de interés simplemente por el desconocimiento de la oferta de empleo, ampliando las posibilidades de encontrar una ocupación y mejorando la interacción entre la oferta y la demanda de empleo.

Otra de las cuestiones primordiales que es necesaria abordar es el uso de la inteligencia artificial en los procesos de selección.

Como ya se mencionaba anteriormente la inteligencia artificial ha agilizado enormemente este tipo de procesos de selección de candidatos, ya que a través de diversos algoritmos las empresas introducen las características requeridas para cada caso y la propia inteligencia artificial filtra los resultados ofreciendo los candidatos más idóneos según las singularidades requeridas. Sin duda, esto supone un menor esfuerzo por parte de las empresas y una menor perdida de tiempo, pero no hay que olvidar que los algoritmos son herramientas tecnológicas que simplemente tienen en cuenta datos, haciendo caso omiso de otras particularidades que también pueden ser importantes (previamente se hacía mención a características tales como el humanismo o la creatividad, que resultan sino imposibles, muy dificiles de medir y valorar a través de la inteligencia artificial). Y esto puede hacer que en los procesos de selección se produzcan discriminaciones o se aparte a aquellas personas que no cumplen con "los patrones habituales" según el algoritmo. Por ello, es importante que en estos casos siempre, en la decisión final, haya un elemento humano más allá de las nuevas tecnologías.

Otro de los aspectos que es necesario tener en cuenta, como acicate para la total inclusión de las personas discapacitadas en este mercado laboral dominado por la economía digital es el teletrabajo.

Si bien el teletrabajo es una modalidad de prestar servicios que no es, ni mucho menos, nueva, en España no ha sido hasta la pandemia provocada por el Coronavirus, cuando ha vivido su expansión. El mercado laboral español siempre se ha caracterizado por un excesivo presencialismo en los puestos de trabajo, aunque dicho presencialismo no se traduzca en una mayor productividad y muchas empresas han sido reticentes a que sus trabajadores desarrollasen sus ocupaciones desde un lugar distinto a la sede habitual. Pero la explosición del Sars-Cov y el posterior estado de alarma provoco que muchas empresas, para evitar su paralización recurrieran al teletrabajo. Si bien el teletrabajo llevado a cabo en esas circunstancias tan especiales no representaba la esencia de esta forma de prestar servicios, si hizo que muchos trabajadores y muchas empresas pudiesen comprobar los beneficios que comporta, de tal manera, que ya sin pandemia y al amparo de la nueva regulación muchas empresas optaron por su implantación en diversas formas (teletrabajo diario, algunos días a la semana optar por esta opción y los restantes acudir a la empresa, etc.).

Algunos de los beneficios más destacables del teletrabajo son: evitar desplazamientos de lugar, lo que a su vez supone un ahorro de tiempo y una mayor conciliación de la vida laboral y familiar.

Efectivamente el hecho de no tener que desplazarse hasta el lugar de trabajo supone no tener que invertir tiempo en desplazamientos, medios de transporte etc. al margen de que puede resultar mucho más comodo para muchas personas (trabajar desde el propio domicilio), pero este aspecto es quizás más reseñable en el caso de las personas con discapacidad, puesto que en muchas ocasiones su movilidad esta altamente comprometida. El no contar con un vehículo adaptado a sus necesidades, o directamente no poder conducir hace que dependan de la ayuda de otras personas o de tener que optar por medios de transporte públicos, que en ocasiones pueden presentarles dificultades. Todo ello, además supone la inversión de más tiempo para acudir al puesto de trabajo. Por tanto, el teletrabajo ayudaría a eliminar estas barreras.

En este mismo sentido se manifiesta el Informe Adecco cuando afirma que «sin duda, el teletrabajo beneficia la conciliación familiar, evitando desplazamientos innecesarios y, en muchos casos, mejorando la concentración de los trabajadores y su productividad. Para muchas personas con discapacidad, se trata de una gran conquista habida cuenta de que les permite sortear barreras de accesibilidad y aportar su talento sin necesidad de moverse de casa. No obstante, la convivencia y la interacción son la base para la normalización de la discapacidad en la sociedad y, en este sentido, lo digital no puede suplir a la experiencia presencial. Hay que valorar cada caso de forma concreta y personalizada, pero creo que lo ideal es apostar por modelos híbridos, que incorporen lo mejor de ambas fórmulas, de modo que las personas con discapacidad puedan trabajar en igualdad de condiciones sin que se produzca una merma de sus relaciones sociales, tan importantes para su proceso de inclusión»[35].

4. CONCLUSIONES

Las nuevas tecnologías y la inteligencia artificial han supuesto una revolución a nivel mundial para la vida de todas las personas, tanto en su ámbito personal como en el profesional.

La denominada economía digital ha supuesto la transformación del mercado laboral tal y como lo hemos conocido hasta el momento, la globalización y la interconexión mundial ha hecho que surgan nuevas necesidades y nuevas formas de hacer y el mundo del trabajo ha debido adaptarse, con rápidez para poder dar respuesta eficaz a estos cambios. Eso ha propiciado que hayan surgido nuevas formas de llevar a cabo las prestaciones.

---

[35] Informe Tecnología y Discapacidad, *op.cit*, p.17.

Las nuevas tecnologías han hecho que las maquinas y los robots hayan alterado las formas de hacer las cosas, ayudando a los trabajadores a que sus tareas fueran llevadas a cabo de forma más sencilla o más ágil, aumentando de ese modo la productividad, pero también han traido consigo una serie de aspectos negativos, ya que en muchos casos, las tecnologías han desplazado a las personas sustituyendolas en sus puestos de trabajo.

No obstante y a pesar de que la afirmación anterior es cierta, no resulta menos cierto que las nuevas tecnologías también han abierto nuevos horizontes y han propiciado la creación de nuevos puestos de trabajo, inexistentes hasta el momento.

Eso pone en evidencia uno de los grandes retos a los que se enfrenta nuestro mercado laboral: la necesidad de formación de los trabajadores. Si queremos aprovechar todos los beneficios que nos brindan las nuevas tecnologías es necesaria una mirada hacia el futuro y formar a los trabajadores de la manera más adecuada para que puedan hacer frente, de forma efectiva, a todos los cambios que se están produciendo en el mercado laboral, para que nadie se quede atras y para que nadie se quede sin empleo debido a esta circunstancia.

Pero más allá de la globalidad de este fenómeno hay otro colectivo al interno del mercado laboral que requiere de unas atenciones y unas políticas más específicas: las personas con algún tipo de discapacidad.

La inclusión de este colectivo en el mercado laboral siempre se ha caracterizado por ser complicado y estar lleno de perjuicios y la irrupción de las nuevas tecnologías, si no se gestiona de la manera corecta, puede hacer que las desigualdades aumenten y que estas personas no puedan aprovecharse de los beneficios que las estás herramientas les pueden proporcionar.

Las nuevas tecnologías pueden ayudar a que las personas con discapacidad accedan a empleos o lleven a cabo actividades a las que de otra manera no hubieran podido acceder.

El uso de plataformas digitales, que estén adapatadas a sus necesidades, hace que las busqueda de empleo de estas personas se simplifique y que además puedan conocer un mayor número de ofertas de empleo, lo que supone un mayor número de oportunidades.

El teletrabajo ofrece a las personas con discapacidad la flexibilidad necesaria para conjugar su situación con la vida laboral, puesto que permite eliminar algunas de las barreras que pueden ser un impedimento para su desarrollo laboral, como por ejemplo los desplazamientos o la falta de adpatación y además mejora la conciliación de su vida laboral y familiar.

Puede concluirse, por tanto, que las nuevas tecnologías si representan un desafio para el colectivo de las personas con discapacidad, pero no debe entenderse como un reto en negativo sino como una oportunidad que debe gestionarse. Es necesario eliminar los prejuicios respecto de este colectivo, hacer accesibles las herramientas tecnológicas y formarles atendiendo a sus necesidades, para que de ese modo su inclusión en el ámbito laboral pueda ser plena y puedan aportar al mismo todas sus capacidades.

5. BILBLIOGRAFÍA

BLANCO-SILVA, F, LÓPEZ-DÍAZ, A y BAAMONDE-RIAL, A., "La influencia de la covid en los cambios en el mercado laboral provocados por la revolución digital", *Forum Empresarial*, 27, 1, 2022.

CEJUDO CÓRDOBA, R., "Desarrollo humano y capacidades. Aplicaciones de la teoría de Amartya Sen a la educación", *Revista Española de Pedagogía*, 234, 2006, pp. 365-380.

DOMENECH, R, GARCÍA, J. R, MONTAÑEZ, M, y NEUT, A., ¿Cuán vulnerable es el empleo en España a la revolución digital? BBVA Research, 2018.

Empleo y trabajo decente para la paz y la resiliencia, Organización Internacional del Trabajo, 2017, núm. 205.

Foro Económico Mundial- World Economic Forum, Lo que ganan las empresas al incluir a personas con discapacidad- What companies gain by including persons whith disabilities [en linea] [2019] https://www.weforum.org/agenda/2019/04/what-companies-gain-including-persons-disabilities-inclusion [Consulta 11/12/2023]

Fundación Adecco, *Tecnología y Discapacidad,* 11° edición, 2022.

Fundación ONCE y Red Mundial de Empresas y Discapacidad de la OIT, *Una economía digital inclusiva para las personas con discapacidad,* 2021.

MAÑAS-VINIEGRA, L., RODRÍGUEZ-FERNÁNDEZ, L., HERRERO DE LA FUENTE, M. y VELOSO, AI., "Nuevas tecnologías aplicadas a la inclusión de las personas con discapacidad en la sociedad digital: Un reto para la comunicación, le educación y la empleabilidad, *ICONO. Revista de comunicación y tecnologías emergentes,* 21, 2023.

Ministerio de Derechos Sociales y Agenda 2030, Fundación ONCE y Comité español de representantes de personas con discapacidad, Libro Blanco sobre Empleo y Discapacidad, 2023.

Ministerio de Derechos Sociales y Agenda 2030. Estrategia española sobre discapacidad 2022-2030. Para el acceso, goce y disfrute de los derechos humanos de las personas con discapacidad, 2022.

SANTOS RAFECAS, P., *El impacto de las nuevas tecnologías en el empleo en España: sustitución tecnológica y necesidad de adapatación,* Universidad Pontificia de Comillas, 2021.

SEN, A., *Desarrollo y Libertad,* Planeta, Barcelona, 1999.

VILLAPLANA, F y STEIN, G., "Digitalización y personas", *Revista Empresa y Humanismo,* 23, 2020.

Capítulo 9

La prohibición de discriminación por motivo de discapacidad en las empresas: la cuestión prejudicial "eurounitaria" confirma su eficacia como instrumento de protección de los derechos fundamentales de la UE con la STJUE de 18 de enero de 2024, asunto J. M. A. R. y Ca Na Negreta, S. A.

SILVIA ROMBOLI
Profesora Titular de Derecho Constitucional
Universidad Ramon Llull, ESADE

SUMARIO: 1. Introducción. 2. La cuestión "eurounitaria" o cuestión prejudicial de interpretación y/o validez del Derecho de la UE ante el TJUE y sus características. 2.1. El carácter prejudicial y los sujetos legitimados al planteamiento y a participar en el procedimiento. 2.2. El objeto del proceso y el problema de la posible "doble prejudicialidad". 2.3. El carácter obligatorio o facultativo del planteamiento y la decisión y su eficacia para el juez remitente. 3. La protección frente a la discriminación por razón de discapacidad en la Unión Europea y en la jurisprudencia del Tribunal de Justicia de la Unión Europea: especial referencia al ámbito empresarial; 4. La sentencia del TJUE de 18 de enero de 2024, asunto *J. M. A. R. y Ca Na Negreta S. A.* 5. Conclusiones: El rol de la cuestión prejudicial ante el TJUE como instrumento de protección de los derechos fundamentales en general y frente a la discriminación por motivo de discapacidad en particular. 6. Bibliografía.

1. INTRODUCCIÓN

La protección de los derechos, antes monopolio nacional, desde la conclusión de la Segunda Guerra Mundial se ha convertido en el objeto principal (o accesorio) de las organizaciones internacionales y supranacionales. En efecto, desde el final de los años '40 del siglo pasado, se han ido creando sistemas de tutela de los derechos humanos (como el Consejo de Europa o la Organización de las Naciones Unidas, entre otros), cada uno caracterizado por la aprobación de unas Cartas de Derechos y de sus respectivos instrumentos de garantía. Asistimos, así, al nacimiento del denominado "sistema multinivel de protección de los derechos"[1] y al establecimiento de un virtuoso "diálogo entre tribunales"[2] (nacionales y

---

1 La doctrina en esta materia es muy abundante. Pueden verse, entre muchos otros: BILANCIA, P., DE MARCO, E. (Coords.), *La tutela multilivello dei diritti, Punti di crisi, problemi aperti momenti di stabilizzazione,* Atti del Convegno Milano, 4 aprile 2003, Giuffrè, Milano, 2004; CARTABIA, M., "The multilevel protection of fundamental rights in Europe: the European pluralism and the need for a judicial dialogue", en *The protection of fundamental rights in Europe: lessons from Canada,* Università degli Studi di Trento, Trento, 2004; SPERTI, A., "Il dialogo tra le corti costituzionali ed il ricorso alla comparazione nell'esperienza più recente", *Rivista di diritto costituzionale,* 2006, pp. 125 y ss; GARCÍA ROCA, J. y CARMONA CUENCA, E. (coords.), ¿Hacia una globalización de los derechos?: el impacto de las sentencias del Tribunal Europeo y de la Corte Interamericana, Aranzadi, Donostia, 2017; CARMONA CONTRERAS, A. M., *Construyendo un estándar europeo de derechos fundamentales: un recorrido por la jurisprudencia TJUE tras la entrada en vigor de la Carta,* Aranzadi, Donostia, 2018.

2 Sobre la temática del "diálogo entre tribunales", entre otros, pueden verse: GÓMEZ FERNÁNDEZ, I., *Conflicto y cooperación entre la Constitución española y el Derecho Internacional,* Tirant Lo Blanch, Valencia, 2004; RUGGERI, A., "Corte costituzionale e corti europee: il modello, le esperienze, le prospettive (Relazione al Convegno del Gruppo di Pisa su Corte costituzionale e sistema istituzionale, Pisa,

supranacionales o internacionales), cuyo propósito principal es proporcionar la más eficaz protección de los derechos de las personas.

La Unión Europea (UE), organización supranacional que, como es bien sabido, no nació con la finalidad de proteger los derechos humanos o fundamentales, se incorporó ya desde hace varias décadas a este sistema multinivel de protección. Los Tratados fundacionales de la UE y las sentencias de su tribunal (el Tribunal de Justicia de la Unión Europea o Tribunal de Luxemburgo) empezaron a hacer referencia a la protección de los derechos en numerosas ocasiones en el siglo pasado; sin embargo, la aprobación de la Carta de los Derechos Fundamentales de la Unión Europea (CDFUE) y su entrada en vigor con el mismo rango de los Tratados UE en 2009 constituyó un punto de inflexión fundamental en este ámbito.

En el marco del ordenamiento de la Unión Europea los particulares (ciudadanos de los países miembros de la UE) no tienen la posibilidad de acudir al Tribunal de Justicia de la Unión Europea (TJUE) para denunciar la violación de un derecho fundamental y buscar así un remedio a la misma, como en el caso, por ejemplo, de la vulneración de un derecho del Convenio Europeo de Derechos Humanos ante el Tribunal Europeo de Derechos Humanos en el seno del Consejo de Europa. Pese a ello, en estas décadas, otro tipo de proceso ante el Tribunal de Justicia de la UE ha demostrado su valor y su trascendencia para la protección de los derechos fundamentales: la cuestión

---

4-5 giugno, 2010)", *www.archivio.rivistaaic.it*, 2010; GARCÍA ROCA, J. y ARANGÜENA FANEGO, C., *El diálogo entre los sistemas europeo y americano de derechos humanos*, Civitas, Madrid, 2012; DE VERGOTTINI, G., *Oltre il dialogo tra le Corti*, Il Mulino, Bologna, 2010; LÓPEZ GUERRA, L.M. y SÁIZ ARNAIZ, A. (directores), *Los sistemas interamericano y europeo de protección de los derechos humanos: una introducción desde la perspectiva del diálogo entre tribunales*, Palestra, Lima, 2015.

prejudicial de validez y/o interpretación del Derecho de la Unión (o cuestión "eurounitaria") *ex* art. 276 TFUE[3]. Las decisiones que cierran este tipo de procedimiento, como se verá a continuación, tienen la ventaja, respecto a aquellas de otros recursos ante Tribunales internacionales o supranacionales, de tener efectos jurídicos directamente aplicables y vinculantes para todos los Estados miembros de la Unión, en relación con la interpretación que el TJUE brinde del Derecho de la UE en general y, respecto de los fines de este trabajo, en tema de derechos fundamentales (reconocidos por los Tratados UE o por la CDFUE), en particular.

Por consiguiente, la protección de los derechos que derive del planteamiento de una cuestión eurounitaria tendrá una fuerza expansiva de extraordinaria relevancia. Ha sido ya posible comprobar las potencialidades de este procedimiento para la protección de varios de los derechos reconocidos por la organización internacional de la Unión Europea, entre los cuales, por ejemplo, el derecho a la libre circulación, la protección frente a diferentes tipos de discriminación, etc.[4].

---

3 Art. 267 TFUE: "*1. El Tribunal de Justicia de la Unión Europea será competente para pronunciarse, con carácter prejudicial: a) sobre la interpretación de los Tratados; b) sobre la validez e interpretación de los actos adoptados por las instituciones, órganos u organismos de la Unión. 2. Cuando se plantee una cuestión de esta naturaleza ante un órgano jurisdiccional de uno de los Estados miembros, dicho órgano podrá pedir al Tribunal que se pronuncie sobre la misma, si estima necesaria una decisión al respecto para poder emitir su fallo. 3. Cuando se plantee una cuestión de este tipo en un asunto pendiente ante un órgano jurisdiccional nacional, cuyas decisiones no sean susceptibles de ulterior recurso judicial de Derecho interno, dicho órgano estará obligado a someter la cuestión al Tribunal. 4. Cuando se plantee una cuestión de este tipo en un asunto pendiente ante un órgano jurisdiccional nacional en relación con una persona privada de libertad, el Tribunal de Justicia de la Unión Europea se pronunciará con la mayor brevedad*".

4 Como ejemplo, remito a uno de mis trabajos dedicados a la protección de los derechos de las parejas homosexuales frente a la

Este ensayo se centrará en el análisis de los últimos avances aportados por la jurisprudencia del Tribunal de Luxemburgo en tema de discriminación por motivo de discapacidad en las empresas, y, en particular, se evidenciarán cuáles son las obligaciones de las empresas respecto de los trabajadores que han sido declarados en una condición de incapacidad para el desempeño de las actividades habituales de trabajo, gracias al análisis de un caso concreto muy reciente objeto de una cuestión eurounitaria ante el TJUE.

Para ello, en razón de las premisas formuladas en esta introducción, una primera parte del artículo se dedicará a presentar y examinar críticamente las características propias del instrumento de protección de los derechos al que se ha hecho referencia hace unas líneas: la cuestión prejudicial de validez y/o interpretación del Derecho de la UE.

La segunda parte del ensayo describirá los contenidos de la sentencia del TJUE de 18 de enero de 2024, asunto *J. M. A. R. y Ca Na Negreta, S. A* y razonará sobre su valor para la elaboración de unos estándares mínimos de protección de las personas con discapacidad en las empresas en los países miembros de la Unión.

Todo esto permitirá proporcionar unas cuantas reflexiones, de un lado, respecto del rol de la cuestión eurounitaria en la tutela de los derechos fundamentales de la Unión y, de otro, identificar algunos elementos clave en materia de prohibición de discriminación por motivo de discapacidad, en particular respecto de las empresas y de las obligaciones que los

---

discriminación a través de la famosa sentencia del TJUE de 2018 sobre el asunto Coman: ROMBOLI, S., "El conflicto entre identidad nacional y derecho de la unión europea en el caso Coman: El tribunal de justicia añade otra pieza fundamental para la protección de las parejas homosexuales frente a la discriminación", *Revista de derecho constitucional europeo*, 33, 2020, pp. 1-25.

empresarios tienen que respetar para no vulnerar el Derecho de la Unión y los derechos fundamentales de sus empleados.

2. LA CUESTIÓN "EUROUNITARIA" O CUESTIÓN PREJUDICIAL DE INTERPRETACIÓN Y/O VALIDEZ DEL DERECHO DE LA UE ANTE EL TJUE Y SUS CARACTERÍSTICAS

2.1. El carácter prejudicial y los sujetos legitimados al planteamiento y a participar en el procedimiento

La cuestión prejudicial ante el Tribunal de Justicia de la Unión Europea aparece regulada en el Tratado de Funcionamiento de la Unión Europea (TFUE) como una entre las diferentes competencias del Tribunal de Luxemburgo[5]. El art. 267 TFUE (antiguo artículo 234 TCE) declara que "*El Tribunal de Justicia de la Unión Europea será competente para pronunciarse, con carácter prejudicial: a) sobre la interpretación de los Tratados; b) sobre la validez e interpretación de los actos adoptados por las instituciones, órganos u organismos de la Unión; […]*"[6].

El carácter prejudicial del procedimiento *ex* art. 267 TFUE no ha sido puesto en duda en ningún momento por parte de la doctrina o de las jurisdicciones nacionales. Activar la

---

[5] Para el estudio de las diversas competencias del Tribunal de Justicia, se aconseja, entre otros, la lectura del manual de CASADO RAIGÓN, R. ALCAIDE FERNÁNDEZ, J. (Dirs.), *Curso de Derecho de la Unión Europea*, Editorial Tecnos, Madrid, 2018 en particular de las pp. 285-312.

[6] Los apartados sucesivos, que se refieren a la facultad u obligación de los jueces de última instancia de plantear la cuestión prejudicial (y del procedimiento de urgencia), se analizarán posteriormente.

cuestión de interpretación o validez ante el TJUE obliga al juez remitente a suspender el proceso en el que haya que aplicar la normativa sobre la cual el mismo tenga dudas.

Así lo ha ido afirmando por lo menos desde la mitad de los años '90 del siglo pasado el mismo Tribunal de Justicia, al declarar que el juicio nacional en el que se ha planteado la cuestión prejudicial de interpretación (o validez) tendrá que quedarse suspendido hasta que el TJUE haya decidido sobre el particular[7].

Asimismo, la letra del art. 267 TFUE no deja lugar a dudas, dado que establece que el Tribunal de Luxemburgo será competente para pronunciarse, con carácter prejudicial, sobre la interpretación de los Tratados y sobre la validez e interpretación de los actos adoptados por las instituciones, órganos u organismos de la Unión y que, sobre todo, "*cuando se plantee una cuestión de esta naturaleza ante un órgano jurisdiccional de uno de los Estados miembros, dicho órgano podrá pedir al Tribunal que se pronuncie sobre la misma, si estima necesaria una decisión al respecto para poder emitir su fallo. [...]*"[8]. Lo que se entiende, por tanto, es que solo se podrá plantear una cuestión prejudicial si el órgano judicial nacional necesita la interpretación del TJUE para resolver un caso concreto[9].

---

7 A este respecto, véase el apartado 28 de la STJUE de 15 de junio de 1995, asuntos acumulados C-422/93, C-423/93 y C-424/93.

8 De este mismo parecer, PÉREZ ROYO, J., *La ambigüedad del Tribunal Supremo. El TS insinúa que la respuesta del TJUE es irrelevante para la sentencia,* Ara, disponible en https://www.ara.cat/es/opinion/Javier-Perez-Royo-ambiguedad-Tribunal-Supremo_0_2274972666.html.

9 Esta misma interpretación se encuentra en la totalidad de los manuales de Derecho de la Unión Europea. Entre otros, CASADO RAIGÓN, R. ALCAIDE FERNÁNDEZ, J. (Dirs.), *Curso de Derecho de la Unión Europea,* Tecnos, Madrid, 2018, p. 305: "El recurso prejudicial es el mecanismo mediante el cual un órgano jurisdiccional nacional ante el que se está desarrollando un litigio en el que se

El art. 267 TFUE, al reconocer la legitimidad para plantear una cuestión prejudicial ante el Tribunal de Luxemburgo, utiliza la expresión "órgano jurisdiccional". Se trata, evidentemente, de un término genérico, que necesitaba de una mayor especificación, dado que cada Estado miembro de la UE tiene su estructura jurisdiccional y, en consecuencia, puede tener una diferente forma de calificar a las autoridades con jurisdicción.

El Tribunal de Justicia elaboró entonces su definición de "órgano jurisdiccional", válida, en concreto, para despejar los términos de legitimación de cara a plantear la cuestión prejudicial (y que, por lo tanto, no tiene que aplicarse en los ordenamientos internos de los Estados miembros de la Unión para otros fines). En particular, el Tribunal de Luxemburgo definió algunos requisitos del órgano que puede considerarse "jurisdiccional", a saber: 1) el origen legal; 2) el carácter permanente; 3) la obligatoriedad de la jurisdicción; 4) la naturaleza contradictoria del procedimiento; 5) que la decisión final sea tomada aplicando normas jurídicas y no simplemente según equidad; 6) su independencia[10].

En la aplicación concreta de estas condiciones, el TJUE ha interpretado en sentido amplio la noción de "juicio", excluyendo

---

cuestiona la interpretación o la validez de una norma de la Unión se dirige al TJUE solicitándole que éste interprete o determine la validez de la norma cuestionada. En ese momento el proceso que se sigue en la instancia nacional queda paralizado hasta tanto el TJUE se manifieste y una vez que éste lo haga será el juez nacional, aplicando lo precisado por el TJUE, quien dirimirá el pleito correspondiente".

10 "*Nota informativa sobre el planteamiento de cuestiones prejudiciales por los órganos jurisdiccionales nacionales*" cit., punto 4. En la jurisprudencia, pueden verse, entre otras, las sentencias del Tribunal de Justicia: de 30 de junio de 1966, Vaassen-Gobbels (61/65); de 10 de diciembre de 2009, Umweltanwalt von Karnten (C-205/08); de 14 de junio de 2011, Miles (C-196/09).

solo aquellos procedimientos en los que la autoridad judicial desarrollaba una función exclusivamente administrativa.

Respecto de la posibilidad de que algunos sujetos participen en el procedimiento, hay que evidenciar que el mecanismo de la prejudicial eurounitaria, aunque tenga como finalidad proporcionar la correcta interpretación del Derecho de la Unión Europea y garantizar la aplicación uniforme del mismo, ofrece (aunque de forma indirecta) una tutela para los derechos de los particulares involucrados en el juicio ante la jurisdicción nacional, siendo este reenvío el único instrumento con el que llevar el supuesto concreto ante el Tribunal de Justicia[11].

El juez nacional puede decidir sobre el planteamiento de oficio, o admitiendo una específica instancia de parte, aunque sea en todo caso el primero el *dominus* absoluto (como ocurre, en la mayoría de los casos, también en las cuestiones de inconstitucionalidad nacionales) de la decisión final y de los tiempos y contenidos del reenvío prejudicial. Sin embargo, el punto 16 (perteneciente al apartado "Forma y contenido de la

---

11 En relación con esto: SCHEPISI, C., "Rinvio pregiudiziale obbligatorio e questioni incidentali di costituzionalità: rimane ancora qualche nodo da sciogliere?", *Osservatorio europeo*, diciembre de 2016, p. 7, que afirma que por esta razón la petición de la parte no puede verse como una tentativa de eludir la prohibición de *ne bis in idem* o de impugnar una sentencia de la Corte constitucional, cuando esta se haya pronunciado anteriormente.
Según CONTI, R. ("Rinvio pregiudiziale alla Corte Ue del giudice di ultima istanza. Ma è davvero tutto così poco chiaro?, *Politica del diritto*, 2012, p. 93), la tutela de las posiciones jurídicas subjetivas se queda en un segundo plano, pues la finalidad y la *ratio* de la cuestión prejudicial se refieren a la protección de la unidad del sistema. Sobre el mismo particular, v. también: CONDINANZI, M., MASTROIANNI, R. (*Il contenzioso dell'Unione europea*, Giappichelli, Torino, 2009, p. 190), que afirman que "*reconocer al reenvío prejudicial la tarea de contribuir a la tutela de los individuos significa, de un lado, sobrevalorar y, de otro, desnaturalizar el mecanismo mismo*".

petición de decisión prejudicial") de las "Notas informativas (o Recomendaciones) a los órganos jurisdiccionales nacionales, relativas al planteamiento de cuestiones prejudiciales (2016/C 439/01)" establece que "*La petición incluirá, en su caso, un breve resumen de los argumentos pertinentes de las partes del litigio principal*".

Para terminar, merece la pena indicar que las partes del juicio ordinario nacional pueden desarrollar sus defensas o alegaciones, de forma escrita u oral, en la fase ante el Tribunal de Justicia de la UE en el ámbito de un contradictorio abierto a la intervención de las instituciones y de los Estados miembros que quieran participar.

2.2. El objeto del proceso y el problema de la posible "doble prejudicialidad"

Por lo que concierne al objeto de una cuestión prejudicial ante el Tribunal de Justicia, esta misma Corte ha precisado, a través de una jurisprudencia constante resumida en las "Notas informativas sobre el planteamiento de cuestiones prejudiciales por los órganos jurisdiccionales nacionales", que el planteamiento *ex* art. 267 TFUE tiene que referirse a la interpretación o validez del Derecho de la Unión, y no a la interpretación de las normas de Derecho interno o a cuestiones "de hecho" elevadas en el ámbito de un juicio. Se añade, además, que el Tribunal de Justicia entrará a conocer del asunto solo si el Derecho de la Unión es aplicable al caso concreto en el que trae su causa el planteamiento. Sin embargo, es notorio como, en la aplicación práctica y con el paso del tiempo, se ha reducido la distinción tan rígida entre interpretación del Derecho de la Unión, interpretación del Derecho nacional y aplicación de ambos por parte de los jueces de cada Estado miembro. Las razones hay que buscarlas, entre otras, en que el Tribunal de Justicia en la mayoría de los casos se pronuncia sobre la compatibilidad de la normativa nacional con aquella eurounitaria, terminando por llevar a cabo un control que se acerca, en algunos aspectos, al de constitucionalidad (cambiando el parámetro de constitucionalidad con el de legitimidad al Derecho de la Unión). Sin olvidar, claro está, que en este contexto supranacional se ha dado lugar a una suerte de forma de control de tipo difuso, por la atribución de la facultad del juez nacional de inaplicación directa de la normativa nacional considerada contraria al DUE.

Respecto del ámbito específico del planteamiento de cuestiones prejudiciales que tengan por objeto la interpretación de la Carta de los Derechos Fundamentales de la Unión Europea, el Tribunal de Justicia ha afirmado que, en virtud del art. 51, apartado 1 de aquella, los preceptos de la Carta se aplican en los Estados miembros exclusivamente cuando tengan una conexión directa con otra normativa de la Unión. Las hipótesis pueden ser numerosas y diferentes; pero todas tienen que respetar un requisito, a saber: que en el auto de planteamiento se evidencie de forma clara e inequívoca que una norma del Derecho de la UE distinta de la Carta es aplicable en el proceso ordinario nacional. En efecto, es sabido que el Tribunal de Luxemburgo no es competente para decidir sobre situaciones jurídicas que no estén incluidas en el ámbito de aplicación del Derecho eurounitario; pues bien, las disposiciones de la Carta DFUE eventualmente invocadas por el juez nacional remitente de la cuestión prejudicial no son por sí solas suficientes para justificar y fundar dicho reenvío prejudicial[12].

---

[12] En aplicación de estos principios, v. Sentencia del Tribunal de Justicia de la UE de 6 de marzo de 2014, n. 206/13, en la que se ha precisado que se requiere la existencia de un nexo consistente que vaya más allá de la simple afinidad entre las materias en cuestión o de la influencia indirectamente ejercitada por una materia sobre otra.

En el caso que se analizará en las páginas siguientes, será patente el respeto de este requisito; en efecto, el Tribunal español remitente pedirá la correcta interpretación de un artículo de una Directiva UE, la Directiva 2000/78/CE a la luz de los arts. 21 y 26 de la Carta de los DFUE.

Al examinar el tema del objeto de la cuestión eurounitaria, la doctrina se ha enfrentado a una problemática comúnmente conocida como "doble prejudicialidad"[13]. Estos términos se refieren a la posibilidad de que el juez ordinario estatal tenga, en el seno de un mismo proceso, una duda respecto de la norma aplicable y relevante para resolver el caso tanto en relación con la conformidad de esta con la Constitución nacional, como respecto de su validez según el Derecho eurounitario (o la correcta interpretación de este último).

En los casos ahora descritos, el juez tiene que resolver el problema de qué criterio seguir y a cuál de los dos instrumentos (cuestión de inconstitucionalidad o cuestión prejudicial

---

13 CARTABIA, M., "Considerazioni sulla posizione del giudice comune di fronte a casi di «doppia pregiudizialità», comunitaria e costituzionale", *Foro italiano*, 1997, V, pp. 222 y ss.; GHERA, F., "Pregiudiziale comunitaria, pregiudiziale costituzionale e valore di precedente delle sentenze interpretative della Corte di giustizia", *Giurisprudenza costituzionale*, 2000, pp. 1193 y ss. En la doctrina española, CRUZ VILLALÓN, P. y REQUEJO PAGÉS, J. L., "La relación entre la cuestión prejudicial y la cuestión de inconstitucionalidad", *Revista de Derecho Comunitario Europeo*, 50, enero-abril, 2015, pp. 173-194. FERRERES COMELLA utiliza la expresión "doble vicio", poniendo el acento entonces en la norma de aplicación al caso concreto, y no en la situación de incertidumbre entre las dos prejudiciales en la que se encuentra el juez nacional respecto de los máximos intérpretes de la validez constitucional y eurounitaria de la norma misma, en FERRERES COMELLA, V., "El problema del "doble vicio" en que pueden incurrir las leyes nacionales: infracción de la Constitución e infracción del Derecho de la Unión Europea. A propósito del caso Melki, en Foro de actualidad", *Actualidad Jurídica Uría Menéndez*, 28, 2011, pp. 57-61.

eurounitaria) dar la prioridad (o "precedencia", o incluso la "preeminencia", según las expresiones de CRUZ VILLALÓN y REQUEJO PAGÉS[14]), o si utilizar los dos de forma simultánea[15].

La doctrina ha supuesto y evidenciado, en relación con la denominada "doble prejudicialidad", unas cuantas situaciones en las que esta misma puede surgir, dando lugar a hipótesis diferentes. En la opinión de algunos comentaristas (cuyas teorías, sin embrago, no nos convencen plenamente), sería oportuno diferenciar entre los casos en los que una ley nacional parece entrar en conflicto, de un lado, tanto con la Constitución nacional como con el Derecho UE derivado y, de otro, con la Constitución nacional y con la Carta Europea de los derechos

---

14 CRUZ VILLALÓN, P. y REQUEJO PAGÉS, J. L., "La relación entre la cuestión prejudicial y la cuestión de inconstitucionalidad", *Revista de Derecho Comunitario Europeo,* 50, enero-abril, 2015, respectivamente p. 178 y p. 177.

15 Como ya he tenido ocasión de afirmar (véase: ROMBOLI, S., "Un nuevo orden de prioridad en caso de violación simultanea de la Constitución y de la Carta de los Derechos Fundamentales de la Unión: la «sugerencia» de la Corte costituzionale a los jueces nacionales", *Revista Española de Derecho Constitucional,* 119, mayo-agosto 2020, pp. 299-332), la existencia de una situación de "doble prejudicialidad" puede reanudarse a la idea "dualista" que sigue caracterizando la concepción de la mayoría de los Tribunales constitucionales. Según esta "estructura", existen ámbitos en los que permanece un cierto margen de control de constitucionalidad en las manos de los Jueces constitucionales también respecto de las relaciones entre los dos ordenamientos. Puede consultarse, VECCHIO, F., "Il Trattato di Lisbona e le ipotesi di "doppia pregiudizialità": differenti prospettive di tutela e pericoli di pronunce incoerenti", *Giustizia amministrativa,* 2010, 2, pp. 63 y ss., que afirma que la estrategia dualista ha transformado el diálogo con el Juez de Luxemburgo en una suerte de "doble monólogo"; también véase, sobre este tema: REPETTO, G., "Rinvio alla Corte di giustizia Ue e doppia pregiudizialità nei recenti orientamenti della Corte costituzionale", en *Liber amicorum in onore di Augusto Cerri,* Editoriale scientifica, Napoli, 2016, pp. 659 y ss.

Fundamentales de la Unión Europea. En el primero de ellos (denominado cuestión de "*legalidad europea*") el juez debería elevar en primer lugar la cuestión al Tribunal de Justicia; en el segundo supuesto (que han llamado de "*inconstitucionalidad constitucional-europea*") se debería plantear antes la cuestión de inconstitucionalidad, dado que los beneficios que derivarían de la participación del Juez constitucional superarían el *vulnus* de la directa inaplicabilidad del Derecho eurounitario[16].

Se han propuesto también articulaciones más complejas del problema. Una primera hipótesis es la "*doble prejudicialidad independiente*", cuando el juez nacional se encuentre ante dos normativas distintas, ambas aplicables para resolver el caso que le compete. En este supuesto se necesitaría la activación de los dos instrumentos prejudiciales: el control incidental nacional y la cuestión prejudicial ante el Juez de Luxemburgo. La segunda posibilidad se ha denominado "*doble prejudicialidad en sentido estricto*", pues se realiza cuando sobre una norma nace la duda relativa a la discrepancia de esta con el Derecho eurounitario directamente aplicable; en este caso la misma norma entraría supuestamente en conflicto también con la disposición constitucional (si existiera en el ordenamiento en cuestión) que vincula al Estado al respeto de las obligaciones que derivan de los ordenamientos supranacionales, creando la situación de doble prejudicialidad y la incognita del orden de "preeminencia". Una tercera hipótesis podría darse en casos semejantes al ahora descrito, pero respecto del Derecho eurounitario no directamente aplicable. Un cuarto caso supone que a la situación delineada en la primera hipótesis se añada que la norma aplicable contrasta también con otros principios o derechos constitucionales, como el principio de igualdad, el derecho a la tutela judicial efectiva etc.; estaríamos ante una "*doble*

---

16 CARDONE, A., *La tutela multilivello dei diritti fondamentali*, Giuffrè, Milano, 2012.

prejudicialidad ampliada". Finalmente, una última hipótesis incluiría aquellos supuestos en los que una norma eurounitaria entre en conflicto supuestamente con los principios supremos del ordenamiento jurídico nacional – los contra-límites[17] –: estaríamos hablando, entonces, de una doble prejudicialidad "*con partes invertidas*"[18].

2.3. El carácter obligatorio o facultativo del planteamiento y la decisión y su eficacia para el juez remitente

Otro aspecto importante que merece la pena analizar atañe a la naturaleza obligatoria o facultativa de las solicitudes de intervención del órgano jurisdiccional supranacional. Las

---

17 Los "contra-límites" se hallan y se concretan, como ampliamente es sabido – y dicho sea en extrema síntesis –, en los principios fundamentales y en los derechos inviolables de la persona, constituyendo, sobre todo en la jurisprudencia constitucional italiana y alemana, límites a la penetración y, en particular, a la injerencia excesiva del Derecho de la Unión Europea, así como, indirectamente, de la jurisprudencia del Tribunal de Justicia en el ordenamiento jurídico nacional. En doctrina, sobre el particular, v. TORRES PÉREZ, A., "Constitutional Identity and Fundamental Rights: the intersection between articles 4(2) TEU and 53 Charter", en *National Constitutional Identity and European Integration*, Intersentia, 2013, pp. 141-157; ROMBOLI, S., "Los contra-límites «en serio» y el caso Taricco: el largo recorrido de la teoría hasta la respuesta contundente pero abierta al diálogo de la Corte Constitucional italiana", *Revista de Derecho Constitucional Europeo*, 28, 2017 pp. 145-184.

18 En relación con estas clasificaciones, véanse: GHERA, F., "La Corte costituzionale e il rinvio pregiudiziale dopo le decisioni n. 102 e 103 del 2008", *Giurisprudenza costituzionale*, 2009, pp. 1315 y ss.; LOSANA, M., "La Corte costituzionale e il rinvio pregiudiziale nei giudizi in via incidentale: il diritto costituzionale (processuale) si piega al dialogo tra le corti", *Rivista Aic*, 24 de enero de 2014,1; una clasificación parcialmente distinta puede encontrarse también en ROMBOLI, R., *Corte di giustizia e giudici nazionali, op. cit.*, p. 6 y ss.

consideraciones de este apartado se refieren al carácter obligatorio o facultativo del planteamiento por parte del juez nacional de una cuestión prejudicial.

Algunos autores han analizado la naturaleza obligatoria o facultativa de este instrumento también desde otro prisma, de carácter "previo". A saber: el carácter opcional o no del mismo, pero respecto de la opción del Estado que pertenece al ordenamiento supranacional de la Unión Europea de acogerse al mecanismo mismo. Queremos con esto referirnos a que los Estados miembros de la UE no pueden renunciar a la eficacia del art. 267 TFUE[19].

Dejando de lado esta otra perspectiva y centrándonos en la primera antes mencionada, se ha visto como, según el art. 267 TFUE, el Tribunal de Justicia puede recibir por parte de un juez ordinario de un Estado miembro de la UE una cuestión relativa a la correcta interpretación o a la validez del Derecho eurounitario. Aunque exista una absoluta parificación entre todos los sujetos que pueden considerarse "órganos jurisdiccionales" a la hora de poder plantear una cuestión, el Derecho de la Unión Europea introduce una diferenciación entre los jueces de última instancia (órganos cuya decisión no sea susceptible de ulterior recurso judicial en el ordenamiento interno) y aquellos que no lo son. Solo los primeros, en efecto, tienen (en caso de duda sobre la validez o interpretación del DUE, claro está) la obligación de activar el instrumento prejudicial – para evitar que se consolide una

---

19 Véanse a este respecto LIPARI, M., "Il rinvio pregiudiziale previsto dal Protocollo n. 16 annesso alla Convenzione Europea dei Diritti dell'Uomo (CEDU): il dialogo concreto tra le Corti e la nuova tutela dei diritti fondamentali davanti al giudice amministrativo", *Federalismi.it*, 3, 2019, pp. 9-11, que habla del "'triple' carácter facultativo" de la prejudicial convencional.

jurisprudencia nacional en contraste con la normativa de la Unión –; los demás tienen una simple "facultad"[20].

Esta previsión del art. 267 TFUE ha sido posteriormente integrada y modificada por parte de la jurisprudencia del Tribunal de Luxemburgo. En efecto, respecto de las cuestiones de validez, el Tribunal de Justicia ha afirmado que los jueces nacionales no pueden declarar ilegítimo un acto eurounitario sin haber consultado previamente al Tribunal de Justicia sobre el particular a través de la cuestión prejudicial. En caso de dudas sobre la validez de la fuente normativa eurounitaria, todos los jueces (aunque no sean de última instancia) tienen entonces la obligación de solicitar la intervención del órgano encargado de la interpretación del DUE[21].

---

20 Sobre el particular: PASTOR LÓPEZ, M., "La obligatoriedad o el carácter facultativo de la cuestión prejudicial del Derecho Comunitario Europeo", *Noticias de la Unión Europea,* 25, 1987, pp. 103-114; MORCILLO MORENO, J., "El planteamiento de la cuestión prejudicial comunitaria a la luz de la jurisprudencia europea y constitucional: ¿facultad o deber?", *Revista de Administración Pública,* 185, mayo-agosto de 2011, pp. 227-262; PIGNATELLI, N., "L'obbligatorietà del rinvio pregiudiziale tra primato del diritto comunitario e autonomia processuale degli Stati", *Foro italiano,* 2012, III, p. 367; PURIFICATI, N., "L'estensione dell'obbligo di rinvio pregiudiziale da parte del giudice di ultima istanza", *Nelditto.it,* 2016; ARZOZ SANTISTEBAN, X., *La garantía constitucional del deber de reenvío prejudicial,* Centro de Estudios Políticos y Constitucionales, Madrid, 2020.

21 Sentencia del Tribunal de Justicia de la Unión Europea de 22 de octubre de 1987, n. 314/85, asunto *Foto-Frost.* Esta jurisprudencia, absolutamente consolidada, tiende a evitar divergencias de interpretación entre los jueces de los Estados miembros, garantizando así la uniformidad, pero también la certeza del Derecho eurounitario.

Asimismo, y una vez más a través de la jurisprudencia, hoy en día consolidada[22], se han introducido unas precisiones y delimitaciones con respecto a la obligación para los jueces estatales de última instancia de pedir la intervención del TJUE. A estos no se les podrá exigir el planteamiento siempre y cuando la duda sobre la interpretación resulte: a) no pertinente para el juicio en curso (que corresponde al que en el ámbito nacional se define "juicio de relevancia"); b) fácilmente superable a través la aplicación de una consolidada doctrina de la Corte de Justicia, porque la cuestión planteada es materialmente similar (o incluso idéntica) a otra ya resuelta previamente en otra decisión (criterio denominado, en francés, del *acte eclaré*); c) de evidente inconsistencia, y por lo tanto la correcta aplicación del Derecho eurounitario puede imponerse con tal evidencia que no deje lugar a ninguna duda razonable sobre la solución de la cuestión planteada (criterio del *acte clair*).

El último elemento que integra el procedimiento objeto de este análisis y que merece la pena examinar con atención concierne a las tipologías de decisiones que cierran el proceso y a sus efectos respecto de las jurisdicciones nacionales que hayan activado el instrumento prejudicial y, más en general, de los Estados miembros de la Unión Europea.

En la prejudicial eurounitaria la decisión que responde a una solicitud de un juez nacional respecto de la interpretación o validez de una normativa de la Unión contendrá, claramente, la solución a la duda que aquella jurisdicción haya planteado. Como será de esperar, habrá casos en los que la respuesta del TJUE será más o menos detallada en sus argumentaciones e, incluso, aparezca como más o menos clara.

---

22 Identificada como doctrina *Cilfit*, pues estos criterios se explicitaron con ocasión de la Sentencia del Tribunal de Justicia de la Unión Europea de 6 de octubre de 1982, n. 283/81, asunto *Srl Cilfit y otras c. Ministero della sanità*.

Asimismo, la postura del Tribunal de Justicia podrá ser más o menos incline al reconocimiento del valor y rol de la regulación nacional que entra en conflicto con el DUE (puede pensarse al Derecho de rango constitucional o a normas que se conecten con la identidad constitucional del país al que pertenece la jurisdicción solicitante), en detrimento o a favor (según los casos) de los principios de primacía y de uniforme aplicación del Derecho de la Unión.

La interpretación brindada por el Tribunal de Justicia tiene, como se sabe, eficacia *erga omnes*, parificando sus efectos a los de las fuentes del Derecho original de la Unión. Por tanto, es absolutamente vinculante para los jueces nacionales, en primer lugar, y para todos los demás poderes del Estado y ciudadanos. En el caso de que el juez remitente, una vez recibida la respuesta del Tribunal de Luxemburgo, no esté conforme, podrá solicitar una segunda intervención de este Tribunal, pidiendo aclaraciones o aduciendo elementos sobrevenidos o que no se han considerado adecuadamente en la decisión[23].

Estas sentencias, en definitiva, proporcionan la interpretación auténtica de las fuentes eurounitarias, frente a las cuales solo es posible replicar afirmando la existencia de unos contra-límites.

---

23 Esto es lo que pasó, por ejemplo, en el caso *Taricco*, en el que otra jurisdicción distinta del juez nacional que remitió una primera cuestión al TJUE, pidió una posterior aclaración respecto de los contenidos de una decisión interpretativa del Tribunal de Justicia; en el asunto *Taricco*, después de una primera sentencia del TJUE, fue la Corte constitucional italiana quien solicitó una dilucidación posterior de la doctrina de la Corte de Justicia. V. ROMBOLI, S., "Los contra-límites «en serio» y el caso Taricco: el largo recorrido de la teoría hasta la respuesta contundente pero abierta al diálogo de la Corte Constitucional italiana", *Revista de Derecho Constitucional Europeo*, 28, 2017, pp. 145-184.

Al tratarse de una interpretación auténtica, la eficacia de las resoluciones tendrá efectos retroactivos, que en ciertas ocasiones pueden chocar con el principio de la confianza legítima del ciudadano en la ley, sobre todo en aquellos casos en los que la interpretación no puede derivarse fácilmente del texto de la disposición. Por esta razón, al Tribunal de Justicia (y solo a él, con exclusión de que lo mismo pueda aplicarse al juez nacional) se le ha reconocido la facultad de limitar los efectos retroactivos de sus decisiones, hasta el punto de que los mismos no se apliquen en el caso concreto en el que se ha originado la cuestión prejudicial.

3. LA PROTECCIÓN FRENTE A LA DISCRIMINACIÓN POR RAZÓN DE DISCAPACIDAD EN LA UNIÓN EUROPEA Y EN LA JURISPRUDENCIA DEL TRIBUNAL DE JUSTICIA DE LA UNIÓN EUROPEA: ESPECIAL REFERENCIA AL ÁMBITO EMPRESARIAL

La discapacidad constituye un concepto que ha ido evolucionando en el tiempo[24] y que tiene una multitud de definiciones según la ciencia que, en cada caso y con diferentes propósitos, ha querido abordar, analizar o describir este fenómeno[25].

---

24 Incluso la letra e) del Preámbulo de la Convención de la ONU declara que "*la discapacidad es un concepto que evoluciona y que resulta de la interacción entre las personas con deficiencias y las barreras debidas a la actitud y al entorno que evitan su participación plena y efectiva en la sociedad, en igualdad de condiciones con las demás*".

25 Para una visión de los "modelos de discapacidad" y su evolución desde varias perspectivas y ciencias y, en particular, desde un punto de vista socio-jurídico hasta (e incluídas) las intervenciones del TJUE, véase PÉREZ-BENEYTO ABAD, J. J., "Obesidad, discapacidad y el Tribunal de Justicia del Unión Europea", *Congreso Nacional sobre Buenas Prácticas Jurídico-Procesales para Reducir el Gasto Social*, 3, 2015, pp. 138-148.

Las ciencias jurídicas, además de intentar proporcionar una definición del concepto de discapacidad, se han centrado especialmente en el estudio de este fenómeno como causa de discriminación de los sujetos a los que se les reconoce esa condición personal por parte de las ciencias médicas y/o de las entidades estatales. Algunas de las Cartas reconocedoras de derechos (internacionales o supranacionales, pero también las Constituciones nacionales) más recientes incluyen la discapacidad entre las causas de no discriminación; es este el caso, por ejemplo, del art. 21 de la Carta de los Derechos Fundamentales de la Unión Europea[26]. En todas las demás ocasiones, los tribunales encargados en cada ocasión de proporcionar la interpretación de los derechos contenidos en las Cartas constitucionales o supranacionales, suelen haber incluido la discapacidad entre las causas de no discriminación por vía jurisprudencial, a través de una interpretación amplia de las cláusulas genéricas de cierre de los artículos que se dedican a la tutela antidiscriminatoria; como ejemplo, puede citarse el art. 14 del Convenio Europeo de Derechos Humanos (CEDH)[27], que establece que el goce de los derechos y libertades reconocidos en el CEDH ha de ser asegurado sin distinción alguna, especialmente por ciertas razones como el sexo, la raza, la religión etc. o por "*cualquier otra situación*"[28].

---

26 Art. 21 CDFUE, No discriminación: *1. Se prohíbe toda discriminación, y en particular la ejercida por razón de sexo, raza, color, orígenes étnicos o sociales, características genéticas, lengua, religión o convicciones, opiniones políticas o de cualquier otro tipo, pertenencia a una minoría nacional, patrimonio, nacimiento, discapacidad, edad u orientación sexual.*

27 Art. 14 CEDH, Prohibición de discriminación: *El goce de los derechos y libertades reconocidos en el presente Convenio ha de ser asegurado sin distinción alguna, especialmente por razones de sexo, raza, color, lengua, religión, opiniones políticas u otras, origen nacional o social, pertenencia a una minoría nacional, fortuna, nacimiento o cualquier otra situación.*

28 Sobre este aspecto puede verse, entre otros MARTÍNEZ PÉREZ, E. J., "El proceso de "polinización" de la Convención de los derechos

La voluntad de los ordenamientos jurídicos de proteger a las personas con discapacidad frente a la discriminación responde a la necesidad de garantizar que estos sujetos puedan acceder en condiciones de igualdad a todos los servicios y demás derechos, respecto de las personas que no presentan ningún tipo de discapacidad, en atención a la real aplicación del principio de igualdad sustancial. El acceso al trabajo y, por ende, el mundo de las empresas, constituye a todas luces uno de los más importantes bancos de prueba del efectivo respeto de los principios de no discriminación por razón de discapacidad y de igualdad sustancial.

La Unión Europea, también en razón de los motivos que fundaron su nacimiento y de sus competencias (que, como es notorio, tienen que ver con el mundo económico y laboral), ha tenido ocasión de aportar numerosos instrumentos jurídicos de protección de las personas con discapacidad en el ámbito laboral y empresarial, instrumentos con naturaleza y fuerza vinculante diferentes, como pueden ser declaraciones o recomendaciones (que tenemos que adscribir entre las herramientas de *soft law*), pero también normativas directamente aplicables o incluso con la misma fuerza jurídica de los Tratados de la UE (como es el caso de la Carta de los DFUE o de las sentencias del TJUE[29]).

---

de las personas con discapacidad en la jurisprudencia del TEDH", en *Estudios y comentarios jurisprudenciales sobre discapacidad*, Thomson Reuters Aranzadi, 2016, pp. 575-590.

29 Para un análisis de la jurisprudencia del TJUE en este ámbito, puede consultarse SERRANO ARGÜELLO, N., "La protección a los discapacitados en el trabajo: del perfeccionamiento legal a sus últimos avances a través de la jurisprudencia comunitaria", en *Estudios y comentarios jurisprudenciales sobre discapacidad*, Thomson Reuters Aranzadi, Madrid, 2016, pp. 309-367.

Además del art. 21 CDFUE, ya citado, o del art. 26 de la misma Carta (dedicado a la "Integración de las personas discapacitadas" y que afirma que "*La Unión reconoce y respeta el derecho de las personas discapacitadas a beneficiarse de medidas que garanticen su autonomía, su integración social y profesional y su participación en la vida de la comunidad*"), una de las fuentes del Derecho de la UE más significativa en la lucha frente a la discriminación en general y a la discriminación por razón de discapacidad en particular, en ambos casos en el ámbito específico de interés de este trabajo, esto es, el ámbito empresarial y laboral, es, sin lugar a dudas, la Directiva 2000/78/CE del Consejo, de 27 de noviembre de 2000, *relativa al establecimiento de un marco general para la igualdad de trato en el empleo y la ocupación*[30].

Dicha normativa UE tiene el propósito de crear un marco general para luchar contra la discriminación por motivos, entre otros, de discapacidad, en concreto en el ámbito del empleo y la ocupación, con el fin de que en los Estados miembros se aplique el principio de igualdad de trato (art. 1). Además de proporcionar unas definiciones muy precisas relativas a las distintas tipologías de discriminación en el artículo 2 dedicado al "concepto de discriminación", es conveniente mencionar, por su trascendencia, el contenido del art. 5 de la Directiva, titulado "Ajustes razonables para las personas con discapacidad". Según esta disposición, en efecto,

> *"A fin de garantizar la observancia del principio de igualdad de trato en relación con las personas con discapacidades, se realizarán ajustes razonables. Esto significa que los empresarios tomarán las medidas adecuadas, en función de las necesidades de cada situación concreta, para permitir a las personas con discapacidades acceder al empleo, tomar parte en el mismo o progresar profesionalmente, o para que se les ofrezca formación, salvo que esas medidas supongan una carga excesiva para el empresario. La carga no se considerará excesiva cuando*

[30] https://www.boe.es/buscar/doc.php?id=DOUE-L-2000-82357.

> *sea paliada en grado suficiente mediante medidas existentes en la política del Estado miembro sobre discapacidades".*

La Directiva UE obliga, por tanto, a los empresarios a buscar soluciones para que la inclusión y la permanencia de las personas con discapacidad en sus empresas sea efectiva, a menos que esas actuaciones constituyan una carga excesiva para los empresarios mismos; cargas que los empresarios deberán debidamente demostrar (como se explicará en la jurisprudencia del TJUE).

También el Tribunal de Justicia de la Unión Europea, de su lado, para hacer más efectivo este esfuerzo en la dirección de la protección de las personas con discapacidad en el acceso al trabajo y al mundo empresarial (y en el mantenimiento de su puesto de trabajo), ha proporcionado una definición de "discapacidad" ya desde el 2006[31].

Dicha definición cambió parcialmente en 2013 como consecuencia de la ratificación en 2009, por parte de la UE, de la Convención de las Naciones Unidas sobre los Derechos de las Personas con Discapacidad[32]. En la sentencia de 11 de abril de 2013, asunto *HK Danmark*, C-335/11 y 337/11, el Tribunal de Luxemburgo afirmó que el "concepto de discapacidad" al que hace referencia la Directiva 2000/78/CE alude a "*una limitación, derivada, en particular, de dolencias físicas, mentales o psíquicas de larga duración, que, al interactuar con*

---

31 A este propósito, véase el prontuario de jurisprudencia denominado "El Tribunal de Justicia y la igualdad de trato", redactado y difundido por el mismo Tribunal de Justicia de la Unión Europea y disponible al link https://curia.europa.eu/jcms/upload/docs/application/pdf/2020-10/qd-02-20-588-es-n.pdf, 2020, p. 21.

32 Convención de las Naciones Unidas sobre los Derechos de las Personas con Discapacidad, firmada en Nueva York el 13 de diciembre de 2006 y aprobada en nombre de la Comunidad Europea mediante la Decisión 2010/48/CE del Consejo, de 26 de noviembre de 2009.

diversas barreras, puede impedir la participación plena y efectiva de la persona de que se trate en la vida profesional en igualdad de condiciones con los demás trabajadores".

No toda enfermedad, ha especificado el TJUE, puede asimilarse pura y simplemente a una discapacidad. No obstante, cuando una enfermedad u otro problema de salud respondan a esta definición[33], deben considerarse una discapacidad con independencia de su naturaleza y de su origen.

Desde 2013 hasta la fecha, la sentencia *HK Danmark* sigue citándose como el caso jurisprudencial que sentó doctrina en tema de definición del término "discapacidad", pese a que, por supuesto, sentencias posteriores hayan añadido elementos importantes a dicha definición. Solo para ofrecer un ejemplo, la sentencia del TJUE de 1 de diciembre de 2016, asunto *Daouidi*, C-395/17, circunscribe aún más el concepto de discapacidad, al ocuparse de definir si la limitación de la capacidad que da lugar a un proceso de "incapacidad temporal" (IT) de duración incierta puede calificarse como duradera y, por lo tanto, interpretarse que está incluida en el concepto de discapacidad al que hace referencia la Directiva 2000/78/CE (según la doctrina *HK Danmark*)[34].

---

33 Es este el caso, por ejemplo, de la obesidad; sobre el particular, v. PÉREZ-BENEYTO ABAD, J. J., "Obesidad, discapacidad y el Tribunal de Justicia del Unión Europea", *Congreso Nacional sobre Buenas Prácticas Jurídico-Procesales para Reducir el Gasto Social*, 3, 2015, pp. 135-151.

34 En doctrina, sobre este caso de 2016, puede verse FERNÁNDEZ MARTÍNEZ, S., "La aplicación de la doctrina del Tribunal de Justicia de la Unión Europea sobre el concepto de discapacidad. Comentario a las sentencias del Tribunal Supremo de 22 de mayo de 2020 (rec. 2684/2017) y de 15 de septiembre de 2020 (rec. 3387/2017)", *Revista de Estudios Jurídicos y Criminológicos*, 2, Universidad de Cádiz, 2020, pp. 233-241.

Merece la pena citar también, entre las varias decisiones emitidas por el Tribunal de Justicia de la UE entre el 2013 y la reciente sentencia objeto de un estudio más detenido en estas páginas (la sentencia del TJUE de 18 de enero de 2024, asunto J. M. A. R. y Ca Na Negreta, S. A., C-631/22), la sentencia de 2022, asunto *HR Rail SA*, al constituir un precedente significativo respecto de la sentencia de 2024. En efecto, en la sentencia de 10 de febrero de 2022, asunto *XXXX v. HR Rail SA*, C-485/20, el Tribunal de Luxemburgo reconoció el derecho de un trabajador en práctica con discapacidad a ser recolocado, en aplicación de la Directiva 2000/78/CE que establece que los empresarios deben realizar "ajustes razonables", esto es, tomar las medidas más adecuadas respecto de las situaciones concretas, para permitir que las personas con discapacidad accedan al empleo (o conserven su puesto de trabajo), a menos que dichas medidas constituya una carga excesiva para el empresario[35].

4. LA SENTENCIA DEL TJUE DE 18 DE ENERO DE 2024, ASUNTO *J. M. A. R. Y CA NA NEGRETA S. A.*

La sentencia de 2024 objeto de análisis en este apartado resuelve una cuestión prejudicial de interpretación planteada por el Tribunal Superior de Justicia de las Islas Baleares al Tribunal de Luxemburgo relativa a un posible conflicto entre, de un lado, el art. 5 de la Directiva 200/78/CE, los arts. 21 y 26 CDFUE (todos ya citados) y, de otro, el art. 49.1, letra e), del Estatuto de los Trabajadores. En efecto, la normativa nacional

---

35 Para un análisis del caso, se remite a MONEREO PÉREZ, J. L.; LÓPEZ VICO, S., "Trabajadores con discapacidad: principio de igualdad de trato y alcance del concepto de ajustes razonables. Sentencia del Tribunal de Justicia de 10 de febrero de 2022, as. C- 485/20: HR Rail", *La Ley Unión Europea*, 102, 2022, pp. 1-20.

española ahora mencionada establece que el contrato de trabajo se extinguirá, entre otras causas, "por muerte, gran invalidez o incapacidad permanente total o absoluta del trabajador".

La ocasión para plantear esta cuestión prejudicial surgió del caso del señor J. M. A. R., trabajador de la empresa Ca Na Negreta desde octubre de 2012 como conductor de camión de retirada de residuos a jornada completa. En diciembre de 2016, el señor J. M. A. R. sufrió un accidente de trabajo que le provocó una fractura del pie derecho, por la que fue declarado en situación de incapacidad laboral temporal hasta el 18 de febrero de 2018. El Instituto Nacional de la Seguridad Social (INSS) denegó reconocer a J. M. A. R. una incapacidad laboral permanente en aplicación del artículo 193 de la LGSS.

El trabajador, en agosto de 2018, solicitó a la empresa Ca Na Negreta que se le destinara a un puesto de trabajo adaptado a las secuelas resultantes de su accidente de trabajo. La empresa aceptó y destinó al señor J. M. A. R. al puesto de conductor en el sector de los puntos de recogida móviles, que era menos exigente desde el punto de vista del esfuerzo físico y era compatible con las limitaciones de J. M. A. R. debidas a su accidente laboral.

Mientras tanto, el señor J. M. A. R. interpuso recurso contra la resolución del INSS que le había denegado el reconocimiento de una incapacidad laboral permanente ante el órgano jurisdiccional competente, el cual, mediante sentencia de 2 de marzo de 2020, reconoció a J. M. A. R. una incapacidad permanente total para su profesión habitual. Merece la pena mencionar que esa sentencia declaró que, "*con independencia de que el trabajador haya sido reubicado por la empresa y pueda prestar servicios actualmente porque solo debe conducir durante 40 minutos cada día aproximadamente, lo cierto es que la situación residual en que ha quedado su tobillo y pie derecho le impediría realizar esa conducción de forma continuada para el caso de que tuviera que dedicarse a ello de forma plena, como implica su profesión habitual que lo es de conductor de camión*". Gracias a esta decisión, el señor J. M. A. R. empezó a percibir una pensión mensual equivalente al 55 % de su salario diario.

Pocos días después de recibir la comunicación de esta decisión, en concreto el 13 de marzo de 2020, la empresa Ca Na Negreta por la que trabajaba J. M. A. R., le notificó la resolución de su contrato de trabajo, en aplicación del artículo 49, apartado 1, letra e), del Estatuto de los Trabajadores, debido a su incapacidad permanente total para ejercer su profesión habitual.

El señor J. M. A. R. interpuso un recurso al Juzgado de lo Social n.º 1 de Eivissa (Illes Balears), contra la resolución de su contrato; sin embargo, este órgano desestimó el recurso con una sentencia de 24 de mayo de 2021. Según la jurisdicción ordinaria, en efecto, el reconocimiento de la incapacidad permanente total para ejercer su profesión habitual justificaba que se pusiera fin al contrato de trabajo del recurrente, sin que existiera una obligación legal por parte del empresario de destinarlo a otro puesto de trabajo dentro de la misma empresa.

El señor J. M. A. R. planteó, entonces, un recurso de suplicación contra dicha sentencia ante el Tribunal Superior de Justicia de las Islas Baleares. Este tribunal consideró oportuno plantear una cuestión prejudicial de interpretación del Derecho de la Unión, y en particular de la compatibilidad del Derecho nacional respecto de una Directiva de la UE.

En efecto, el Tribunal de las Islas Baleares dudaba de la compatibilidad del art. 49.1 e) del Estatuto de los Trabajadores, que permite que en España un trabajador sea despedido debido a su incapacidad permanente total para ejercer su profesión habitual, con el art. 5 de la Directiva 2000/78/CE, que establece que el empleador tenga la obligación de realizar los "ajustes razonables" en esos supuestos, o por lo menos demuestre que dichos ajustes conlleven una carga excesiva para su empresa.

Por tanto, los jueces españoles, a través de dos cuestiones prejudiciales que el Tribunal de Justicia examinará conjuntamente, preguntaron

> *"si el artículo 5 de la Directiva 2000/78, interpretado a la luz de los artículos 21 y 26 de la Carta y de los artículos 2 y 27 de la Convención de la ONU, debe interpretarse en el sentido de que se opone a una normativa nacional que establece que el empresario puede poner fin al contrato de trabajo por hallarse el trabajador en situación de incapacidad permanente para ejecutar las tareas que le incumben en virtud de dicho contrato debido a una discapacidad sobrevenida durante la relación laboral, sin que el empresario esté obligado, con carácter previo, a prever o mantener ajustes razonables con el fin de permitir a dicho trabajador conservar su empleo, ni a demostrar, en su caso, que tales ajustes constituirían una carga excesiva"*[36].

Después de recordar tanto la definición de "discapacidad", como la de "despido", y comprobar que la situación del señor J. M. A. R. está incluido en el ámbito de aplicación de la Directica 2000/78/CE porque constituye un caso de despido de una persona con discapacidad, el Tribunal de Justicia de la Unión Europea se concentra en identificar las obligaciones para los Estados miembros de la UE que derivan del respeto, en primer lugar, del art. 5 de dicha Directiva, pero también de los arts. 21 y 26 de la Carta de los DFUE y de los arts. 2 y 27 de la Convención de las Naciones Unidas sobre los Derechos de las Personas con Discapacidad.

A este propósito, según el Tribunal de Luxemburgo, el concepto de "discriminación por motivos de discapacidad" que prohíbe el art. 2 de la Convención ONU ahora citada, incluye a todas luces la denegación de ajustes razonables por parte de una empresa respecto de un trabajador con discapacidad.

---

36 Apartado 33 de la STJUE de 18 de enero de 2024, asunto *J. M. A. R. y Ca Na Negreta S. A.*

Esto porque, sigue afirmando el TJUE, el art. 5 de la Directiva 2000/78/CE tiene que interpretarse en el sentido de que el empresario está obligado a adoptar las medidas adecuadas, eficaces y prácticas, teniendo en cuenta cada situación individual, para permitir a cualquier persona con discapacidad acceder al empleo, tomar parte en el mismo o progresar profesionalmente, o para que se le ofrezca formación (sin que, por supuesto, ello suponga una carga excesiva para el empresario)[37]. En su anterior jurisprudencia, en concreto en la sentencia de 2022 citada en el apartado anterior de este trabajo, el Tribunal de Justicia ya había reconocido que un cambio de puesto de trabajo puede considerarse una medida adecuada como ajuste razonable por parte del empresario ante la situación de un trabajador que en razón de una discapacidad sobrevenida deviene definitivamente no apto para ocupar su puesto de trabajo original.

Evidentemente, como menciona el mismo art. 5 de la Directiva 2000/78, dicha medida no puede suponer una carga excesiva para el empresario, que tendrá que valorarse respecto de los costes financieros que las eventuales medidas supongan para la empresa en cuestión respecto de sus características.

El Tribunal de Luxemburgo se centra, a este punto, en el análisis de la compatibilidad entre la normativa UE así interpretada y el art. 49.1 e) del Estatuto de los Trabajadores español.

Dicha disposición, reconoce el TJUE, permite el despido de un trabajador cuando se le haya declarado formalmente no apto para ocupar supuesto debido a una discapacidad sobrevenida,

---

[37] Apartado 43 de la STJUE de 18 de enero de 2024, asunto *J. M. A. R. y Ca Na Negreta S. A.* Estas mismas consideraciones fueron emitidas en ocasión de la sentencia de 10 de febrero de 2022, asunto *HR Rail*, C-485/20 (citada en el apartado anterior de este ensayo), en su apartado 37.

sin obligar a su empleador a adoptar previamente unas medidas que constituyan los "ajustes razonables" prescritos por el artículo 5 de la Directiva 2000/78/CE, o a mantener las medidas que ya hayan adoptado. Además, la normativa española tampoco obliga al empresario a demostrar que un cambio de puesto podría imponerle una carga excesiva antes de proceder al despido del trabajador.

Recordemos, a estos efectos, que el señor J. M. A. R. ya había sido reubicado en otro puesto de trabajo compatible con las limitaciones físicas resultantes de su accidente de trabajo dentro de la empresa durante casi dos años antes de ser despedido una vez recibido el reconocimiento formal de su incapacidad para ejercer su anterior función habitual. Y ello sin que el empleador declarase en ningún momento (tampoco como justificación al despido) que la reubicación conllevase una carga o unos gastos excesivos para la empresa.

Es interesante evidenciar que el Tribunal de Justicia especifica que carece de cualquier relevancia "*el hecho de que [...] se reconozca la incapacidad permanente total a petición del trabajador y de que esta le dé derecho a una prestación de seguridad social, a saber, una pensión mensual, conservando al mismo tiempo la posibilidad de dedicarse al ejercicio de otras funciones, carece de relevancia a este respecto*"[38]. Y esto porque una normativa nacional que pone un trabajador con discapacidad en la situación de soportar el riesgo de perder su trabajo para poder recibir una prestación por parte de la seguridad social, limitaría la eficacia del art. 5 de la Directiva 2000/78 CE, que tiene como propósito salvaguardar y promover el ejercicio del derecho al trabajo para las personas con discapacidad o para aquellas que adquieran una discapacidad durante el empleo, y el mantenimiento en el empleo. Una normativa nacional semejante, además, sería frontalmente

---

[38] Apartado 49 de la STJUE de 18 de enero de 2024, asunto *J. M. A. R. y Ca Na Negreta S. A.*

"*contraria al objetivo de integración profesional de las personas con discapacidad a que se refiere el artículo 26 de la Carta*"[39].

El Tribunal de Justicia contesta también a las alegaciones presentadas por el Gobierno español, que se oponía a la posibilidad de que el Derecho de la Unión Europea pudiera terminar por tomar decisiones en una materia, la organización del sistema de seguridad social, en la que el Estado mantiene su total competencia. El TJUE, pese a reconocer de manera tácita esa competencia del Estado, afirma que las normativas estatales en materia de seguridad social no pueden ir en contra del Derecho de la Unión Europea, y en este caso al art. 5 de la Directiva 2000/78, interpretados a la luz de los arts. 21 y 26 de la CDFUE.

Por todo lo dicho, el Tribunal de Luxemburgo llega a establecer que

> *"El artículo 5 de la Directiva 2000/78/CE del Consejo, de 27 de noviembre de 2000, relativa al establecimiento de un marco general para la igualdad de trato en el empleo y la ocupación, interpretado a la luz de los artículos 21 y 26 de la Carta de los Derechos Fundamentales de la Unión Europea y de los artículos 2 y 27 de la Convención de las Naciones Unidas sobre los Derechos de las Personas con Discapacidad, hecha en Nueva York el 13 de diciembre de 2006 ya probada en nombre de la Comunidad Europea mediante la Decisión 2010/48/CE del Consejo, de26 de noviembre de 2009, debe interpretarse en el sentido de que se opone a una normativa nacional que establece que el empresario puede poner fin al contrato de trabajo por hallarse el trabajador en situación de incapacidad permanente para ejecutar las tareas que le incumben en virtud de dicho contrato debido a una discapacidad sobrevenida durante la relación laboral, sin que el empresario esté obligado, con carácter previo, a prever o mantener ajustes razonables con el fin de permitir a dicho trabajador conservar su empleo, ni a demostrar, en su caso, que tales ajustes constituirían una carga excesiva".*

---

39 Apartado 50 de la STJUE de 18 de enero de 2024, asunto *J. M. A. R. y Ca Na Negreta S. A.*

Por ende, el art. 49.1 e) del Estatuto de los Trabajadores español es contrario al Derecho de la Unión, si en su aplicación el empresario no sigue las indicaciones proporcionadas por la jurisprudencia del TJUE relativas a los "*ajustes razonables*" *ex* art. 5 de la Directiva 2000/78/CE.

5. CONCLUSIONES: EL ROL DE LA CUESTIÓN PREJUDICIAL ANTE EL TJUE COMO INSTRUMENTO DE PROTECCIÓN DE LOS DERECHOS FUNDAMENTALES EN GENERAL Y FRENTE A LA DISCRIMINACIÓN POR MOTIVO DE DISCAPACIDAD EN PARTICULAR

La Unión Europea, como se ha aludido en la introducción de este trabajo, pese a no haber nacido (como otras organizaciones internacionales o supranacionales) con el propósito de proteger los derechos fundamentales o humanos de los ciudadanos de sus países miembros, ha ido paulatinamente introduciéndose (a través de la aprobación de normas jurídicas vinculantes o de *soft law*, de un lado, y de la jurisprudencia de su Tribunal, de otro) en el sistema multinivel de protección de los derechos.

Las "carencias" que han podido derivar de la falta, en el ámbito de la Unión, de un recurso directo ante el TJUE para la protección de los derechos de los particulares, han podido remediarse a través de la utilización cada vez más frecuente del instrumento de la cuestión prejudicial eurounitaria.

Como demuestra el caso concreto analizado en estas páginas, la Unión Europea a través de su Tribunal y de la difusión de la correcta interpretación del Derecho de la Unión ante un conflicto con el Derecho nacional, tiene la posibilidad de proteger los derechos fundamentales de los ciudadanos de los países miembros de la UE, proporcionando unos estándares mínimos de protección obligatorios para todos los Estados miembros.

La cuestión prejudicial eurounitaria demuestra así su virtualidad y trascendencia para la protección de los derechos. Merece la pena evidenciar que este instrumento otorga un rol fundamental en la protección de los derechos de la Unión (y de los derechos en general) no solo al TJUE, sino, también a las jurisdicciones nacionales, únicos promotores posibles de la cuestión eurounitaria. En efecto, sin la colaboración de los jueces nacionales (ordinarios y constitucionales), el Tribunal de Justicia no podría participar en el diálogo entre Tribunales y aportar sus valiosas contribuciones para la protección de los derechos.

El caso concreto de la sentencia del TJUE sobre el asunto *J. M. A. R. y Ca Na Negreta S. A.*, testimonia la relevancia de las intervenciones del Tribunal de Luxemburgo para la tutela antidiscriminatoria de las personas con discapacidad en las empresas. A raíz de este caso, en efecto, en primer lugar en el ordenamiento jurídico español, pero en segundo lugar en ningún Estado miembro de la UE, se podrá aplicar una normativa que permita a un empresario despedir a un trabajador en razón de su discapacidad, sin que el primero haya antes intentado realizar los "ajustes razonables" para adecuar el puesto de trabajo a las necesidades del trabajador (a menos que el empresario demuestre que las medidas de adecuación supongan una carga excesiva en términos económicos para su empresa).

Estas afirmaciones constituyen, a todas luces, un gran avance para lograr una real inclusión de las personas con discapacidad en el mundo del trabajo y un elemento que se añade a las normas comunes obligatorias que los empresarios tienen que respetar para no incurrir en la violación del principio de no discriminación por motivos de discapacidad de sus empleados.

6. BIBLIOGRAFÍA

ARZOZ SANTISTEBAN, X., *La garantía constitucional del deber de reenvío prejudicial*, Centro de Estudios Políticos y Constitucionales, Madrid, 2020.

BILANCIA, P., DE MARCO, E. (Coords.), *La tutela multilivello dei diritti, Punti di crisi, problemi aperti momenti di stabilizzazione*, Atti del Convegno Milano, 4 aprile 2003, Giuffrè, Milano, 2004.

CARDONE, A., *La tutela multilivello dei diritti fondamentali*, Giuffrè, Milano, 2012.

CARMONA CONTRERAS, A. M., *Construyendo un estándar europeo de derechos fundamentales: un recorrido por la jurisprudencia TJUE tras la entrada en vigor de la Carta*, Aranzadi, Donostia, 2018.

CARTABIA, M., "Considerazioni sulla posizione del giudice comune di fronte a casi di «doppia pregiudizialità», comunitaria e costituzionale", *Foro italiano*, 1997, V, pp. 222 y ss.

CARTABIA, M., "The multilevel protection of fundamental rights in Europe: the European pluralism and the need for a judicial dialogue", en *The protection of fundamental rights in Europe: lessons from Canada*, Università degli Studi di Trento, Trento, 2004.

CASADO RAIGÓN, R. ALCAIDE FERNÁNDEZ, J. (Dirs.), *Curso de Derecho de la Unión Europea*, Editorial Tecnos, Madrid, 2018 en particular de las pp. 285-312.

CASADO RAIGÓN, R. ALCAIDE FERNÁNDEZ, J. (Dirs.), *Curso de Derecho de la Unión Europea*, Editorial Tecnos, Madrid, 2018.

CONDINANZI, M., MASTROIANNI, R., *Il contenzioso dell'Unione europea*, Giappichelli, Torino, 2009.

CONTI, R., "Rinvio pregiudiziale alla Corte Ue del giudice di ultima istanza. Ma è davvero tutto così poco chiaro?, *Politica del diritto*, 2012.

CRUZ VILLALÓN, P. y REQUEJO PAGÉS, J. L., "La relación entre la cuestión prejudicial y la cuestión de inconstitucionalidad ", *Revista de Derecho Comunitario Europeo*, 50, enero-abril, 2015, pp. 173-194.

DE VERGOTTINI, G., *Oltre il dialogo tra le Corti*, Il Mulino, Bologna, 2010.

FERNÁNDEZ MARTÍNEZ, S., "La aplicación de la doctrina del Tribunal de Justicia de la Unión Europea sobre el concepto de discapacidad. Comentario a las sentencias del Tribunal Supremo de 22 de mayo de 2020 (rec. 2684/2017) y de 15 de septiembre de 2020 (rec. 3387/2017)", *Revista de Estudios Jurídicos y Criminológicos*, 2, Universidad de Cádiz, 2020, pp. 233-241.

FERRERES COMELLA, V., "El problema del "doble vicio" en que pueden incurrir las leyes nacionales: infracción de la Constitución e infracción del Derecho de la Unión Europea. A propósito del caso Melki, en Foro de actualidad", *Actualidad Jurídica Uría Menéndez*, 28, 2011, pp. 57-61.

GARCÍA ROCA, J. y ARANGÜENA FANEGO, C., *El diálogo entre los sistemas europeo y americano de derechos humanos*, Civitas, Madrid, 2012.

GARCÍA ROCA, J. y CARMONA CUENCA, E. (Coords.), ¿Hacia una globalización de los derechos?: el impacto de las sentencias del Tribunal Europeo y de la Corte Interamericana, Aranzadi, Donostia, 2017.

GHERA, F., "La Corte costituzionale e il rinvio pregiudiziale dopo le decisioni n. 102 e 103 del 2008", *Giurisprudenza costituzionale*, 2009, pp. 1315 y ss.

GHERA, F., "Pregiudiziale comunitaria, pregiudiziale costituzionale e valore di precedente delle sentenze interpretative della Corte di giustizia", *Giurisprudenza costituzionale*, 2000, pp. 1193 y ss.

GÓMEZ FERNÁNDEZ, I., *Conflicto y cooperación entre la Constitución española y el Derecho Internacional*, Tirant Lo Blanch, Valencia, 2004.

LIPARI, M., "Il rinvio pregiudiziale previsto dal Protocollo n. 16 annesso alla Convenzione Europea dei Diritti dell'Uomo (CEDU): il dialogo concreto tra le Corti e la nuova tutela dei diritti fondamentali davanti al giudice amministrativo", Federalismi.it, 3, 2019, pp. 1-54.

LÓPEZ GUERRA, L.M. y SÁIZ ARNAIZ, A. (Dirs.), *Los sistemas interamericano y europeo de protección de los derechos humanos: una introducción desde la perspectiva del diálogo entre tribunales*, Palestra, Lima, 2015.

LOSANA, M., "La Corte costituzionale e il rinvio pregiudiziale nei giudizi in via incidentale: il diritto costituzionale (processuale) si piega al dialogo tra le corti", *Rivista Aic*, 1, 24 de enero 2014.

MARTÍNEZ PÉREZ, E. J., "El proceso de "polinización" de la Convención de los derechos de las personas con discapacidad en la jurisprudencia del TEDH", en *Estudios y comentarios jurisprudenciales sobre discapacidad*, Thomson Reuters Aranzadi, 2016, pp. 575-590.

MARTÍNEZ PÉREZ, E. J., "El proceso de "polinización" de la Convención de los derechos de las personas con discapacidad en la jurisprudencia del TEDH", en *Estudios y comentarios jurisprudenciales sobre discapacidad*, Thomson Reuters Aranzadi, Madrid, 2016, pp. 575-590.

MONEREO PÉREZ, J. L.; LÓPEZ VICO, S., "Trabajadores con discapacidad: principio de igualdad de trato y alcance del concepto de ajustes razonables. Sentencia del Tribunal de Justicia de 10 de febrero de 2022, as. C- 485/20: HR Rail", *La Ley Unión Europea,* 102, 2022, pp. 1-20.

MORCILLO MORENO, J., "El planteamiento de la cuestión prejudicial comunitaria a la luz de la jurisprudencia europea y constitucional: ¿facultad o deber?", *Revista de Administración Pública,* 185, mayo-agosto de 2011, pp. 227-262.

PASTOR LÓPEZ, M., "La obligatoriedad o el carácter facultativo de la cuestión prejudicial del Derecho Comunitario Europeo", *Noticias de la Unión Europea,* 25, 1987, pp. 103-114.

PÉREZ ROYO, J., *La ambigüedad del Tribunal Supremo. El TS insinúa que la respuesta del TJUE es irrelevante para la sentencia,* Ara, disponible en https://www.ara.cat/es/opinion/Javier-Perez-Royo-ambiguedad-Tribunal-Supremo_0_2274972666.html.

PÉREZ-BENEYTO ABAD, J. J., "Obesidad, discapacidad y el Tribunal de Justicia del Unión Europea", *Congreso Nacional sobre Buenas Prácticas Jurídico-Procesales para Reducir el Gasto Social,* 3, 2015, pp. 135-151.

PIGNATELLI, N., "L'obbligatorietà del rinvio pregiudiziale tra primato del diritto comunitario e autonomia processuale degli Stati", *Foro italiano,* 2012, III, pp. 367 y ss.

PURIFICATI, N., "L'estensione dell'obbligo di rinvio pregiudiziale da parte del giudice di ultima istanza", *Neldiritto.it,* 2016.

REPETTO, G., "Rinvio alla Corte di giustizia Ue e doppia pregiudizialità nei recenti orientamenti della Corte costituzionale", en *Liber amicorum in onore di Augusto Cerri,* Editoriale scientifica, Napoli, 2016, pp. 659 y ss.

ROMBOLI, R., "Corte di giustizia e giudici nazionali: il rinvio pregiudiziale come strumento di dialogo", en *Nuove strategie per lo sviluppo democratico e l'integrazione politica in Europa,* Roma, 2014, pp. 431 y ss.

ROMBOLI, S., "Los contra-límites «en serio» y el caso Taricco: el largo recorrido de la teoría hasta la respuesta contundente pero abierta al diálogo de la Corte Constitucional italiana", *Revista de Derecho Constitucional Europeo,* 28, 2017, pp. 145-184.

ROMBOLI, S., "El conflicto entre identidad nacional y Derecho de la Unión Europea en el caso Coman: El Tribunal de Justicia añade otra pieza fundamental para la protección de las parejas homosexuales frente a la discriminación", *Revista de derecho constitucional europeo*, 33, 2020, pp. 1-25.

ROMBOLI, S., "Un nuevo orden de prioridad en caso de violación simultanea de la Constitución y de la Carta de los Derechos Fundamentales de la Unión: la «sugerencia» de la Corte costituzionale a los jueces nacionales", *Revista Española de Derecho Constitucional*, 119, mayo-agosto 2020, pp. 299-332.

RUGGERI, A., "Corte costituzionale e corti europee: il modello, le esperienze, le prospettive (Relazione al Convegno del Gruppo di Pisa su Corte costituzionale e sistema istituzionale, Pisa, 4-5 giugno, 2010)", *www.archivio.rivistaaic.it*, 2010.

SCHEPISI, C., "Rinvio pregiudiziale obbligatorio e questioni incidentali di costituzionalità: rimane ancora qualche nodo da sciogliere?", *Osservatorio europeo*, diciembre de 2016.

SERRANO ARGÜELLO, N., "La protección a los discapacitados en el trabajo: del perfeccionamiento legal a sus últimos avances a través de la jurisprudencia comunitaria", en *Estudios y comentarios jurisprudenciales sobre discapacidad*, Thomson Reuters Aranzadi, Madrid, 2016, pp. 309-367.

SPERTI, A., "Il dialogo tra le corti costituzionali ed il ricorso alla comparazione nell'esperienza più recente", *Rivista di diritto costituzionale*, 2006, pp. 125 y ss.

TORRES PÉREZ, A., "Constitutional Identity and Fundamental Rights: the intersection between articles 4(2) TEU and 53 Charter", en *National Constitutional Identity and European Integration*, Intersentia, 2013, pp. 141-157.

VECCHIO, F., "Il Trattato di Lisbona e le ipotesi di "doppia pregiudizialità": differenti prospettive di tutela e pericoli di pronunce incoerenti", *Giustizia amministrativa*, 2010, 2, pp. 63 y ss.